图书馆残疾人无障碍阅读服务研究

袁丽华 著

东南大学出版社
SOUTHEAST UNIVERSITY PRESS
·南京·

图书在版编目(CIP)数据

图书馆残疾人无障碍阅读服务研究 / 袁丽华著. ——南京：东南大学出版社，2022.11
ISBN 978-7-5766-0364-4

Ⅰ.①图… Ⅱ.①袁… Ⅲ.①公共图书馆-残疾人-读书活动-研究 Ⅳ.①G252.17

中国版本图书馆CIP数据核字(2022)第227123号

责任编辑：马 伟 责任校对：子雪莲 封面设计：顾晓阳 责任印制：周荣虎

图书馆残疾人无障碍阅读服务研究

著　　者	袁丽华
出版发行	东南大学出版社
社　　址	南京市四牌楼2号　邮编：210096　电话：025-83793330
网　　址	http://www.seupress.com
电子邮件	press@seupress.com
经　　销	全国各地新华书店
印　　刷	广东虎彩云印刷有限公司
开　　本	700mm×1000mm　1/16
印　　张	16.75
字　　数	313千字
版　　次	2022年11月第1版
印　　次	2022年11月第1次印刷
书　　号	ISBN 978-7-5766-0364-4
定　　价	68.00元

(本社图书若有印装质量问题，请直接与营销部联系。电话：025-83791830)

前言
PREFACE

图书馆是搜集、整理、收藏图书资料以供人阅览、参考的机构，具有保存人类文化遗产、开发信息资源、参与社会教育等职能。图书馆的社会教育属性要求图书馆面向全体社会成员开放，履行教育、文化与信息传播者的职责以及丰富群众文化生活的职能。图书馆的这种公益属性，是所有社会成员平等自由获取知识信息的一种制度安排。

和所有健全人一样，残疾群体拥有文化权利，有权公平地获取信息与知识。然而，由于先天或者后天的条件限制，他们无法正常地获取社会资源，从而影响他们的就业、生存与生活，导致他们在政治、经济、文化以及心理上都处于社会边缘。这种边缘状态容易产生一系列社会问题，与党和政府"构建社会主义和谐社会"的理念背道而驰。

中国传统社会残疾人救济思想的最基本特征是"鳏寡孤独废疾者皆有所养"，这种通过物质救济的方式虽然解决了残疾人的一般生活问题，但无法从根本上改变残疾人的生存条件、地位和环境。在人权思想及福利、服务理念的影响下，近代以来，我国社会对于残疾人的救助模式开始从传统的"养"转变为近代的"教"，由消极的救济、帮助转为积极的辅导、教育，让他们逐渐获得自力更生的能力。尤其是21世纪以来，随着国内外对人权的关注和重视，以及有关残疾人权利和图书馆服务规范等法规政策的颁布与实施,残疾人的文化事业正积极转向"权益保障模式","平等、参与、共享"成为我国乃至全世界共同的愿景。作为公共文化机构的图书馆自诞生之日起就以"公益、开放、平等"的服务理念服务大众,现代人权思想、权利公平、文化教育权的提升,为图书馆积极探索和保障残疾人文化阅读权益提供了社会基础和政治保障。本研究试图通过倡导和实践图书馆服务的平等获取和包容性,争取为残疾人提供更多的服务,实现文化和谐的构想,以此推动社会和谐,促进整个社会的进步。

本书共分八章。第一章主要对图书馆残疾人无障碍阅读服务进行理论概述,具体从残疾及其相关概念的界定、无障碍阅读服务概念辨析、图书馆残疾人无障碍阅读服务的理论基础和必要性等方面展开;第二章介绍了国外图书馆残疾人无障碍阅读服务的情况,主要从相关政策、理论研究以及服务实践方面进行概述;第三章主要介绍了我国图书馆残疾人无障碍阅读服务的相关政策和理论研究进展,并通过对图书馆残疾人无障碍阅读服务和残疾人阅读需求的调研,找到服务与需求之间的平衡点;第四章主要介绍了国际图联以及国内外关于图书馆残疾人服务相关文件中提到的影响因素,并且以扎根理论为研究方法、以实际访谈材料为依据提炼服务的影响因素,揭示服务的作用路径;在分析影响因素的基础上,本书第五章到第七章分别对构建面向残疾人的图书馆无障碍阅读服务与管理体系、制度保障体系、社会支持体系进行了阐述,从图书馆服务与管理、服务的制度保障、服务的社会支持三方面提出了系统有效的策略,从而构建图书馆残疾人无障碍阅读服务的协同运行模式,促进图书馆残疾人无障碍阅读服务理论和实践的深化;第八章主要对图书馆残疾人无障碍阅读服务进行了总结,对其未来发展进行了展望。

在本书的编写过程中,笔者参考了同行前辈们的研究成果,在此表示感谢!

由于笔者水平有限,书中难免有不足及纰漏之处,敬请业界同仁的宽宥指正。

目录

第一章 图书馆残疾人无障碍阅读服务理论概述 …… 001
- 第一节 残疾及其相关概念的界定 …… 002
- 第二节 无障碍阅读服务概念辨析 …… 012
- 第三节 图书馆残疾人无障碍阅读服务的理论基础 …… 017
- 第四节 图书馆残疾人无障碍阅读服务的必要性 …… 024
- 第五节 本章小结 …… 027

第二章 国外图书馆残疾人无障碍阅读服务 …… 030
- 第一节 相关政策 …… 031
- 第二节 理论研究 …… 054
- 第三节 前期实践 …… 060
- 第四节 本章小结 …… 071

第三章 我国图书馆残疾人无障碍阅读服务 …… 077
- 第一节 相关政策 …… 078
- 第二节 理论研究 …… 092
- 第三节 前期实践 …… 101
- 第四节 本章小结 …… 118

第四章 图书馆残疾人无障碍阅读服务的影响因素研究 …… 128
- 第一节 前期相关影响因素分析 …… 129
- 第二节 图书馆残疾人无障碍阅读服务影响因素的实证研究 …… 134
- 第三节 本章小结 …… 149

第五章　图书馆残疾人无障碍阅读服务与管理体系建设 …… 153
- 第一节　图书馆残疾人无障碍阅读服务与管理体系的特征 …… 154
- 第二节　图书馆残疾人无障碍阅读服务与管理体系的内容 …… 158
- 第三节　本章小结 …… 179

第六章　图书馆残疾人无障碍阅读服务制度保障体系建设 …… 184
- 第一节　图书馆残疾人无障碍阅读服务制度的内涵 …… 186
- 第二节　图书馆残疾人无障碍阅读服务制度构建的理论基石 …… 187
- 第三节　图书馆残疾人无障碍阅读服务制度保障体系构建的原则 … 191
- 第四节　图书馆残疾人无障碍阅读服务制度保障体系的内容 …… 193
- 第五节　本章小结 …… 215

第七章　图书馆残疾人无障碍阅读服务社会支持体系建设 …… 220
- 第一节　社会支持相关理论概念辨析 …… 221
- 第二节　图书馆残疾人无障碍阅读服务社会支持体系的要素 …… 226
- 第三节　图书馆残疾人无障碍阅读服务社会支持体系的特征与原则 …… 240
- 第四节　图书馆残疾人无障碍阅读服务社会支持体系的内容 …… 243
- 第五节　本章小结 …… 249

第八章　结语 …… 255
附　录 …… 258

第一章

图书馆残疾人无障碍阅读服务理论概述

第一节　残疾及其相关概念的界定

讨论面向残疾人的图书馆无障碍阅读服务,我们首先需要厘清残疾及其相关概念的界定。对残疾及其相关概念的界定与理解直接影响到图书馆残疾人无障碍阅读服务的政策、目标、制度安排及其具体实施。

一、残疾的概念模式

关于"残疾",存在着先天宿命论、个体模式、社会模式等不同的界定和解释。

先天宿命论不科学地将残疾归因于因果报应的宿命,认为残疾人是邪恶或鬼怪的化身。随着科学的不断进步,自然科学逐渐被认为是一种绝对客观的存在,于是衍生出了科学实证主义的个体模式的残疾观,个体模式把残疾归因于个体身体机能的伤残,残疾人是某方面出了问题的人[1]。"心理—医学"残疾模型是个体模式中最具特色的一种观点,这种观点认为:残疾是由个体生理、心理缺陷所致。残疾是由于自身的心理或生理原因造成的,完全不受社会政治、经济和制度的影响,个体必须通过努力去适应社会,而不应奢望社会为他们做出改变[2]。这种模型的残疾观以个体的疾病、残疾为主,并不考虑环境对个体残疾经验的影响。该模型理论认为,社会可以通过对残疾人的心理调整来帮助残疾人认可身体限制的事实,或者通过医疗康复降低疾病后果对残疾人生活、学习的影响。

与"心理—医学"模型一样,将残疾归因于个体原因的还有残疾的慈善模型。该模型认为,残疾是个体生理的一种缺陷,依靠社会的帮助或者残疾人自身的勇气可以在一定程度上消减残疾对个体的影响。社会的帮助主要体现在对残疾人物质经济的援助与补偿,即把残疾人视作救助施舍的对象。可见,无论是残疾的"心理—医学"模型还是慈善模型,都将残疾人视为"治疗""救助"的对象,认为残疾是残疾人自身的问题,也是社会中客观存在的事实,社会有责任通过物质、医疗帮助残疾人改变现状,降低残疾对残疾人带来的不利影响[3]。

随着历史的演进和文明的进步,一些社会活动家和学者开始从残疾人自身权利、全社会应有责任等不同视角来看待和阐释残疾人问题。社会建构主义为社会模式的产生奠定了理论基础。社会建构(Social Construction)一词由彼得·伯格和托马斯·卢克曼在1966年出版的《现实的社会建构》一书中明确提出。社会建构主义者认为,我们理解这个世界的方式、我们所使用的分类与概念都具有文化与历史特殊性,它们是文化与历史的产物,其产生与发展是基于特定的社会设置和社会场景[4]。与此同时,纳吉从社会层面解释了残疾现象,他在《康复和社会学》(Sociology and Rehabilitation)(1965年)一书中表达了对于残疾的观点,认为残疾是因为个体自身无法完全符合或满足社会对他的角色期待。残疾的实质是生理、心理功能的损伤与个体所承担的社会角色的能力之间存在差异和不协调,正是这种不协调造成了残疾的障碍[5]。

社会模式这个概念最早由"身体损伤反隔离联合会"(The Physically Impaired Against Segregation Union,UPIAS)于1976年提出,其理论立足点在于严格地区分"残疾"与"残障"。该模式把残疾问题的根源从作为个体因素的"残疾"转向社会因素的"残障",认为是社会环境与制度造成了残障的现实。社会模式这种新理论范式的出现给社会学界带来了巨大的理论冲击,由此产生了各种理论模式研究,其中以社会生态系统理论为最。布朗芬·布伦纳在其专著《人类发展的生态学》[6]中对个体与环境以及影响个体的各种环境之间的相互作用为基点,来阐述人与环境的复杂互动以及相互影响,为揭示社会模式的残疾观奠定了理论基础。

20世纪80年代末,迈克尔·奥利弗(Michael Oliver)在深刻领会社会建构主义内涵的基础上,深化了纳吉的观点,建立了残疾的社会模式观。他在《理解残疾:从理论到实践》(Understanding Disability: From Theory to Practice)(1996年)一书中认为,残疾是个体本身的生理、心理系统受到了损伤,导致其身体功能受到限制产生了残疾,但残疾过程是社会结构外加给残疾人的[7]。以此观点而论,残疾的来源是个体所处环境产生的,并非个体本身存在的问题。因此,只有从社会环境着手,从观念、制度、政策等方面调整,才能改变或消除残疾经验。

社会模式的残疾理论从本质上颠覆了将残疾定义为个人问题的心理医学模式的观点。这种模式的残疾理论认为,社会中的每一个个体都是社会系统中不可或缺的一部分，个体本身的存在就说明了他的合理性；残疾的产生是客观事实，是整个社会系统内不协调、不和谐的表现，我们可以通过系统环境的变化使其和谐。因此，"残疾"并不能完全归因于个人的疾病或宿命，"残疾"是个体的能力与环境的要求之间不相协调、不相融合的一种状态。社会模式的残疾观认为，残疾不仅是个人的问题，也是社会性问题，是由于社会环境形成的一种复合状态[8]，这种残疾观从社会的角度看待残疾发生、发展问题，指出改变残疾的根本在于社会。因此，不应当由残疾人来适应社会，而应当由社会根据人们的不同状况做出相应的政策调整。社会模式的残疾理论强调应改变社会环境本身，在制定政策时社会应考虑不同社会人的差异以及差异的原因，而不是将残疾视为非"正常人"，并且要求残疾人改变自己来适应社会及符合主流社会的标准。社会模式的残疾理论强调应该从社会历史、政治、文化中寻找残疾产生的社会性根源，通过社会政策的制定和社会结构的改变消除残疾在社会环境中的障碍，促进残疾人的社会参与和社会融合。

二、各种概念范式下残疾相关政策的演变

对残疾概念的认识随着时代的发展经历了不同的阶段。建构主义的观点认为，对残疾概念不同的理解，即对残疾的内涵、根源的不同解释，导致人们从不同的角度建构不同的政策理念、政策目标以及政策工具[9]。因此，"残疾"在不同时期的概念界定不同，与其相照应的法律法规制度也不同。可以理解为，一定时期的社会残疾理念在一定程度上引导了当时的残疾政策导向；另一方面，一定时期制定的与残疾相关的政策也在一定程度上强化了当时社会的残疾理念。

（一）国际上对"残疾"这一概念的解释

对于"残疾"的概念，国际组织在不同时期给予了不同的阐释。

1.《残疾人权利宣言》

1975年12月，联合国大会决议通过的《残疾人权利宣言》(以下简称《宣言》)对"残疾人"一词做出解释：残疾人是指任何由于先天性或非先天性的身心缺陷而不能保证自己可以取得正常的个人生活和社会生活上一切或部分必需品的人。《宣言》从残疾人自身缺陷角度给予了解释说明。1980年联合国卫生

组织（World Health Organization，简称 WHO）提出了三个用语：伤残（impairment）、残障（disability）和障碍（handicap），并对此做出了概念性界定："伤残"指的是个人心理、生理或解剖结构功能上的缺损或异常；"残障"指的是因"伤残"而造成其在进行一般正常活动时，能力的丧失或限制；"障碍"指的是因"伤残"或"残障"，在扮演社会一般正常角色时，产生阻碍或处于不利状态。从其定义可见，WHO 是在残疾个体医学模式的范式内进行概念界定的。

2.《关于残疾人的世界行动纲领》

1982 年 12 月，联合国大会通过了《关于残疾人的世界行动纲领》（简称《纲领》），对残疾的定义做了具体诠释。在"定义"项中，《纲领》在借鉴世界卫生组织对残疾定义的基础上，对缺陷、残疾和障碍三者进行了概念性区分：

缺陷：是指心理上、生理上或人体结构上，某种组织或功能的任何异常或丧失。

残疾：是指由于缺陷而缺乏作为正常人以正常方式从事某种正常活动的能力。

障碍：是指一个人，由于缺陷或残疾，而处于某种不利地位，以至限制或阻碍该人发挥按其年龄、性别、社会与文化等因素应能发挥的正常作用。

值得注意的是，《纲领》强调"环境"的重要性，认为残疾人造成的障碍与其生活环境有着密切关系。如果消除了环境的不利因素，残疾人便没有了障碍。

《纲领》对残疾人的定义为：残疾人并不是一个单一的性质的群体，而是包括精神病者，智力迟钝者，视觉、听觉和言语方面受损者，行动能力受限者和"内科残疾者"等。其中"内科残疾者"在我国的残疾分类标准中并不存在。

3.《残疾人权利公约》

2006 年 12 月，联合国大会通过了《残疾人权利公约》（以下简称《公约》），标志着人们对待残疾人的态度和方法发生了实质性转变。《公约》在其"序言"第一条中确认"残疾的多样性"，但并没有直接指出其多样性包括哪些。《公约》在其"宗旨"中指出：残疾人包括肢体、精神、智力或感官有长期损伤的人，这些损伤与各种障碍相互作用，可能阻碍残疾人在与他人平等的基础上充分和切实地参与社会。《公约》认为残疾人生理之外的障碍应由社会、环境负责消除。从残疾人的这个概念中，我们似乎看到了《公约》对残疾的界定，即损伤、各种障碍、阻碍参与社会。也就是说，残疾的本质特征是损伤、各种障碍以及社会参与受阻，只要符合这种特征的就是残疾。

此外,《公约》序言中还引用了联合国大会通过的《关于残疾人的世界行动纲领》(1982年)第8条关于残疾人界定的规定。

4.《国际功能、残疾和健康分类》

1980年,世界卫生组织(WHO)发布了《国际残损－残疾－残障分类》(International Classification of Impairments, Disabilities and Handicaps, ICIDH),将疾病的结果或残疾状态表述为"损伤、残疾、残障",并对3个不同水平的问题进行了定义和详细的分类：

损伤(impairment)：任何损伤或生理心理或解剖结构及功能不正常。这里我们关注的是人体不能正常工作的部分。

残疾(disability)：(由损伤导致的)任何限制或能力缺乏,不能以正常人的方法完成动作或活动。

残障(handicap)：对承受者的一种不利的状态,它限制或阻止了承受者实现其社会角色(取决于年龄、性别、社会和文化因素等)的职能。这关系到特定的环境和与他人的交往关系。

随着人权、公平理念的深入,一部分进行残疾研究的学者对以往的残疾概念进行了反思。经过修订和修改,在2001年5月第54届世界卫生大会上,新的残疾分类体系——《国际功能、残疾和健康分类》(International Classification of Functioning, Disability and Health,简称ICF)通过。ICF是WHO提出的国际通用的在个体和群体水平上描述和测量健康的框架,是由身体功能和结构、活动和参与、环境因素及个人因素四种成分组成的理论性结构。ICF从功能、残疾、健康的角度,评估"身体结构"(body structures)、"身体功能"(body functions)、"损伤"(impairments)、"活动"(activities)、"参与"(participation)、"环境因素"(environmental factors)以及"个人因素"(personal factors)等内容。显然,ICF用"活动"取代了ICIDH的"残疾",用"参与"取代了ICIDH的"残障"。

损伤(impairment)是身体功能或结构出现的问题,如显著的变异或缺失(如各器官系统的形态和结构；精神功能、语言功能、感觉功能、心肺功能、消化功能、排泄功能、神经肌肉骨骼和运动功能等)。

活动(activities)是由个体执行一项任务或行动。活动限制(activity limitations)是个体在完成活动时可能遇到的困难,这里指的是个体整体水平的功能障碍(如学习和应用知识能力、完成一般任务和要求的能力、交流的能力、个体的活动能力、生活自理能力等)。

参与(participation)是投入到一种生活情景中。参与局限性(participation restrictions)是个体投入到社会情景中可能经历到的问题,这里指的是患者的社会功能障碍(如家族生活人际交往和联系,接受教育和工作就业等主要生活领域,参与社会、社区和公民生活的能力等)。

此外,ICF还阐释了环境因素(environmental factors)和个人因素(personal factors)在一个人疾病、损伤、障碍等方面,或者活动、参与等方面所起的作用。环境因素包括某些相关辅助技术和工具,其他人的支持和帮助,社会、经济和政策的支持,社会文化环境的影响等。个人因素包括年龄、性别、种族、健康状况、生活习惯与方式、道德教养、社会背景、受教育水平、职业性质等,还包括过去和现在的经验、个体的心理状态和其他特征等。ICF这样定义残障:残疾是疾病患者(包括生理疾病和心理疾病)与个人及其所处的环境因素(包括心理状况、物理环境和相关的社会支持)之间的相互作用。ICF强调了背景性因素对一个人的健康或残疾的影响,并且认为两者之间形成了一个系统性的相互影响的关系,这种双向互动的模式为我们进行无障碍服务研究提供了理论基石。

从"损伤"到"残疾"再到"残障"的界定,表明了国际上对残疾本质认识的不断深化。国际残疾政策的制定从社会模式出发,将残疾作为一种社会性问题予以讨论与研究,充分说明了残疾问题的社会性根源,残疾问题是可以通过社会重视与努力去改变的问题。

(二) 我国对残疾概念的界定与分类

1. 我国对残疾概念的界定

1990年12月,我国通过的《中华人民共和国残疾人保障法》对残疾及残疾人概念进行了明确界定:残疾人是指在心理、生理、人体结构上,某种组织、功能丧失或者不正常,全部或者部分丧失以正常方式从事某种活动能力的人。2008年4月修订的《中华人民共和国残疾人保障法》对"残疾人"的定义是:在心理、生理、人体结构上,某种组织、功能丧失或者不正常,全部或者部分丧失以正常方式从事某种活动能力的人。从对残疾人的概念性定义来看,主要还是将残疾归咎于个体的生理原因,还未将造成残疾的社会因素考虑其中。

然而,《中国残疾人事业"十二五"发展纲要》(2011年)、《国务院关于加快推进残疾人小康进程的意见》(2015年)、《"十三五"加快残疾人小康进程规划纲要》(2016年)等一系列残疾人相关法规文件的颁布,标志着我国已开始从社会及其环境中寻找构成残疾群体"障碍"的原因,探索消减残疾带来的不利影响,从而从社会、环境角度找寻解决问题的办法。至此,我国对残疾概念的界定已经开始转向社会模式下的理念范式研究。

2. 我国对残疾的分类

对于残疾的分类,《中华人民共和国残疾人保障法》(1990年)第一章第二条将残疾人界定为包括视力残疾、听力残疾、言语残疾、肢体残疾、智力残疾、精神残疾、多重残疾和其他残疾等共八类残疾。2008年修订的《中华人民共和国残疾人保障法》依然沿用了这种分类。除"其他残疾"外,《第二次全国残疾人抽样调查残疾标准》规定了七种残疾的标准,《残疾人残疾分类和分级》中也对残疾的分类和分级做了具体的规定。

本研究结合《中华人民共和国残疾人保障法》《第二次全国残疾人抽样调查残疾标准》《残疾人残疾分类和分级》的内容,对残疾的分类分级做详细的阐释。

(1) 视力残疾

视力残疾是指各种原因导致双眼视力低下并且不能矫正或双眼视野缩小,以致影响其日常生活和社会参与。视力残疾包括盲(一级、二级残疾)和低视力(三级、四级残疾),具体见表1-1。

表1-1 视力残疾的分级

类别	级别	标准
盲	一级盲	最佳矫正视力<0.02;或视野半径<5度
	二级盲	0.02≤最佳矫正视力<0.05;或视野半径<10度
低视力	一级低视力	0.05≤最佳矫正视力<0.1
	二级低视力	0.1≤最佳矫正视力<0.3

需要注意的是,盲或低视力均指双眼,若双眼视力不同,则以视力较好的一眼为准。如仅有单眼为盲或低视力,而另一眼的视力达到或优于0.3,则不属于视力残疾范畴。视野半径<10度者,不论其视力如何均属于盲。

(2) 听力残疾

听力残疾是指由于各种原因导致双耳不同程度的永久听力障碍,听不到或听不清周围环境的声音以及其他人的言语声,以致影响其日常生活和社会参与。

听力残疾按照受损程度分为四级,各级听力残疾主要表现特征如下:

一级听力残疾:听觉系统的结构和功能方面极重度损伤。在无助听设备帮助下,不能依靠听觉进行言语交流,在理解和交流等活动上极度受限,在参与社会生活方面存在极严重障碍。

二级听力残疾:听觉系统的结构和功能重度损伤。在无助听设备帮助下,在理解和交流等活动上重度受限,参与社会生活方面存在严重障碍。

三级听力残疾:听觉系统的结构和功能中重度损伤。在无助听设备帮助下,在理解和交流等活动上中度受限,在参与社会生活方面存在中度障碍。

四级听力残疾:听觉系统的结构和功能中度损伤。在无助听设备帮助下,在理解和交流等活动上轻度受限,在参与社会生活方面存在轻度障碍。

(3) 言语残疾

言语残疾,是指由于各种原因导致的不同程度的言语障碍,并经过治疗一年以上不愈或病程超过两年,仍然不能或难以进行正常的言语交往活动。言语残疾的具体表现形式有:失语、运动性构音障碍、器官结构异常所致的构音障碍、发声障碍、儿童言语发育迟滞、听力障碍所致的言语障碍、口吃等。

根据言语残疾的不同程度,言语残疾可分为一、二、三、四级,具体见表1-2。

表1-2 言语残疾的分级

级别	残疾特征
一级	无任何言语功能或语音清晰度≤10%,言语表达能力等级测试未达到一级测试水平,不能进行任何言语交流
二级	具有一定的发声及言语能力。语音清晰度在11%~25%之间,言语表达能力未达到二级测试水平
三级	可以进行部分言语交流。语音清晰度在26%~45%之间,言语表达能力等级测试未达到三级测试水平
四级	能进行简单会话,但用较长句或长篇表达困难。语音清晰度在46%~65%之间,言语表达能力等级测试未达到四级测试水平

需要注意的是,在言语残疾人中,有一部分是听力残疾导致言语残疾的,即我们通常所说的聋哑人。随着科学技术带来的康复医疗事业的发展,听力残疾

中的很多人经过早期康复治疗,从而在一定程度上减轻或避免了言语障碍的出现。残疾的类型划分并非一成不变,例如,1987年我国第一次残疾人抽样调查将听力残疾和言语残疾合并称为"听力语言残疾",而1990年通过的《残疾人保障法》又将听力残疾和言语残疾两种类型的残疾分开进行阐释。可见,残疾的分类伴随着社会对残疾认识的提高越来越细化与科学化。

(4) 肢体残疾

关于肢体残疾,1987年全国第一次残疾人抽样调查将其定义为:因四肢残疾或四肢、躯干麻痹、畸形等,导致人体运动系统不同程度的功能丧失或功能障碍。2006年第二次全国残疾人抽样调查又定义为:人体运动系统的结构、功能损伤造成四肢残疾或四肢、躯干麻痹、畸形等而致人体运动功能不同程度的丧失以及活动受限或参与的局限。

根据残疾的程度,肢体残疾可分为四级,《残疾人残疾分类和分级》对每一级肢体残疾都描述得很详细。肢体残疾的分级主要以活动能力来区分,比如:一级肢体残疾指不能独立进行日常生活活动,二级肢体残疾指基本上不能独立进行日常生活活动,三级肢体残疾指能部分独立进行日常生活活动,四级肢体残疾指基本上能独立进行日常生活活动。在现实生活中,对生活活动没有多大障碍的人,我们一般不认为残疾。但在第四级中,详细列举了我们所"不认为残疾"的类型,如"脊柱畸形,后凸(驼背)畸形大于70度或侧凸大于45度""脊柱强(僵)直"等。

从两次定义的内容来看,2006年关于肢体残疾的内涵更为全面而科学,它将肢体残疾带来的活动受限、获得受限等延展性影响揭示了出来,这也是"残疾"或者说"障碍"的真正原因所在。

(5) 智力残疾

智力残疾,是指智力显著低于一般人水平,并伴有适应行为的障碍。智力残疾表现为因各种有害因素所导致的精神发育不全或智力迟滞(智力发育期间),或者智力上有损害或明显衰退的现象(智力发育成熟后)。

智力残疾的分级标准有四个:发展商(DQ)(0~6岁)、智商(IQ)(7岁及以上)、适应性行为(AB)、WHO-DASⅡ分值(18岁以上)。智力残疾又可以细分为很多种,在实践中比较重要的是幼儿到青少年时期的发展性障碍、学习障碍和老年期的阿尔茨海默综合征。

(6) 精神残疾

精神残疾,是指各类精神障碍持续一年以上未痊愈,由于病人的认知、情感和行为障碍,影响其日常生活和社会参与。根据 WHO-DAS 分数和适应行为表现,精神残疾亦划分为四级。

自闭症(孤独症)也属于精神疾病的一种。自闭症又称孤独症或孤独症谱系障碍,是神经系统失调导致的广泛性发育障碍的代表性疾病。自闭症者内心丰富却无法与人沟通,听力完好却对外界充耳不闻,有语言却不愿意与人交流,常人无法理解他们的行为,称他们为"来自星星的孩子"。美国精神疾病协会将自闭症定义为以缺乏社交知觉和社会认知、语言滞后及特殊的重复刻板活动模式为主要特征的广泛性障碍。我国对自闭症的认识和关注比国外晚,2006 年制定的《"十一五"残疾人康复规划》中才将自闭症列入精神残疾类别。2011 年 4 月 2 日全国残疾人普查情况显示,自闭症已占我国精神疾患首位。

(7) 多重残疾

多重残疾,是指存在上述六种之中两种或两种以上的残疾。其分级按所属残疾中最重类别残疾分级标准进行分级。此种残疾类型,在 1987 年全国第一次残疾人抽样调查中被称为"综合残疾"。针对"多重残疾"或"综合残疾",我们在分析与这种类型的残疾人相关研究时,需要综合考虑多重残疾的不适应情况,探索这几种残疾的兼容性特征。

(8) 其他残疾

在我国《中华人民共和国残疾人保障法》(1990、2008)中明确规定残疾类型中包括"其他残疾",但在我国 2006 年第二次全国残疾人抽样调查数据中的"各类残疾人数占残疾人总人数的比重"表中,并未显示"其他残疾"类型。而《中华人民共和国残疾人保障法》中虽提及"其他残疾"的类型,但并没有对其进行具体阐释。笔者认为,"其他残疾"指以上所提的七种残疾类型以外的生理、心理以及精神障碍,这些障碍导致其日常生活和社会参与受到一定的影响。

第二节　无障碍阅读服务概念辨析

一、"无障碍"概念的形成与发展

（一）"无障碍"概念的起源

"无障碍"一词，英文名称为"Accessibility"，译为"可接近、可达到"的意思，中文有"可及性"和"无障碍"的译法。作为权利运动的"无障碍"理念萌芽于欧美的平权运动。20世纪50年代，美国黑人民权运动和妇女解放运动的胜利推动了美国社会残疾人民权运动的发起。无障碍理念认为，只以健全人为中心，而忽视残疾人需求的社会不是一个正常的社会，因此主张应通过一些设施和技术来消除残疾人的障碍，帮助他们融入社会。

而真正运用"无障碍"一词的，是起源于20世纪初的建筑学界，当时出于人道主义的设计理念，建筑学界逐渐开始了"无障碍设计"的设计方法[10]。20世纪30年代，瑞典、丹麦等欧洲国家开始在城市建设中设置供残疾人使用的设施。1959年欧洲议会通过了《方便残疾人使用的公共建设的设计与建设的决议》，以此倡导残疾人的"正常化"。1961年美国标准协会制定了《便于肢体残疾人进入和使用的建筑设施的美国标准》，这是世界上第一个方便残疾人的建筑设计标准。1968年美国政府正式通过了《建筑障碍条例》，同时为了方便伤残军人就业不受限制，美国开始设置专门的无障碍设施，并且通过联邦政府颁布相关的法律文件全面推进"无障碍"行动。1974年"联合国残疾人生活环境专家会议"正式提出了"无障碍设计"这个概念，"无障碍"作为专有名词开始在国际社会被正式使用。1979年，联合国提出《无障碍设计指导大纲》，并将其纳入国际标准化（ISO/TC59/WG1）宣言中。此后，英国、加拿大、日本等几十个国家和地区相继制定了无障碍相关法规。受国际无障碍理念影响，我国于1985年3月提出无障碍设施建设的构想，同年的7月16日，"残疾人与社会环境讨论会"

在北京举行,会上,中国残疾人福利基金会联合北京市建筑设计院等单位发出了"为残疾人创造便利的社会生活环境的倡议"。

(二)"无障碍"概念的拓展

1982年12月,联合国大会第三十七届会议通过了《关于残疾人的世界行动纲领》,对"障碍"一词作了概念上的界定:指一个人,由于缺陷或残疾,而处于某种不利地位,以至限制或阻碍该人发挥按其年龄、性别、社会与文化等因素应能发挥的正常作用。可见,《关于残疾人的世界行动纲领》将"障碍"的概念从生理、物理的延伸至文化的、社会的,认为对残疾人造成障碍的,除了物理因素,还有社会因素,因此必须建立"无障碍"的物理环境、信息环境以及文化环境等社会的诸多方面。至此,"无障碍"概念开始从建筑领域向与残疾人生活密切相关的社会领域拓展。

随着信息技术的迅速发展,信息无障碍理念应运而生。1993年,联合国大会第48届会议通过了《残疾人机会均等标准规则》(以下简称《规则》)。《规则》对"残疾"和"障碍"作了概念性的定义,目的是强调外在环境对残疾人的限制(如社会参与、信息获取与交流等)导致的残疾人的障碍。《规则》还规定了无障碍环境的内容,明确提出要实现物质环境、信息和交流环境的无障碍,并就这两个方面的具体要求和措施分别进行了阐述。

2001年,世界卫生组织发表《国际健康功能与身心障碍分类系统(ICF)》,这个国际性的健康分类系统将"障碍"界定为"个人环境中限制功能发挥并形成残疾的各种因素,包括有障碍的物质环境、人们对残疾的消极态度、缺乏相关的辅助技术的应用,以及既存在又妨碍所有健康人全部生活领域里的服务、体制和政策等",从广泛的社会领域为障碍的形成做出了解释。同年,国际标准化组织首次界定了"无障碍"的标准,并达成了国际共识,即残疾人能够与健全人一样无障碍地进入各种场合,并且获取信息等。

2006年12月,联合国大会通过了《残疾人权利公约》(以下简称《公约》),认为"确认无障碍的物质、社会、经济和文化环境、医疗卫生和教育以及信息和交流,对残疾人能够充分享有一切人权和基本自由至关重要",《公约》第九条专门阐述了"无障碍"意义、适用范围以及应当采取的措施,要求缔约国采取适当措施,确保残疾人在与其他人平等的基础上,无障碍地进出物质环境、使用交通工具、利用信息和通信(包括信息和通信技术系统),以及享用在城市和农村地区向公众开放或提供的其他设施和服务,从而使残疾人能够独立生活和充分参与生活的各个方面。同时,"合理便利"作为保障残疾人与其他人一样享有或行使一切人权和基本自由的概念被《公约》首次明确提出,并规定"不提供合理便利构成歧视",从而将"合理便利"概念内嵌于平等和反歧视原则中。

2014年,国际标准化组织修订了《在标准中界定无障碍的指南》(第二版),将"无障碍"定义为"产品、服务、环境和设施能在多大程度上被最大范围的不同特征和能力的人群使用,以在特定使用环境中实现特定目标"。此指南强调了最大限度地实施每一个人的无障碍。

2019年,第74届联合国大会临时议程在重申联合国经济和社会事务部有关无障碍环境与发展问题的讨论结果的基础上,将"无障碍环境"界定为"提供无论是虚拟还是实体的灵活的设施和环境,以满足每个用户的需求和偏好",这里的无障碍环境可以理解为残疾人所需的任何地方、空间、项目或服务。此次大会首次将"虚拟的环境"纳入信息无障碍的概念中,表明了无障碍理念内涵的进一步深化与发展。

二、图书馆残疾人无障碍阅读服务

早在19世纪,图书馆就开始将残疾人纳入服务对象,为使有"障碍"的读者正常阅读而采取无障碍的服务方式。美国在1931年就建立了全国性残疾人服务网络,向残疾人免费提供可以阅读的电子资源、有声资料、盲文书籍、大字体书籍以及特别设计的播放设备。面向残疾人的无障碍阅读服务由此展开。到了20世纪七八十年代,英国、丹麦、日本等很多发达国家的公共图书馆开始积极地将残疾群体纳入服务范畴。

1971年,日本图书馆界提出"保障视觉障碍者读书权和利用公共图书馆服务"的建议。2000年在八国首脑会议上,美日德英法意加俄八国领导人发表的《实现全球信息化社会的冲绳宪章》(即《IT宪章》或《东京宣言》),第一次提出了"逾越数字鸿沟"这个概念,首倡了信息无障碍理念,其核心内容是利用技术手段消除某些生理功能退化或丧失的人群在信息获取、接受过程中的障碍。这次宣言让实现"信息无障碍"的需求开始得到国际社会的普遍重视。

日本国立国会图书馆制定的《我们的使命与目标2012—2016》指出,应建设和完善无差别的无障碍阅读环境。2019年6月21日,日本众议院全体会议表决通过了关于无障碍阅读的法案——《关于完善视障人士等阅读环境的法案》。为了给视障人士等营造良好的阅读环境,该法案对中央和地方政府的政策支持、各级各类图书馆视障人士无障碍阅读资源的采集制作、视障人士阅读专用设备设施的配备等都做了严格的规定[11]。这些政策的制定表明,无障碍阅读服务作为图书馆为残疾人服务的专有名词已得到国际社会的广泛认可。

根据王素芳的调查研究,我国图书馆为残疾人提供服务的设想最早可追溯至民国时期。一批赴美留学接受西方先进思想的图书馆学家如杨昭悊、李小缘、杜定友等都曾提出过建立盲人图书馆、盲人部或盲人图书馆服务网络的想法。这是我国最早为残疾群体考虑提供无障碍阅读服务的设想,可以看作是我国图书馆残疾人无障碍阅读服务的萌芽。新中国成立后,图书馆为残疾群体的服务开始从设想变为现实,但主要以特殊照顾成分居多。2006年9月13日我国公布了《国家"十一五"时期文化发展规划纲要》,残疾人文化权利保障首次作为国家战略计划被提出,为图书馆服务于残疾读者提供了政策依据。2008年我国修订了《中华人民共和国残疾人保障法》,规定相关机构或组织必须"组织和扶持盲文读物、盲人有声读物及其他残疾人读物的编写和出版,根据盲人的实际需要,在公共图书馆设立盲文读物、盲人有声读物图书室"。与其他相关配套法规《无障碍建设条例》《无障碍设计规范》《网站设计无障碍规范》《著作权法》《邮政法》《政府信息公开条例》《网络信息传播保护条例》等一起,初步搭建起残疾人的无障碍阅读服务法律建设体系。

科学的进步和信息技术的发展,带来了图书馆读者服务方式的变革。在此环境下,图书馆信息无障碍服务应运而生,其实质是图书馆利用先进的信息技术手段和方法,确保残疾读者在内的所有人信息资源的可获得性。

在发达国家和地区,信息无障碍早在20世纪90年代就引起广泛关注。例如,美国国会图书馆声明其网站所有技术均考虑到残疾人士的应用,并严格遵循Section 508与W3C标准设计图书馆网站。大英图书馆也声明,其图书馆网站设计采用了英国皇家国立盲人学院的建议,并依照W3C的标准建设。

自2003年起,我国的信息无障碍建设获得了政府以及社会的高度重视,并相继颁布和出台了一系列相关法律法规文件,从制度上保证了残疾人平等享受文化阅读的权利。同时,相关行业以及图书馆界也积极开始进行信息无障碍的研究与建设工作。2008年9月,由国家图书馆与中国残联信息中心、中国盲文出版社合作共同建设的中国盲人数字图书馆网站正式开通,该网站设计遵循

WCAG 2.0，符合 XHTML 1.0 技术规则，适用于盲用读屏软件，填补了我国盲人数字图书馆的空白。2010年7月，全国图书馆信息服务无障碍联盟成立，在全国图书馆信息服务无障碍联盟会议上，中国残联信息中心、特殊教育学院和全国各地图书馆馆长等对图书馆信息服务无障碍工作的现状、建设目标、建设标准、技术实现以及服务模式等进行了深层次的交流与探讨，会议的召开推进了图书馆残疾人无障碍阅读服务的进程，加快了残疾人文化事业的可持续发展步伐。2011年12月，上海图书馆实施网站无障碍化改造项目，主要面向视障人士中的全盲人士、低视力、色盲、色弱和光泽性过敏人士、聋哑人、行动障碍人群等提供无障碍网站、有声电子书和数字化讲座等图书馆数字化服务，以消除残疾人等获取信息的障碍。

同时，我国面向残疾人的图书馆无障碍阅读服务研究也积极开展起来。其中具有典型性的研究有以下这些：王世伟、张炜、孙祯祥、赵媛等从信息无障碍的理念入手，研究了图书馆信息无障碍服务的特点以及服务方向；王子舟、肖雪等对弱势群体知识援助的制度规范建设进行了系统的研究；夏凡、王素芳、黄佩芳等对国外图书馆弱势群体服务、理念规范进行了考察评述，对我国图书馆残疾读者服务提出了思考；刘玮、曹阳、蔡琬琰、徐轩等对视障群体阅读服务的阅读权利保障相关法规制度进行了深入研究；张曼曼、范并思、王素芳等对我国公共图书馆残疾人服务展开系统的分析评估，并积极投入对图书馆残疾人阅读服务体系建设的思考与研究。

目前国内外对残疾人无障碍阅读没有统一的定义，图书馆界以及相关学界对无障碍阅读也未进行概念性界定与论述。根据国内外学界对无障碍的概念界定，结合图书馆对残疾读者开展的阅读服务，笔者认为，图书馆残疾人无障碍阅读服务是指运用各种手段，借助各种技术，确保残疾读者在与其他人平等的基础上，公平、无障碍地享用图书馆提供的设施设备，获取图书馆的资源和服务，其核心内容是消除残疾读者阅读过程中的障碍，让残疾读者在无障碍的环境中无障碍地阅读。

第三节　图书馆残疾人无障碍阅读服务的理论基础

图书馆残疾人无障碍阅读服务这一政策导向和施政方针有其深刻而独特的理论基础，正是在这些理论基石的指引下，图书馆残疾人无障碍阅读服务得以有科学正确的理论指导方向，进而积淀并指引图书馆残疾人无障碍阅读服务的实践。本文借鉴国内外的无障碍服务经验，主要从图书馆残疾人无障碍阅读服务的产生与支撑方面，探讨其理论的根源。

一、图书馆残疾人无障碍阅读服务的产生理论

图书馆残疾人无障碍阅读服务这一概念表述的是残疾人在文化阅读活动中的"平等、自由、共享"理念，但其实现的根源在于社会经济、政治、文化以及社会生活各方面的平等，而平等的最终目标是实现社会融合。因而，福利经济学理论、社会融合理论是图书馆残疾人无障碍阅读服务这一理论概念和政策实践得以产生的理论根源。

（一）福利经济学理论

福利经济学是规范经济学，于20世纪早期形成于英国，后来在美国以及北欧国家得到广泛传播。作为经济学的一门重要分支，福利经济学主要研究一个国家或者社会如何通过合理的资源配置使整个群体的成员获得最大的利益，即社会经济福利最大化。福利经济学从道德标准的角度对社会经济进行评价，以此研究如何才能使得社会福利趋于最大以及社会福利最大化所需的条件。福利经济学强调"分配越均等，社会福利就越大"，主张通过对国民收入的调节实现国民收入的相对均等化，因而推动了社会服务的均等化趋势，成为残疾人无障碍阅读服务政策的理论基础。

福利经济学最早是从20世纪早期的英国逐渐发展而来，其思想渊源可追溯至亚当·斯密，亚当·斯密提出了由市场调节资源配置的观点。但也有一部

分学者认为福利经济学起源于霍布森,霍布森提出经济学的主要任务是研究如何通过政府干预提高社会福利水平。他认为,社会中利润、利息和经济地租等收入都是收入不平等的问题所在,他主张社会应重视收入分配不平等及其影响,并且通过改进财富分配方式以消除收入不平等。1234年,庇古的《福利经济学》一书的出版是福利经济学产生的标志。庇古围绕"如何衡量和增进社会经济福利、实现生产资源的最优配置"议题进行了讨论。第二次世界大战结束后,国际经济、政治形势的变化让福利经济学进入了一个新的发展时期,其研究领域和内容得到进一步拓展。勒纳等发展了庇古的理论,提出了补偿原理、消费者行为理论,极大地丰富了福利经济学的内容。帕累托提出了社会福利最大化的标准即帕累托最适度原理,其"最优状态"概念成为福利经济学的重要分析工具。萨缪尔森提出社会福利函数理论,强调把福利最大化放在最适度条件的选择上。与此同时,国家的宏观调控使得国家福利制度逐步完善,进一步推动了福利经济学的发展。此时,阿罗批判了以柏格森、萨缪尔森为代表的社会福利函数论,他认为社会福利函数论存在一定的片面性,认为还应该加入一定的社会道德规范,通过社会道德规范的约束能使社会福利制度更加有效和切合实际[12]。印度经济学家阿玛蒂亚·森认为应将基本价值判断引入研究领域,根据道德和政治等因素评价福利水平。

  福利经济学主要是从道德标准的角度对社会经济进行评价与分析,从而研究社会福利在什么样的条件下才能趋于最大化。福利经济学理论所体现出的公平观念是其本质特征,其关于公平的理论主要有公平优先理论、效率和公平兼顾理论。公平优先理论的代表人物主要有庇古、罗尔斯和勒纳等,他们主张国家可以利用一定的干预手段来实现收入的均等化,其实现途径是通过强制性的手段向富人征税,再以社会福利政策的形式补贴给穷人,使穷人等弱势群体也可以平等地享受社会发展的成果[13]。公平理论的基石是消除社会成员之间的差别,社会中的每个人都是平等的,都应该拥有平等公正的社会资源。因此,从福利经济学角度,图书馆残疾人无障碍阅读服务应从公平公正理念出发,通过政府的制度创新与调整,实现阅读资源的有效配置,为图书馆残疾人服务提供强有力的制度支撑,从而实现残疾人外部环境的和谐;通过无障碍阅读提高残疾人的文化水平,促进个体能力、精神文化的提升,从而实现残疾人内在精神的和谐以及社会的和谐。

(二) 社会融合理论

社会融合概念起源于欧洲对社会排斥的研究,而被社会排斥的群体一般是弱势群体。残疾人由于生理疾病或残缺导致社会生活中的资源获取、生存境遇等种种困难,他们往往处于社会最底层,遭到社会其他阶层的歧视和排斥,因而,脆弱群体理论、社会距离理论和社会排斥理论等为社会融合提供理论依据[14]。

脆弱群体理论认为,人类的脆弱性(如伤残、痛苦)应该得到认可和保护。脆弱性的根本原因是由于个体的某种疾病或障碍,使其在现有的社会生活中缺乏必备的适应能力、应对能力和竞争能力。但这些脆弱性的根源是由于脆弱群体自身不可控的原因造成的,这种不可控制的因素是生命存在过程中不可避免的现象,是一种客观的社会存在。因此,脆弱群体应该得到社会的认可和保护,正如罗伯特·古丁所说,脆弱群体的脆弱性是我们对他们特别责任的来源[15]。保护脆弱群体理论应成为社会的基本伦理。

社会距离理论的概念最早由法国社会心理学家加布里埃尔·塔尔德提出,他在《模仿法则》中首次阐释了社会距离的内涵,指出客观差异的存在是社会距离产生的根本原因。德国社会学家齐美尔发展了社会距离的概念,进一步从内在精神上的差异阐释社会距离。芝加哥学派帕克指出,距离是存在于集体与个人之间的亲近程度,是一种可以测量表现个人和一般社会关系的理解和亲密的程度和等级[16]。美国社会学家博卡德斯深化了社会距离的概念,将其解释为"能够表现一般的前社会关系和社会关系特征的理解和亲密的等级与程度",并且通过设计量表来测量不同等级和程度的社会距离程度,为图书馆残疾人无障碍阅读服务实证研究提供了理论依据。

社会排斥是指个体或群体由于自身生理、心理因素和社会环境因素交互作用而被排除在充分的社会参与之外,它是造成弱势群体"弱势"的根源。社会排斥产生的根源在于社会经济资源的不均等,因此,社会排斥理论以社会经济资源不均等背后的社会关系为核心理论范畴,通过对人们在社会资源、社会权利、社会参与中的分析与考察,探讨残疾人处于社会边缘地位的状况。英国社会学家莱维塔斯(Ruth Levitas)等认为,社会排斥是一个复杂和具有多重特性的过程,主要表现为一些个体或群体在经济、社会、文化、政治等领域在资源、权力、商品和服务的缺失,以及获得这些资源的权力被否定[17]。马特·巴恩斯(Matt

Barnes)认为,"社会排斥指全部或者部分地被排除在决定个体参与社会整合的经济、社会、文化体制之外的一个动态而多向度的过程"[18]。由于残疾人自身功能缺陷或丧失造成的社会排斥,导致了他们无法与健全人一样参与主流社会,进而影响他们经济与政治权利的获得,最终影响整个社会的和谐。在这种情况下,社会需要通过采取融合性的措施消除社会排斥的影响,图书馆残疾人无障碍阅读服务是提高残疾人文化水平并使其融入主流社会的重要措施之一。

根据黄匡时对社会融合的层次理论分析,社会融合的宏观性理论概述起源于社会整合理论,中观族群关系理论来源于同化论,而社会融合的微观心理研究则起源于认同理论和接纳理论[19]。

社会整合理论主张用结构功能主义解释社会凝聚的实现,认为社会结构在社会关系中起到了决定性作用。社会学家奥古斯特·孔德和埃米尔·涂尔干揭示了劳动分工是社会团结的根源。涂尔干指出分工的发展与人们相互结合及其所产生的交换关系成正比[15],团结的实现取决于社会结构与功能的协调。同时,社会的凝聚除了外在的强制力量约束之外,个人内在的自觉也起到了很大的作用。埃米尔·迪尔凯姆在对19世纪西方发达国家工业转型过程中遭遇的各种危机进行分析后,提出社会的团结是建立在国家共同信仰、价值观基础之上的以平等、团结、依赖为特征的一种联结状态,强调了国家、集体在社会融合中的关键作用。美国社会学家帕森斯进一步发展了迪尔凯姆的理论,构筑了宏大的社会整合理论,提出了解释社会行为的结构功能框架:适应、目的达成、整合、模式维持,构建了以国家制度为基础,整合社会系统内部关系,并依靠社会文化价值模式维持的社会整合框架。

同化论起源于18世纪美国移民问题、种族问题及宗教问题,最早表达此种观点的是美国农夫海克特1782年写的"Letters from an American Farmer",他认为,来自世界各地的移民通过文化精神上的融合能够形成一个新民族[20]。20世纪初,芝加哥社会学派代表人物帕克首次提出了"同化论"的观点,他在深刻剖析美国城市移民所带来的社会距离感的基础上,指出移民过程中出现的"接触"、"竞争"和"调适",最终会导致"同化"的产生[21]。随后,美国社会学家戈登将"同化"具体分解为文化或行为的适应、结构同化、通婚、身份认同、消除偏见、消除歧视以及共同的公民意识等七个方面内容[22]。戈登的同化论主要基于美国的种族偏见与歧视,但其所提出的社会结构同化和文化同化论同样适用于其他歧视、排斥等社会不公正现象。

社会融合的心理建构主要围绕认同和接纳展开,即个体对群体或社会的认同和群体或社会对个体的接纳。

由于个体首先需要通过自我认同的建构来认识自我、区分自我与他我以及我群与他群的差异性,由此才能进行个体的融入。因此,自我认同不仅是个体对自我身份的心理建构过程,也是建构个体与社会相互关系的心理基础。基于此,美国发展心理学家爱利克·埃里克森于20世纪三十四年代提出了自我认同理论。他认为,自我是人的过去经验和现在经验的整合体,它能引导心理向着合理的方向发展。英国社会学家安东尼·吉登斯认为,自我认同并不是自动产生的心理过程,而是个体通过个人经历所进行的反思性建构。并且这种自我建构不是固定不变的,而是一个动态的过程,会随着外在环境的变化和自我反思的变化而不断变化发展[23]。

社会认同理论主要解决"我是谁?"或"我们是谁?"的问题,因此又被称为社会身份理论。社会认同的概念来源于群体认同,其关键点在于个体如何融入群体或者社会、社会如何创造和维护群体的融合。20世纪70年代,波兰人泰弗尔阐述了社会认同理论的概念内涵,即个体知晓他归属于哪种特定的社会群体,以及他所获得的社会群体所赋予他的某种情感和价值意义。泰弗尔认为,对于个体而言,有两种身份:一种是个人身份,是指个体区别于其他个体的特征;另一种是社会身份,主要指个体对自己作为社会群体成员身份的认识,包括与成员身份相关联的价值和情感[24]。1987年,特纳提出了自我分类理论,进一步完善了社会认同理论。之后,社会认同理论随着研究的发展得到进一步丰富。社会认同理论强调个体对社会的主动融入,认为个体的主动积极融入是实现社会融入的关键,社会认同理论通过心理动力机制的分析与研究为残疾人等社会弱势群体的社会融合提供了理论依据。

接纳指的是个体与个体之间以及个体与群体之间的接受认可的过程,其内容主要包括自我接纳和社会接纳。与自我认同相似,由于个体首先需要通过自我接纳的建构来认识自我,才能进一步进行个体对他人、对社会的接纳与认同,因此,自我接纳与自我认同一样可作为社会融合的心理建构基础。自我接纳是个体对其自身所具有的所有特征,能客观地面对、了解、接纳,并对自我的价值给予正确客观地评价与接受,由此使得个体不断调整自我、健全自我。

社会接纳理论由麦金泰尔在其发表的文献《被他人接纳与接纳自我和接纳他人的关系》中首次提出,随后,美国心理学家费伊在分析麦金泰尔观点的基础上,将社会接纳定义为自我接纳、对他人的接纳和对他人接纳自我的感觉,并且以这三个感受维度为基础编制了"接纳他人量表"[25]。社会接纳理论强调个人或群体接纳对个体心理和社会融入的重要性,通过接纳使得个体获得对自身价值的认可并主动融入社会,其理论及其量表为残疾人的社会接纳以及评估社会接纳程度提供了可借鉴的依据和方法。

二、图书馆残疾人无障碍阅读服务的支撑理论

图书馆残疾人无障碍阅读服务强调尊重残疾人的独特性,从社会环境的视角来分析残疾人的内在心理机制,以及社会整体环境对残疾人阅读的影响因素。因此,图书馆残疾人无障碍阅读服务得以持续开展的支撑理论是生态系统理论、背景框架理论、正常化理论、阅读循环圈理论。

(一)生态系统理论

生态系统理论发展于20世纪70年代,该理论强调人与环境的整体协调,即从整合性视角,既重视人的发展,又注重环境对人的影响。生态系统理论认为,个体与环境有着密不可分的关系,从个体层面要重视个体与他人或群体的连接以及建立关系的能力、掌控环境的能力;从环境层面侧重个体所在文化语境中的物理及社会情景的位置、人与环境主动交流之间的调和度[26]。查尔斯·扎斯特罗把人的社会生态系统划分为3种基本类型:微观系统(Micro System)、中观系统(Mezzo System)、宏观系统(Macro System)[27],并理解不同层次系统下如何影响人与其行动。微观系统是指个体系统,即影响个体及其行为的心理、生物等内在系统;中观系统是指小规模群体,即个体所处的家庭、工作、生活、休闲娱乐等群体;宏观系统是指较大规模的群体,即个体生活的社会组织、经济、文化等环境。生态系统理论从人与环境的互动出发,强调人与环境的协调是社会融合的关键因素,从这个视角出发,残疾人的问题是个人与环境产生不协调所导致的。而图书馆残疾人无障碍阅读服务一方面通过阅读消除残疾人融入社会的不良阻碍,另一方面创造残疾人发展的无障碍阅读环境条件,最终构成残疾人个人微观系统和外部系统之间协调有序的良性互动。因此,生态系统理论为图书馆残疾人无障碍阅读服务中残疾人与环境的双向融入提供了理论支撑。

(二) 背景框架理论

框架理论是认知心理学上的一个概念。背景框架理论指的是人类信息的获取、知识的交流、智能的生成都在一定的背景框架下实现[28],同时人们对于现实生活经验的归纳与阐释都依赖于所处的背景框架。背景框架包含个人与组织两个维度,个人框架是个人对客观世界进行认知、阐释等过程中所使用的内在认知结构,这种认知结构是个人对过去经验的总结与归纳;组织框架是组织在进行事务处理过程中受立场、观点、理念等因素制约而使用的认知结构,制约该框架认知结构的有该组织内外的政治、经济、历史以及文化等宏观因素。背景框架理论强调了无论是个体还是组织都处于一定的背景环境下,其认知与行为会受到所处环境的影响。背景框架理论突出了环境对个体或组织的理念与行为的重要作用,从环境、制度层面为图书馆残疾人无障碍阅读服务提供了可借鉴的理论支持。因此,在进行图书馆残疾人无障碍阅读服务时,不但要了解其历史和现实背景,研究其实施的必要性和可行性,探讨如何从制度、环境、文化等角度更好地为图书馆残疾人无障碍阅读服务提供支持。

(三) 正常化理论

正常化理论起源于西方国家在残疾人实践工作中实行的一系列理念、方法,强调通过服务为残疾人争取与健全人一样的教育和生活环境,并享有自由的权利和公平的机会,从而促进残疾人与健全人的融合。正常化理论并不意味着绝对的社会适应,也并不要求绝对的同一性和社会融合,而是强调接受残疾人本来的样子,他们的一切被正常社会所接纳,并给予他们平等的生活机会和正常的生活环境,享受正常人所享有的一切权利。社会融合也并不是残疾人向主流社会的单向融合,而应该更多地考虑主流社会如何将残疾人当"正常人"看待,向其提供正常的生活环境,是一个相互融合的过程。图书馆残疾人无障碍阅读服务正是基于为残疾人提供"正常"的文化环境的视角,使他们可以与社会其他人一样,有属于自身所需要的文化阅读环境和教育环境。

(四) 阅读循环圈理论

阅读循环圈理论由英国文学大师艾登·钱伯斯提出,其初衷是指导家长和老师为儿童打造良好的阅读环境。钱伯斯认为,阅读不是简单地从文本中获取意义的过程,而是一个由可选择的图书、可供阅读的环境以及读者反馈组成的循环反复的有机整体。简言之,该理论的主要环节是"选书""阅读""回应"。钱伯斯的阅读循环圈理论为图书馆进行残疾人无障碍阅读服务提供了科学的阅读指导方向。残疾人拥有的阅读资源相对较少,针对他们的阅读需求选择合适的资源尤其重要。"选书"不是随意行为,而是根据读者的具体情况寻找相应图书的过程。另外,这里所说的"图书"是一个广义上的概念,它不只包括图书、期刊等纸质资源,还包括电子、网络等资源。概括而言,适合残疾读者阅读的信息资源都是图书馆选择的范围。"阅读"环节是一个包含了阅读时间、阅读地点、阅读指导、阅读设施设备等阅读环境在内的整体阅读过程,残疾人的阅读特殊性对阅读环境提出了更高的要求,是决定阅读效果的关键环节。"回应"环节指的是残疾读者对本次阅读的反馈,包括阅读内容的感悟、阅读过程的满意度,当读者经过阅读后有良好的阅读体验,满足其对信息的需求,通过对内容的阅读获得启发、鼓励以及内心情感、思想的升华,并且产生了继续阅读的愿望,形成了良性的阅读循环,才是真正意义上的图书馆残疾人无障碍阅读服务。

第四节　图书馆残疾人无障碍阅读服务的必要性

一、残疾人的生存状况

根据世界卫生大会通过的 58.23 号决议《残疾,包括预防、管理和康复》的要求,世界卫生组织和世界银行共同撰写了全球第一部国际性的《世界残疾报告》,首次对世界残疾人的情况进行了介绍:世界总人口中约有 15% 的人存在某种形式的残疾,其中 2% 至 4% 的人面临严重的功能性障碍。与没有残疾的健全人相比,残疾人的健康状况较差,文化素养较低,生活能力较弱,参与社会活动的机会较少,生活水平基本处于弱势状态。联合国在 1982 年曾指出,"在许多国家里,每十个人中至少有一个人致残,至少有 25% 的人因与残疾人有关而受到不利的影响",特别是某些发展中国家,残疾人所占人口比例估计高达

20%，残疾人的问题不只是他们个人的问题，还牵扯到其亲人、朋友等，因残疾而受到影响的亲友，他们的物质、文化、生活等水平也会有不同程度的降低。可见，残疾及残疾带来的不利影响是全世界共同的问题，需要全世界重视和解决。

2006年，我国第二次全国残疾人抽样调查数据显示，我国目前有残疾人共8 296万人，占全国总人口的比例为6.34%。其中：视力残疾者1 233万人，占14.86%；听力残疾者2 004万人，占24.16%；言语残疾者127万人，占1.53%；肢体残疾者2 412万人，占29.07%；智力残疾者554万人，占6.68%；精神残疾者624万人，占7.40%；多重残疾者1 352万人，占16.30%。与1987年第一次全国残疾人抽样调查比较，我国残疾人口总数增加，残疾人比例上升。同时，从残疾人口地理分布来看，处于经济落后、贫困地区的残疾人口比例较大。数据显示，在残疾总人口数中，农村残疾人口为6 225万人，占总数的75.04%。由此可见，因残疾人自身残疾的原因以及所处环境的影响，我国大部分残疾人生活处于贫困状态，生活资源、信息资源获取程度较低。

二、残疾人群体阅读与文化现状

从相关研究可知，残疾人是社会上最困难、最弱势的群体。其弱势表现在：因自身身体因素导致的信息知识获取不便，因环境障碍导致的信息不平等，因经济因素导致的知识、能力、水平低下，等等。据统计，我国15岁及以上残疾人文盲人口（识字或识字很少的人）为3 591万人，文盲率为43.29%。6~14岁学龄残疾儿童中，正在普通教育或特殊教育学校接受义务教育，各类别残疾儿童的相应比例为：视力残疾儿童79.07%，言语残疾儿童76.92%，肢体残疾儿童80.36%，智力残疾儿童64.86%，精神残疾儿童69.42%，多重残疾儿童40.99%。由于受教育程度偏低，文化水平低下，使得残疾人在社会参与、劳动就业方面受到极大的阻碍。以就业状况相对较好的城镇残疾人为例，不在业的残疾人为470万人，达到城镇残疾总人口数的61.28%，其中一半多的人需要依靠当地政府的最低生活保障支持。

残疾人的生存状态是衡量社会文明程度的一个显性维度。傅荣贤先生在《理性认识信息公平》中指出：通过政策倾斜、物质"救济"等手段并不能促成弱势群体的自身努力以及实现公平。他们缺少获取信息的渠道和方式，缺少利用信息资源最基本的常识和技能，因而这种物质经济层面给予的帮助并不能从根本上改变弱势群体的"弱势"。物质的救济无法从根本上改变残疾人的生存状态,唯有提升残疾人的文化知识水平,增强他们融入社会的能力,才能整体改变他们的生存状况。

联合国《关于残疾人的世界行动纲领》(1982年)指出:"现有的知识和技能能够预防许多缺陷和残疾的产生,能够协助残疾人克服或尽量减轻残疾,也能使各国消除把残疾人排除在正常生活之外的种种障碍。"李克强总理在审议《国务院关于加快推进残疾人小康进程的意见》(2015年)时强调:"我国社会事业本身属于'短板',而残疾人是困难群体中的困难群体,是'短板'中的'短板',要优先补上。"中共十八大报告提出了"权利公平""健全残疾人社会服务体系,切实保障残疾人权益"等社会公平保障思路和措施。中共十九大报告中,习近平总书记提出"全国人民奔小康,残疾人一个也不能少"的战略思想,从国家战略高度肯定了社会公平、权力公平的思想内涵,指出了残疾人正常参与社会生活的思想精髓,为我国社会保障残疾人文化与阅读权利提供了政治思想保证。

"知识鸿沟"导致弱势群体处于知识资源最稀缺的底端,而产生"知识鸿沟"最大的原因是"知识隔离(Knowledge Divide)"[29]。而阅读作为人类获取、传播、共享知识的重要方式,是残疾人提升知识水平、弥合与健全者之间在获取信息、生存状态、劳动就业等方面的鸿沟,以及融入主流社会的最重要方式之一。因此,2012年,党的十八大报告将"开展全民阅读活动"提上了议事日程,为包括残疾人在内的全民阅读提供了政策依据。2014年以来,国务院连续9年把"倡导全民阅读"写入政府工作报告,国家的"十三五"规划更是将全民阅读提升至国家战略高度,并将残疾人作为公共文化服务的重点人群之一,强调全民阅读工程要提供适合残疾人的服务内容和活动项目。2017年6月,国务院审议并通过了《全民阅读促进条例(草案)》,以国家制度的形式,规定了全民阅读应该遵循的公益性、基本性、均等性、便利性原则,并要求各级政府和相关部门应当有针对性地向残疾人提供特殊阅读资源、设施与服务,根据其不同特点和需要,鼓励、帮助其参加全民阅读活动。可见,全民阅读作为构建文化均等服务体系的一项重要部署,已成为增强国家文化软实力,建设社会主义文化强国,实现中华民族伟大复兴中国梦的战略性举措。残疾人阅读作为全民阅读战略性政策中的一个薄弱环节,成为公共文化机构实施全民阅读目标的重要服务对象,也成为国家提高全民文化素养、提升国家文化软实力的重点支持对象。

第五节 本章小结

残疾是各种因素综合作用的结果,残疾的个人因素和社会因素决定了只靠残疾人自身的力量无法改变残疾人的现状,也无法降低残疾对残疾人带来的不利影响。要消除残疾人在生活、工作中的障碍,改变残疾人的困难现状,需要通过社会与残疾人之间的合力,即残疾人凭借社会的帮助获得社会生存的资本,从而降低残疾带来的不利影响。这种社会帮助不仅仅是物质层面、经济层面的,更是文化层面的,而图书馆正是残疾人提升文化水平、获得自身生存资本的有效途径。"人是文化的存在",接受教育、参与文化活动、分享和交流文化发展成果、表达自由和信息获取自由,是包括残疾人在内的每一个人应有的权利,作为公益文化机构的图书馆有责任利用各种资源和技术,为残疾人提供阅读服务、信息服务。

"无障碍"一词是针对"障碍"而言的,图书馆残疾人无障碍阅读服务是指图书馆运用各种手段,借助各种技术,利用各种资源,让残疾人无障碍地获取图书馆的资源和服务,其核心内容是消除残疾人阅读过程中的障碍,使他们公平、无障碍地获取图书馆的资源和服务。图书馆残疾人阅读服务的无障碍不仅体现在物质环境的无障碍,更体现在资源获取的无障碍、服务的无障碍,还体现在与服务相关的社会环境的无障碍方面。总之,图书馆对残疾人开展阅读服务是以残疾人无障碍地利用图书馆进行阅读为最终目标的。

嘎日达曾指出,融合是一个对现状一直进行挑战的动态过程,社会融合是多维度的、多层面的,同时社会融合也是主观性的融入。社会融合是一个双向流动的过程,需要社会与残疾人的互动,因而从文化、精神、心理上让残疾人获得自我认同、主动融入主流社会,是社会需要努力的方向,更是图书馆开展残疾人无障碍阅读服务的目的。

参考文献:

[1] Mike O. Implementing the social models of disability: Theory and research[M]. Leeds: The Disability Press, 2004.

[2] 孙玉梅. 残疾人社会融合支持体系研究[M]. 南京:南京师范大学出版社, 2016.

[3] 彭宅文. 残疾、社会排斥与社会保障政策的干预[J]. 中国人民大学学报, 2008(1):16-21.

[4] 许放明. 社会建构主义:渊源、理论与意义[J]. 上海交通大学学报(哲学社会科学版), 2006(3):35-39.

[5] Nagi S Z. Someconceptual issues in disability and rehabilitation[M]. Washington D.C.: American Sociological Association, 1965.

[6] Bronfenbrenner U. Annals of child development[J]. Ecological Systems Theory, 1989(6):187-250.

[7] Oliver M. Understanding disability: From theory to practice [M]. London: Macmillan, 1996:100-113.

[8] 张洁, 孙巧云, 乔松. 国际新残疾分类标准的形成与特点[J]. 淮海医药, 2004(5):432-433.

[9] 廖慧卿, 罗观翠. 基于残障概念模式的残疾人就业政策目标评价[J]. 华中科技大学学报(社会科学版), 2012(2):104-113.

[10] 雷雅楠. 山西省公共图书馆无障碍服务调查研究[D]. 太原:山西大学, 2015:36-39.

[11] 易红, 张冰梅, 詹洁. 以信息弱势群体为导向的公共图书馆信息无障碍服务探究[J]. 图书馆工作与研究, 2015(1):78-82.

[12] 国家图书馆研究院. 日本政府出台无障碍阅读法[J]. 国家图书馆学刊, 2019, 28(4):59.

[13] 王思源. 福利经济学的兴起与发展[J]. 中国集体经济, 2015(24):79-80.

[14] 张华晴. 我国残疾人社会救助问题研究:基于福利经济学公平理论视角[J]. 劳动保障世界, 2019(26):18-19.

[15] 黄匡时, 嘎日达. 社会融合理论研究综述[J]. 新视野, 2010(6):86-88.

[16] Goodin R E. A reanalysis of our social responsibilities[M]. Chicago: University of Chicago Press, 1985.

[17] Park R E. Race and Culture[M]. Glencoe, Ill.: Free Press, 1950.

[18] Levitas R, Pantazis C, Fahmy E, et al. The multi-dimensional analysis of social exclusion[R]. Bristol:University of Bristol, 2007.

［19］Barnes M. Social exclusion in great Britain［M］. London：Routledge，2005.

［20］埃米尔·涂尔干. 社会分工论［M］. 渠东译. 北京：生活·读书·新知三联书店，2013：214.

［21］Hector S，John de Crevecoeur. Letters from an American farmer and sketches of eighteenth-century America［M］. London：PenguinBooks，1981.

［22］Park R E，Burgess E W. Introduction to the Science of Sociology［M］. Chicago，Ill.：The University of Chicago Press，1924：735.

［23］丁宇,姜丹. 社会融合的理论类型和政策实践原则［J］. 学习与实践,2019(3)：73-83.

［24］安东尼·吉登斯. 现代性与自我认同［M］. 北京：生活·读书·新知三联书店,1998：1-58.

［25］蔡荃,欧阳润清. 社会认同理论视阈下的"五个认同"［J］. 云南社会主义学院学报,2019(3)：76-80.

［26］Fey W F. Acceptance by others and its relation to acceptance of self and others：A revaluation［J］. Journal of Abnormal Psychology，1955，50(2)：274-276.

［27］吴金凤,刘忠权. 社会工作理论内涵、实务运用的比较与反思：以心理暨社会学派、生态系统理论、增权理论为例［J］. 社会工作,2018(6)：23-31.

［28］McLeroy K R，Bibeau D，Steckler A，et al. An ecological perspective on health promotion programs［J］. Health Education Quarterly，1988，15(4)：351-377.

［29］王浣尘. 信息距离与信息［M］. 北京：科学出版社,2006.

第二章

国外图书馆残疾人无障碍阅读服务

第一节 相关政策

一、国际组织相关政策概述

从20世纪上半叶开始,受两次世界大战的影响,世界范围内残疾人人数剧增,残疾人在社会生活中面临的一系列问题引起了世界各国的关注与重视,保障所有人的权利成为全世界的共同责任和目标。在此背景下,促进世界人权平等、推进社会进步、维护世界和平的国际组织开始成立,并且在国家社会中起到越来越重要的作用,也促进了全世界残疾人信息文化权利的实现。

1927年,国际图书馆协会联合会(International Federation of Library Associations and Institutions,IFLA)成立,国际图联在积极倡导图书馆平等服务方面做出了重大贡献。1945年联合国(United Nations,UN)成立,联合国大会通过了一系列保障残疾人权益的文件、决议,致使反歧视、保障残疾人权利问题得到世界的普遍关注与重视。1946年联合国教育、科学及文化组织(简称联合国教科文组织)成立,旨在促进教育、科学及文化方面的国际合作,维护世界和平。同年,由各国标准化团体(ISO成员团体)组成的世界性联合会——国际标准化组织(International Organization for Standardization,ISO)成立,该组织为图书馆残疾人无障碍服务以及网页阅读无障碍制定了规范标准。创建于1994年的万维网联盟,是国际网络技术领域最具权威和影响力的技术标准机构,其发布的一系列Web技术标准及其实施指南,指导和推动了图书馆残疾人无障碍阅读服务工作的开展。

联合国大会通过了一系列关于残疾人权利的文件,为残疾人平等享有文化权利奠定了基础。例如,《世界人权宣言》(1948年)向世界宣示了残疾人与健全一样享受平等权利,《残疾人权利宣言》(1975年)指出"残疾人享有的公民权利和政治权利与其他人一样",《关于残疾人世界行动纲领》(1982年)明确了残疾人在物质和文化环境、社会服务和保健服务、文化和社会生活方面的机会平等权利,《联合国残疾人机会均等标准规则》(1993年)提出了"社会各系统和环境诸如服务、活动、信息和文件得以为所有人特别是残疾人享受利用"[1]的要求。此外,联合国还通过了《禁止一切无视残疾人的社会条件的决议》《智障者权利宣言》等文件,保障了各种类型的残疾人在社会享有平等公正的经济、社会、文化权利。1951年和1960年,"世界聋人联合会"和"国际智力残疾人联盟"分别成立,这两个国际非政府组织的创立为维护和保障聋人、智力障碍者、精神障碍者的平等权利做出了贡献,两个国际组织积极和联合国合作,共同推动了国际残疾人权利运动的发展。1984年"世界盲人联盟"(World Blind Union,WBU)成立,提出联盟的宗旨是"保护和促进盲人和视力障碍的人所享有的政治、经济、文化以及社会权利等各项人权"。2006年12月,联合国大会通过了《残疾人权利公约》,公约确认,残疾是一个演变中的概念,是残疾者和各种环境障碍之间相互作用所产生的结果,而这种环境障碍指的是阻碍残疾人与其他人一样平等参与社会的各种态度和条件。无障碍的物质、社会、经济、文化、医疗、教育等环境对残疾人平等权利的实现至关重要[2]。

国际组织发布的一系列有关残疾人权利的文件以及为各类型残疾人创立的协会、联盟,推动了世界残疾人服务事业的发展。为进一步保障残疾人信息权利,国际图联和联合国教科文组织制定了与残疾人阅读相关的政策,具体概括为以下几个方面。

(一) 宣言类

1949年,国际图联和联合国教科文组织制定了《公共图书馆宣言》,宣称"对其所在民众,应不分职业、信仰、阶层或种族,一视同仁,给予同等的免费服务"[3],这为图书馆均等服务奠定了基础。1972年《公共图书馆宣言》修订,增加了为残疾人等服务的内容,指出"公共图书馆建筑应设在便于老弱病残来馆的便利位置""一切心理上和身体上受到损害的人可以得到公共图书馆的帮助与慰藉。服务方式的改变,阅读设备和特殊阅读资料的配备,是图书馆服务于残疾人的基本方法"[4]。1994年再一次修订的《公共图书馆宣言》明确指出,"对因故不能享用常规服务和资料的用户,例如少数民族用户、残疾用户、医院病人或监狱囚犯,必须向其提供特殊服务和资料"[5]。从国际图联对《公共图书馆宣言》的一次次修订可以看出,保障残障群体的信息权利,促进社会信息公平,是国际图联的重点目标之一。

1997年,国际图联"教育与发展部"下设置了"社会责任讨论组"(Social Responsibilities Discussion Group,SRDG),主要研究信息鸿沟问题,其主要议题是探讨电子信息的平等获取等问题。1999年在泰国曼谷召开的国际图联大会上,社会责任讨论组发表了《国家内部和国家之间不断增长的信息富有者和信息贫穷者之间的差距》讨论集,对信息贫穷者进行了概念界定,并提出了帮助生理残疾者摆脱信息贫穷的措施[6]。1999年,国际图联发布了《图书馆和智力自由声明》,2002年又先后发布了《信息获取和表达基本权利声明》《国际图联因特网宣言》《琵琶湖千年行动纲要》,强调了图书馆在信息时代应保障所有公民的信息获取自由,促使残疾人有机会利用现代通信技术获取信息。2002年,国际图联颁布了《图书馆和信息服务机构及信息自由的格拉斯哥宣言》,再次强调所有读者的信息自由平等,提出图书馆和信息服务机构应为包括伤残在内的所有用户平等地提供所需的信息资料、设备和服务。

(二) 专业指南类

为更好地指导图书馆残疾群体的服务,国际图联针对各种类型残疾人制定了相关的图书馆服务指南。

1984年,国际图联制定了《医院病人和社区残疾群体图书馆服务指南》和《医院病人、长期居住在护理机构中的老年人和残疾人图书馆服务指南》,并于2000年进行了修订。1991年制定了《聋哑群体图书馆服务指南》(2000年修订),对服务于聋哑读者的图书馆设施设备、馆藏建设、服务活动、服务人员、服务宣传推广等方面做了一定的要求。1998年制定了《图书馆盲人服务指南》,指出公共图书馆为盲人提供盲文资源和服务是图书馆应尽的宗旨和任务。2001年制定了《图书馆为阅读障碍人士服务指南》(2014年修订),规定图书馆员通过培训、知识分享、终身学习等途径成为残障人士的"私人馆员"。2001年实施的《公共图书馆服务:公共图书馆服务发展指南》强调公共图书馆的基本原则是为所有人服务,不应排斥某些群体。因身体、智残或者缺乏交通工具而无法到达图书馆的读者,图书馆要为他们提供延伸服务。2002年国际图联发布的《公共图书馆服务发展指南》指出,"公共图书馆应当千方百计地满足社区内各种人的需求,不管他们的年龄、身体条件、经济和社会地位如何""必须确保那些由于某种原因不能得到主流服务的少数群体也能够平等地享受到各种服务,包括身心残疾者等""经费、服务、图书馆的设计以及开放时间等,都应以对所有人开放的理念为最基本的原则"。馆藏建设也同样应该以对所有人开放的原则为基础,而且还应包括方便特殊用户群体使用的各种载体,例如,盲人使用的布莱叶文字和语音图书"等等[7],这些规定为世界各国公共图书馆残疾群体服务提供了行动指南。2005年国际图联制定了《信息时代图书馆为盲人服务发展指南》,在列举各国图书馆盲人服务正确措施的基础上,提出世界各国图书馆都应该通过宣传和推广计划来指导、宣传本馆服务,推广计划中还应包括对项目的评估。2007年国际图联制定了《图书馆为智障人士服务指南》,该指南是 IFLA 图书馆服务弱势群体委员会(LSDP)针对不同类型残疾人的阅读需求所制定的,包括图书馆如何为智障人群提供所需的服务和文献资源,以及如何与智障人群交流等内容。

2013年,世界知识产权组织(WIPO)186个成员国在摩洛哥马拉喀什签署了一部新的国际条约——《关于为盲人、视障者和其他印刷品阅读障碍者获得已出版作品提供便利的马拉喀什条约》(简称《马拉喀什条约》),其目的是解决无障碍格式版作品的匮乏与传播问题,条约要求各缔约方规定对版权的"限制与例外",以保障视力障碍者和其他印刷品阅读障碍者欣赏作品和获取信息的权利。条约的缔结为阅读障碍者获取作品提供了一定保障,随后世界很多国家纷纷将该条约转化成国内法。2014年国际图联发布了《面向阅读障碍群体的新版图书馆服务指南》,为图书馆面向阅读障碍群体服务提供建议和指导。指南指出,图书馆可以通过提供有声读物、相关阅读设备等服务更好地服务于阅读障碍群体。

(三) 技术标准类

国际图联通过制订图书馆标准对图书馆残疾读者服务进行了具体规定,确保残疾读者服务的无障碍。1973年,国际图联通过了《公共图书馆标准》(以下简称《标准》),它专门列出了"有关特殊读者群的标准",提出要"为弱智儿童提供服务"。《标准》明确了图书馆所服务的残疾人的类型包括智残者(智力低于正常人)、精神病人和身体残疾者;《标准》第一次提出,对于为残疾人服务工作量很大的地方,公共图书馆内应建立专门的工作部门,配备一名合格的图书馆员,并按需要配备辅助人员,更有必要建立基本专用藏书;在建筑设施方面,《标准》规定应在需要的地方安装电梯、坡道、自动门等无障碍设施设备。1977年国际图联对《公共图书馆标准》进行了修订完善,要求各国图书馆制定特殊读者服务的系列标准;所有公共图书馆为残疾人提供特殊服务,并将这种服务延伸至医院或家中;图书馆通过设立专门部门、配备合格馆员、建立专门馆藏等措施为残疾人服务。同年,国际图联成立了盲人图书馆专业组,该组在以后的几年里做了许多国际图书馆盲人服务培训、读者调研以及盲文出版物发行等工作,极大地推动了国际盲人无障碍阅读服务的进程。

1994年,国际标准化组织制定了《房屋建筑建筑物中残疾人的需要设计指南》,对残疾用户界面设计、影像和符号设计以及建筑物设计做了详细说明。该指南对图书馆无障碍建筑的设计具有指导作用,依据该指南精神,美国、英国、日本等发达国家纷纷制定了适用于本国的无障碍建筑设计规范。

为确保残疾人能够无障碍地获取网络信息,2008年,万维网联盟(World Wide Web Consortium)制定、发布了《Web内容无障碍指南2.0》(Web Content Accessibility Guidelines 2.0,简称WCAG 2.0),以取代1999年的WCAG 1.0,指南中为建设残疾人(包括视力、听力、肢体及智力等残疾)可读取、可利用的网络站点提供规范性指导,提出在网站开发过程中应遵循的无障碍原则,以确保网站对于包括残疾人在内的不同用户的易访问性。之后,欧美等发达国家在《Web内容无障碍指南2.0》的框架内制定了本国的无障碍相关标准。此外,国际标准化组织也制定了《信息技术.用户界面.简易操作设置用易访问用户界面》《信息技术 影像和被所有用户(包括年长者和残疾人)认可的符号设计指南》等信息无障碍指南和规范,促进了网络环境无障碍信息获取的标准化。

这一系列无障碍标准与规范为世界各国残疾人服务相关规范的设计、制定以及实施起到了一定的指导和推动作用。如瑞典(1960年)、英国(1962年)、美国(1962年和1966年)、南非(1966年)、波兰(1968年)、法国(1969年)等国家都制定了相应的公共图书馆无障碍服务标准,技术标准类规范的制定与实施保障了残疾人平等获取信息的权利,为世界各国政府、图书馆行业协会及图书馆服务政策的制定、实施、评估提供了基本的政策依据。

二、各国相关政策

(一) 美国

欧美发达国家十分重视残疾人的文化、教育以及生活等问题,为保障残疾人在文化及信息获取方面的权利,政府制定了一系列相关的法律法规。欧美国家残疾人无障碍阅读服务的法制建设,大致经历了以下几个阶段:

1. 起步阶段(19世纪后期)

19世纪初,公共图书馆在美国兴起。1849年,新罕布什尔州通过了美国第一个州图书馆专门法。此后,各州立法工作陆续开展。《马萨诸塞州图书馆法》规定为各种类型的残疾人(包括视力、精神、身体和情绪残疾人等)开展图书馆服务。在各州图书馆专门法中,《加利福尼亚州图书馆法》最为典型,该法涉及残疾人服务的经费投入、志愿者服务、上门服务以及服务的具体实施与监督管理,并且要求在州政府任命的13位图书馆委员会成员中必须有一位残疾人,来为所有残疾读者的阅读权利发声。《马里兰州图书馆法》将盲人和残障人士服务作为图书馆的基本内容之一,并规定通过制定残疾人服务的条例、标准和规则为盲文和有声读物读者提供最好的服务。《亚拉巴马州法》要求针对成年盲人和成年聋人服务必须设立独立的管理部门,以进行专门服务。

1876年,美国图书馆协会(American Library Association,简称ALA)成立,协会的成立为美国图书馆法规和标准的制定、图书馆服务的开展、保障信息获取平等与自由等做出了重大贡献。1904年,美国《邮政法》规定将盲文图书作为免费邮递项目,这项举措推动了美国图书馆为视障群体免费邮寄服务项目的常规化。1906年,美国图书馆协会设立"盲人图书馆工作委员会",用以管理、指导盲人图书馆的服务工作。

2. 发展阶段(20世纪30—60年代)

美国图书馆的残疾人无障碍阅读服务基本还是以视障读者为主要对象,经过前期的自由、零散发展,其服务开始趋向统筹协调发展阶段。美国1931年通过的《普拉特—斯穆特法案》(Pratt-Smoot Act),设立了国会图书馆领导下的为成年盲人服务的全国图书馆项目,此项目得到联邦政府的经费支持。按照这一法案,国会图书馆成立了"盲人及残疾人国家图书馆服务部",并连同其他18家图书馆共同建立全国性图书馆盲人服务网络,负担起为美国成年盲人读者提供盲文资料的责任,并以此建立了地区性中心图书馆共同合作体系。

1939年,美国图书馆协会通过了《图书馆权利宣言》(Library's Bill of Rights),提出每一个市民都有权自由地得到他/她所需要的资料[8]。1946年,美国颁布了《国会图书馆法》,并于1982年进行了修订。该法为国会图书馆规定了视障群体服务的责任和义务,在其第八条条款中明确规定对盲人和其他残疾人的书籍、有声读物、乐谱、指导读物以及阅读辅助设施等实行专项经费拨款与管理,并且要求建立地区性中心组织以满足残疾人的阅读需要。1948年,美国图书馆协会委员会发表了《图书馆权利法案》,该法案表达了关于图书馆和图书馆文献资料的自由获取的基本观点,并对图书馆服务于所有公民做出了规定,要求图书馆应提供图书和其他馆藏资源以满足其服务范围内所有读者的兴趣、信息和启蒙的需要。1961年,美国国家标准协会制定了世界上第一个方便残疾人的设计标准《便于残疾人出入、使用建筑物及有关设施的设计标准》(ASA),为残疾人无障碍地享有公共建筑、设施以及其他服务的权利提供了制度保障。1962年,美国制定了《图书馆巡回车服务标准》(Standards of Quality for Bookmobile Service),对图书馆残疾人服务进行了规范化设计。

3. 高涨阶段(20世纪60—90年代)

美国图书馆残疾人服务进入普遍均等发展阶段。二战以后,随着残疾退伍军人的大幅度出现与增长,残疾人权利意识逐渐高涨。此外,二战结束后的一二十年间,美国大力发展科技教育、发展新工业,促进了经济快速发展,经济的发展推动了残疾人"平等、参与"理念的增强、无障碍理念的兴起,为所有人提供平等服务的普遍服务理念最终确立。

1964年,联邦图书馆法——《图书馆服务与建设法》(Library Services and Construction Act,简称LSCA)颁布,并于1966年进行了修订。法案规定联邦政府可为4个领域拨款援助:公共图书馆、公共图书馆建设、馆际合作以及州图书馆特殊服务,并要求图书馆为所有因视力或身体残疾不能阅读标准印刷书的读者提供有声图书。"州图书馆特殊服务"为残疾人阅读服务提供了专项服务经费。1970年修订的《图书馆服务与建设法》将各级各类图书馆盲人服务的对象范围扩展为"因身体或视力限制而无法阅读传统印刷资料的人",从而使图书馆突破了全盲读者这一单一视障类型服务对象,将因各种原因导致视障的读者都纳入图书馆特殊服务范畴中。1990年《图书馆服务与建设法》再次修订,扩大了"残疾人"的定义,将肢体障碍、精神障碍、视觉障碍以及听觉障碍人群全部纳入"残疾人"范围。《图书馆服务与建设法》20多年间的修订使得美国图书馆残疾人服务不断完善,推动了美国图书馆残疾人无障碍服务的发展进程。

1968年,美国政府颁布了《建筑无障碍法案》(Architectural Barriers Act of 1968,ABA),明确提出用联邦政府的资金规划、建造、修建以及租借的建筑设施必须无障碍,以确保残障人士方便使用,出入无障碍。1973年,美国通过了

《康复法案》(Rehabilitation Act of 1973),其 504 条款规定,应确保所有的联邦政府机构、联邦政府资助的项目、K-12 学校、高等教育实体(州学院、大学和职业培训学校)都不能歧视残疾人,必须保证残疾人平等享有图书馆设施和服务的权利。

19 世纪六七十年代,美国陆续制定的州法中都要求建立地区中心图书馆,并力图在图书馆新建、改建中融入无障碍建设理念,消除残疾人阅读的物理障碍,同时推进其他类型的图书馆如中小学、大学图书馆向社会残疾人开放的步伐[9]。以这些法案为依据,美国图书馆协会陆续制定了相关服务标准和规范,例如,1967 年制定的《图书馆盲人及视觉残障者服务标准》对图书馆视障读者的服务进行了标准化规定,此标准对联邦各州、社区、学校及特殊机构等各级各类的图书馆都作了详细的规定,包括经费、人员、典藏、服务及设施等项目。1988 年制定的《关于身体或心智残障人士获取图书馆及信息使用途径的决议》,拓宽了图书馆残疾人信息服务的方式。同时,美国盲人服务标准与评估委员会(COMSTAC)制定了《盲人与视觉障碍者阅读资料制作标准》,以统一盲人阅读资料制作标准,规范视障读者的阅读资源与服务。美国无障碍委员会制定了《残疾人法案》(Americans with Disabilities Act of 1990,ADA),在其"就业""政府项目与服务""公共供给"等条款中,均对图书馆为残疾人服务作了相关规定。

4. 完善阶段(20 世纪 90 年代后期至今)

这一阶段,图书馆残疾人无障碍阅读服务从传统型向信息型转变。20 世纪 90 年代,信息产业迅猛发展,信息技术广泛应用到经济、生活、工作的各个领域,对社会结构和人们的生活产生很大影响。

1991 年,美国图书馆与信息科学白宫会议召开,会议就联邦政府如何资助图书馆事业发展提出了一系列建议,包括探讨残疾人的文化阅读需求、图书馆如何向所有公民提供网络信息服务等多项涉及平等服务的内容。1993 年,美国推出"国家信息基础设施"(National Information Infrastructure,简称 NII)计划,也称为"信息高速公路"计划,此项计划以平等包容为理念,实施的宗旨是弥合数字鸿沟,促进信息公平。

1996 年,美国国会通过了新的联邦图书馆法——《图书馆服务与技术法》(Library Services & Technology Act,简称 LSTA),此法与《博物馆法》(Museum Services Act)一起构成了《博物馆与图书馆服务法》(Museum and Library Services Act)的主要内容。《图书馆服务与技术法》规定,将图书馆残疾读者服务作为优先资助项目,并就图书馆如何面向残疾人服务作了具体规定[10]。同年,克林顿总统签署了"公共法 104—197:版权法修订",该法授权可以将之前出版的非戏剧文学作品复制为盲文版本或有声读物供盲人专用,此项规定确立了盲人文献资源法制化保障机制[11]。

随着信息社会的不断发展,美国残疾人无障碍阅读服务相关法律法规不断调整和完善。1998 年克林顿总统签署了《康复法修改法案》,细化了《康复法案》第 508 条款,出台了详细的实施标准,确保残疾人无障碍地使用、获取包括因特网在内的各种网络信息的权利。2002 年美国修订了《信息自由法》,明确规定联邦政府信息原则上向所有人开放,这为残疾人利用图书馆无障碍获取政府信息提供了有利的法律保障。2007 年美国修订的《邮政法》对残疾人服务实行免费和优惠政策,规定对残疾人使用的盲文资料、有声读物实行免费邮寄,这项服务在一定程度上支持了美国图书馆的残疾人服务,使得图书馆的馆际互借、资源共享和上门服务成为常规服务项目。2007 年美国修订了《版权法》,该法第 701 条规定,对因残疾而不能阅读普通印刷品的盲人或其他有视力障碍的人可以单独设计自愿许可的格式,使得视障读者不再因阅读文献的格式问题受到限制。2008 年又修订了《残疾人法案》,扩大了图书馆残疾人服务的范围。

美国国家标准协会也在制定的一系列标准中考虑到残疾人的需求,例如,2009 年,国家标准协会制定的《信息技术.残疾人士可访问性的设计考虑》第 1 部分:用户需求概要(Information technology—Accessibility considerations for people with disabilities—Part 1:User needs summary)、《信息技术.残疾人士可访问性的设计考虑》第 2 部分:标准详细目录(Information technology—Accessibility considerations for people with disabilities—Part 2:Standards inventory)、《信息技术.残疾人士可访问性的设计考虑》第 3 部分:用户需求映射指南(Information technology—Accessibility considerations for people with disabilities—Part 3:Guidance on user needs mapping)以及《信息技术.专为年长和残障人士提供访问功能和促进改进信息技术产品应用的图标和符号调查》(Information technology—Survey of icons and symbols that provide access to functions and facilities to improve the use of information technology products by the elderly and persons with disabilities)中,为残疾人更便利地获取信息提供了保障。2010 年,美国修订了《残疾人法案无障碍设计标准》,对包括图书馆在内的公共服务机构的无障碍服务路线、标识、设施设备等都作了具体规定,并

且将服务目标由肢体残疾向"通用设计"方向发展,将智力残疾、精神残疾以及阅读障碍人群都纳入无障碍设计标准的范畴之中[12]。

同时,美国图书馆协会加紧制定残疾人相关服务制度,从残疾类型、服务内容、馆藏建设等方面予以全面考虑。例如:1998年修改补充了1986年的《关于偏见、陈规和歧视决议》内容,增加了"身体缺陷"相关内容,要求所有图书馆不能因读者的身体缺陷等原因而采取偏见、歧视态度,并且不得依此审查、删除及分类图书馆文献资料;1999年制定了《图书馆为智障人员服务指南》,将智力障碍读者纳入图书馆服务对象范围;2001年通过了《针对残疾人的图书馆服务》,对图书馆为残疾人服务的职责作出9条规定,主要包括对设施、设备及馆藏的要求;2007年通过了《图书馆为精神病患者服务指南》,从而扩展了图书馆残疾人服务对象的范围。

此外,美国图书馆协会通过行业伦理、道德和职业规范的约束力和引导力,引导美国图书馆逐渐走上"普遍均等"的服务道路,促使残疾读者图书馆平等权利意识的增强。例如,1939年发表、1996年修订的《图书馆权利宣言》(Library Bill of Rights),在秉承得梅因《公共图书馆权利宣言》精神基础上宣告了对民主精神和知识自由的主张和理念[13]。

美国通过联邦图书馆法、州图书馆法、国家标准、图书馆行业协会规范等制度形式为图书馆残疾人无障碍阅读服务指引了方向、明确了目标、规范了内容,从而加快了美国图书馆残疾人服务发展的步伐。

(二) 英国

18世纪下半叶,工业革命首先在英国兴起。到19世纪中期,英国工业革命的巨大推动力已经使英国成为世界上第一个工业化国家,新的社会阶级出现,工人阶级产生。二战后,随着英国民主意识的增强,英国社会对弱势群体文化需求的呼吁促进了建立公共图书馆的意识的觉醒。1850年,时任英国曼彻斯特市图书馆馆长的爱德华兹发表了著作《图书馆纪要》(Memoirs of Libraries),在这篇著作中,他表达了"公共图书馆应排除社会上的阶级观念,不论资本家或市民都可自由利用其获取信息的观念"[14]。在此背景下,《促进城镇议会建立公共图书馆和博物馆的法案》(简称《公共图书馆1850》)产生,由此,英国成为世界上最早颁布公共图书馆法的国家。该法案的基本原则之一是"依法设置的公共图书馆应向市民免费开放"[15],图书馆向一切社会公众开放有了法律保障,为所有人提供平等服务的普遍服务理念在英国确立。

二战后,国际图联进行了机构改革,开始在世界图书馆事务中发挥越来越重要的组织指导作用。1962年,借鉴国际图联1958年发布的《公共图书馆服务标准》的内容精神,英国制定了适应其国情的《公共图书馆标准》,其中涉及残疾人服务的相关规定。1964年,基于"麦考文报告"(1942年)和"罗伯兹委员会报告"(1959年)主要思想内涵的《公共图书馆与博物馆法》颁布,法案秉承"平等、免费"的服务理念,倡导公共图书馆实行"全面而有效"的服务,并且明确了公共图书馆网络体系的构建。

20世纪70年代,随着英国经济的衰退,贫困、种族矛盾、城市衰败等各种社会问题产生。一批激进的图书馆员发起了针对弱势群体的"社区图书馆运动",倡议将图书馆服务延伸至包括盲人在内的视障群体。1970年,英国《长期病患者以及残疾人法》颁布,该法规定英国地方当局有责任满足本法案适用群体的需求,为他们制定相关政策,帮助他们获得图书馆的文化休闲设施及其服务[16]。

为消除残疾人在阅读中的障碍,弥合他们与社会主流群体的知识差距,1971年英国图书馆协会对英国公共图书馆提出了"迅速而广泛地为个人和团体提供准确的信息"[17]的要求,为处于任何教育阶段的个人和团体的发展提供必要的服务。1972年,英国颁布的《大英图书馆法》促成了大英图书馆的成立,在对图书馆服务的规定中,涉及对特殊读者群体服务阅读权利的保障。

20世纪80年代,商业化的侵袭、财政支出的缩减使图书馆遭遇到发展的低潮,英国"社区图书馆服务运动"高潮消退。但随之而来的网络信息技术发展导致社会各阶层之间的"知识鸿沟"越来越严重。从20世纪90年代开始,英国执政党制定了反社会排斥的国家战略,公共图书馆开始将为特殊群体服务作为自身职责的一部分,在促进社会安定和谐中发挥着积极的作用。

这一时期,英国先后出台和修改了有关残疾人权益保护法案,开始制定和统一各地的残疾人服务规范和标准。例如,英国1981年颁布的《教育法》要求每个学校的教师都能够识别、评估和帮助有阅读困难的孩子[18]。英国许多图书馆为残疾读者准备了专用计算机、扫描仪、放大镜、视听设备以及数字信息无障碍系统,极力为残疾读者消除阅读障碍。1995年出台的《残疾人歧视法案》(Disability Discrimination Act 1995)对残疾人歧视和反歧视作了详细而充分的界定与规范。法案认为,对残疾人的区别对待、信息无障碍设施设备以及技术的欠缺、服务人员的态度、信息获取渠道的受阻等等,都属于对残疾人的歧视,都是需要严厉纠正的。

在之后的几年时间里,英国陆续通过了一系列与图书馆残疾人服务相关的文件。例如,《所有人的图书馆:社会包容政策指南》(1999年)、《公共图书馆服务标准》(2001年颁布,2008年修订)、《特殊教育需求和残疾人法案》(2001年)、《版权法案》(2002年通过,2008年修订)、《通信法案》(2003年通过,2009年修订)、《未来框架:未来十年的图书馆、学习及信息》(2003年)、《文化居于社会重建中心》(2004年)、《通过运动和文化实现社区整合》(2004年)、《满足残疾人需求的建筑物及其通道的设计、实施规程》(2009年)、《网络可访问性实施规程》(2010年)、《法定缴存图书馆法(非印刷作品)条例》(2013年)等,进一步增强了图书馆为残疾人服务的意识和责任。其中,《特殊教育需要以及残疾人法案》(SENDA)关于教育机构以及其他提供任何形式教育和训练的组织都必须遵守"电子资源包括网站对于残疾人群均应是易访问"的规定为教育机构图书馆服务于特殊学生的教学教育需要提供了政策基础。《版权法案》为拥有特殊版权的视障者类型进行了详细阐释,确保除盲人以外的其他类型视障者也能获得版权保障。《通信法案》对与残疾人信息获取和交流相关的方面进行了细致而翔实的规定,要求电子设备、网站使用、阅读文献资料等信息交流设施设备都达到无障碍标准。《法定缴存图书馆法(非印刷作品)条例》规定缴存图书馆要为视障者在利用那些未在市场上销售的缴存副本时提供相关资源,并方便他们使用。这些规定进一步保障了残疾人阅读的无障碍。

与此同时,英国图书馆行业内部也制定了残疾人服务相关规范,以促成无障碍阅读服务的进一步发展。2002年,图书馆员和信息专业人员协会(CILIP)制定了《图书馆与信息专业人员伦理规范与实务守则》,提出了要"公平地对待用户的信息需求""关注社会公共利益,包括一般群体和特定的弱势群体""促进社会全体成员公平地获取社会公共领域的各类信息"等相关内容。2009年,CILIP制定的《职业道德规范》规定了符合残疾人生理特点和阅读需求的图书馆建筑标准,并督促和指导图书馆加强残疾读者服务工作。

(三) 加拿大

加拿大联邦政府积极倡导平等民主的人权理念,并为此制定了一些与残疾人服务相关的政策。

加拿大的残疾人社会扶助最早可追溯至19世纪30年代。1918年,成立了加拿大心理健康协会和加拿大盲人学会。19世纪80年代,加拿大出现了第一批免费开放的图书馆。1951年加拿大政府颁布了《盲人法案》,又于1955年通过了《残疾人法案》,这些政策极大地保障了残疾人参与社会的权利,也在一定程度上促进了残疾文化服务的发展。

1952年,加拿大联邦议会颁布了第一部联邦层面的图书馆专门法——《国家图书馆法》(National Library Act)。该法主要以实现信息的一站式存取为手段,目标是让所有的加拿大人无论何时何地都能很好地利用馆藏资源。1979年起,国家图书馆成立了一个专门的残疾人服务顾问组(Advisory Group on National Library Services with Disabilities)。顾问组每年召开一次会议,会议主要围绕以下内容进行:听取上一年的图书馆残疾人服务工作报告,了解加拿大所有图书馆的残疾人服务工作,并规划下一年度的工作要点。这项服务工作得到了加拿大联邦政府的支持与援助,不仅每4～5年参与一次工作汇报会,还给予项目经费上的帮助[19]。1981年,加拿大通过了《宪法及公民权利与自由章程》,章程明确指出社会不得对残疾人有任何歧视,残疾人有权享有各级教育机构的平等权利。自此,加拿大高校图书馆残疾人服务工作得到重视并积极开展。

随着民权思想的进一步发展,1996年开始,残疾人问题被加拿大政府列入国家社会政策的优先考虑事项,并制定了《援助残疾人就业的多边框架协议》,为此,联邦政府和地方政府共同制定和规划了关于残疾人的社会服务政策,以此提高残疾人的文化水平,帮助残疾人融入主流社会。1997年,加拿大图书馆协会制定了《加拿大为残障人士提供图书馆和信息服务指南》,并于2016年进行了修订。该指南要求图书馆根据残疾人的不同类型和需求情况,提供相应的服务空间和服务活动。

考虑到视障读者的阅读问题,加拿大1997年制定的《版权法》中开始为阅读障碍者获取文学、音乐、艺术或戏剧作品(不包括电影作品)提供复制权、翻译权、公开表演等版权例外,规定阅读障碍者或其代理人无须经过权利人的许可[20],从而解决了视障者阅读文献的版权限制问题。同年,加拿大图书馆协会制定了《加拿大为残障人士提供图书馆和信息服务指南》,并于2016年修订。2012年11月,加拿大《版权法》中增加了无障碍格式版的跨境交换条款以及阅读障碍的定义等内容。为加入世界知识产权组织的《马拉喀什条约》,加拿大于2016年6月22日通过了《为知觉障碍者提供版权作品版权法修正案》(以下简称《版权法修正案》），该法案取消了为无障碍格式目的制作大字体图书的禁令，减少了无障碍资料的出口限制，并为实现给知觉障碍者提供资源获取服务采取相应的可规避技术保护措施。

在加拿大的各省中，安大略省在残疾人阅读服务制度制定方面比较典型。1989年，安大略省人权委员会颁布了《关于残障人士获得帮助的要求之指南》，在此基础上，于2000年修订了《关于残障及帮助责任的政策指南》，该指南界定了残障的定义及类型，并提出了提供服务帮助的原则、方法等，为图书馆等公共服务机构更好地服务于残疾人提供了方向性指导。2005年，安大略省通过了《安大略省残障人士便利法案》，法案给予安大略省的残疾人在公共服务、公共设施等社会活动各方面享有平等权利的机会，同时明确要求社会各机构组织在进行网站建设时应遵守指南所提出的确保残疾用户便利访问的指导性建议[21]。2007年通过的《安大略省条例429/07号：客户服务便利标准》规定，安大略省所有指定的公共服务部门应当按照此标准中的残疾人服务便利标准进行建设与服务。2010年，加拿大多伦多公共图书馆通过了《TPL便利残障用户政策》，在残疾读者的服务方面作了详细规定，包括陪同服务、导盲犬等服务动物、图书馆服务人员、残疾人阅读设施设备、图书馆残疾人服务相关政策的保存及信息公开等。

（四）澳大利亚

为保护澳大利亚残疾人的合法权益，保障残疾人文化阅读权利，澳大利亚各级政府先后制定了一系列相关法规文件。

1. 联邦政府

（1）《人权和机会均等法案》：1986年，联邦政府颁布了《人权和机会均等法案》（Human Rights and Equal Opportunity Act），规定所有人包括残疾人在社会中具有平等参与的权利。

（2）《反歧视法》：1991年联邦政府通过了《反歧视法》（Anti-Discrimination Act 1991），旨在促进每个人的机会均等，保障残疾人在社会领域中的活动不会遭受歧视和不公平对待。该法建议政府部门建立专门的投诉机构，为那些遭受歧视的残疾人提供申诉渠道。

（3）《残疾人歧视方案》：1992年联邦政府制定了《残疾人歧视方案》（Disability Discrimination Act，DDA），这是澳大利亚保障残疾人权利方面非常重要的法律。该法要求保障残疾人进入图书馆,使用馆内设施等权利,并且保障残疾人在接受服务和使用设施时没有任何歧视。

(4)《残疾人服务法案》:1993年联邦政府通过了《残疾人服务法案》,旨在为消除残疾人在社会服务中的障碍,保障图书馆残疾人服务的无障碍化。

(5)《残障者教育标准》:2005年联邦政府制定了《残障者教育标准》(Disability Standards for Education 2005),该标准对残疾学生的入学、教学、课程编制、评审以及支持服务等方面制定了无障碍服务的相关标准,要求教育服务提供者必须考虑残疾学生的学习需要,开发适合残疾学生的学习资源。

(6)《残疾人服务法》:2006年联邦政府通过了《2006年残疾人服务法》(Disability Services Act 2006),该法从社会服务的角度,对残疾人融入社会、参与社会生活提出了与普通民众一样的人权。该法提出要确保相关机构为残疾人提供的服务是安全且符合残疾人需求的。

(7)《国家残疾策略2010—2020》:2011年,澳大利亚政府通过了《国家残疾策略2010—2020》(National Disability Strategy),该政策明确规定,图书馆应为残疾人提供无障碍的设施;图书馆应与残疾人服务机构密切合作,积极参与到社区融合事务中;图书馆还应为残疾人各个阶段的教育提供支持与帮助,包括残疾人的早期教育、学校教育、继续教育、假期教育和终身学习等。

(8)《网页内容无障碍规范标准》:2002年,澳大利亚人权和平等机会委员会公布了World Wide Web Access:Disability Discrimination Act Advisory Notes(3.2版),阐述了信息无障碍的必要性。2007年,根据万维网联盟《网页内容无障碍规范2.0推荐标准》的内容,HREOC制定了《World Wide Web Access:Disability Discrimination Act Advisory Notes(3.3版)》,阐述了信息平等,并从网络、信息无障碍可行性等方面进行了具体规定。

2. 地方法规

澳大利亚是一个联邦制国家,各个州和地区都享有独立的立法权。因此,在图书馆残疾人无障碍服务方面,澳大利亚各个州和地区根据各自的实际情况和残疾人的需要,制定相关法律政策。现以具有代表性的新南威尔士州、首都堪培拉地区、南澳大利亚州为例,介绍这些地区的信息服务无障碍政策。

(1)新南威尔士州《图书馆法1939》:1939年11月,新南威尔士州议会通过了《图书馆法1939》(Library Act 1939),此法阐释了免费公共图书馆的理念,表明现代意义公共图书馆从法律层面得到认可,随后其他各州也相继通过了图书馆法。

(2) 堪培拉地区《网站开发和管理标准》：2008年11月发布了《网站开发和管理标准》(Website Development and Management Standard)，旨在确保堪培拉地区的服务网站的结构、内容、管理等无障碍化。

(3) 南澳大利亚州《政府网站标准》：2005年6月南澳大利亚州发布了《政府网站标准》(Government Web Site Standards)，该标准规定，网站的设计、开发和运行都要考虑到各类残疾用户的实际需求。政府网站无障碍标准的制定为南澳大利亚州公共服务类网站无障碍提供了政策和技术保障。

3. 行业法规和标准

1937年，澳大利亚图书馆与信息协会（Australia Library and Information Association，ALIA）成立，这是澳大利亚最为重要的全国性行业组织，其核心任务是推进图书馆信息服务事业的发展，为澳大利亚所有民众提供需要的信息资源。协会制定了一系列行业法规标准，以指导图书馆服务工作。

1979年，ALIA制定了《为残疾人提供的图书馆和信息服务》（2009年修订），其主旨是为图书馆残疾人信息服务提供建设性意见。

1998年，ALIA制定了《为残障人士图书馆服务标准指导方针》，要求各图书馆制定专门的特殊资源建设计划。

1998年，ALIA制定了《图书馆为残疾人服务标准指南》，提出了图书馆有责任为残疾人服务的思想，指南规定图书馆要为残疾人提供无障碍服务，保证服务设施、交流的无障碍，图书馆还应为残疾人提供他们所需的各种形式和格式的资源，包括基于Internet的网络资源等。

2004年，ALIA通过《澳大利亚公共图书馆服务宣言》（2009年、2018年修订），该宣言以使所有社区成员能够参与社会、促进社会包容为原则，目的是促进所有人公平获得信息、活动和资源。为保障因任何原因不能到图书馆的人获取信息的权利，ALIA还制定了《澳大利亚家庭图书馆服务指南》，提出家庭图书馆服务的目的是对因任何原因而无法亲自去图书馆提供使用图书馆资源的便利。

2012年，ALIA发布了《澳大利亚公共图书馆标准与指南》，该指南对图书馆残疾人服务进行了专门论述，包括图书馆残疾人阅读所需的无障碍设施、辅助设备、特殊资源、无障碍网站等硬件条件和服务人员培训、无障碍服务活动等软件条件。

2018年，ALIA联合澳大利亚公共图书馆联盟、澳大利亚与新西兰国家与州立图书馆联合会，共同发布了《澳大利亚图书馆支持2030年可持续发展目标》，提出了为特殊群体服务的目标：一是为残疾人等提供各种便利服务，以缩小不平等发展的差距。二是图书馆资源利用的均等化，并为特殊读者提供特别培训服务[22]。

（五）俄罗斯

俄罗斯图书馆政策的制定始于18世纪初期的彼得一世改革时期。20世纪初，在国外民主思想的影响下，俄罗斯图书馆界开始关注和研究欧美等国图书馆先进立法经验，探索保障读者使用图书馆方面的权益。

1917年，俄国大革命推翻了俄罗斯沙皇帝国的统治，建立了苏维埃共和国，世界上第一个社会主义国家诞生。随着国内政治形势的变化，图书馆事业的政策基调、目标价值也随之发生了一系列变化。1920年11月，列宁签署了《人民委员会关于集中管理图书馆事业的命令》，法令第一条就提出，"教育人民委员部管辖的一切图书馆，以及属于所有其他部门、机关和社会团体的图书馆，一律宣布为人人都能利用的图书馆。"[23]列宁非常重视图书馆向所有人开放的问题，吸引新的读者阶层进馆阅读。同时，列宁要求图书馆积极扫除文盲，认为全体民众都应有文化，都要参加文化建设。20世纪90年代，苏联政治形势剧变，苏联解体，西方民主、人权的思想价值观开始影响俄罗斯的社会价值观。俄罗斯颁布了《俄罗斯联邦宪法》和《俄罗斯文化立法基础法》两部法律，在文化方面都表达了"所有公民参与文化活动、使用文化设施的权利不可剥夺"的思想，为俄罗斯图书馆政策的制定提供了法律基础。

1994年，俄罗斯通过了两部图书馆专门法，即《俄罗斯图书馆事业法》和《俄罗斯联邦文献呈缴本法》。《俄罗斯图书馆事业法》是第一部由国家颁布的图书馆专门法，该法专列"特殊群体图书馆用户的权利"条款，提出"盲人和弱视者有权享受图书馆服务，享受在专门国立图书馆和其他公共图书馆获得专门信息载体的文献""因残疾原因无法到馆的读者，图书馆有责任通过邮递或非常规等方式提供服务"等规定[24]。《俄罗斯联邦文献呈缴本法》规定全国盲文专业出版社每年必须向莫斯科国立盲人图书馆上缴两种出版的盲文图书，莫斯科国立盲人图书馆负责编制盲文馆藏总目录和新书目录，保障全俄盲人的文献信息使用权[25]。

为配合《俄罗斯图书馆事业法》的实施，俄罗斯文化部确定了国家图书馆政策的优先内容，提出要保障残疾人及其他无社会保障阶层等获取图书馆信息服务的权利。俄罗斯图书馆协会于1999年开始积极参与制定相关的标准和规范，先后颁布了《俄罗斯图书馆员职业道德准则》(1999年)、《公共图书馆业务标准》(2001年)、《俄罗斯图书馆协会公共图书馆宣言》(2003年)、《俄联邦主体盲人图书馆工作示范标准》(2009年)等行业法规文件，这些行业法规为图书馆残疾人服务指明了"平等服务"的方向，进一步保障了残疾人的阅读权利。

(六) 日本

日本制定了许多法律法规以保护残疾人的合法阅读权益，经过政府、图书馆行业协会以及图书馆自身的努力，日本关于图书馆残疾人无障碍阅读服务的立法保障体系日趋完善。

1. 起步阶段(20世纪40—60年代)

1947年，日本颁布了《教育基本法》，提出"要保障日本所有国民享有均等的教育机会"[26]，该法为保障残疾人的文化权利奠定了基础。

1949年，日本颁布了《身体残疾者福利法》，这是战后日本最早的残疾人保护专门法律。该法规定了七所残疾人康复援助设施机构，图书馆和"视听残疾者情报提供设施"等机构被列入其中，要求有义务对残疾人实施帮助。该法的制定，使原来属于公共图书馆的盲文/点字部门从公立图书馆中分离出来，设立了独立的盲文/点字图书馆，盲人读者有了属于自己的图书馆。直至1963年《中小都市公共图书馆的管理》的制定，残疾人服务重新回到公共图书馆日常服务计划中。

2. 发展阶段(20世纪60—70年代)

1969年，日本国会制定了新的《著作权法》，在其第37条款中，明确规定盲文图书馆等公共福利机构可以将公开发行的作品翻译为盲文、制作成录音资料，借给盲人使用。同年，东京都立日比谷图书馆开展对面朗读服务，公共图书馆拓展了视障读者服务的内容。

1970年，日本颁布了《残疾人基本法》，对"残疾人"概念进行了定义，认为残疾人是"日常生活或社会生活持续性地受到相应限制的人"。该法对与残疾人文化服务相关的内容进行了规定，指出国家和地方公共机构应当有计划地对公共设施进行无障碍设计、改造并完善，还应为残疾人制造、配备可使用的电子计算机以及其他通信设备。

1971年,大阪教育大学拒绝残疾人入学事件引起了日本社会各阶层对残疾人高等教育的关注与思考,残疾人文化教育权进入社会大众的视野。在视觉障碍者读书协会的呼吁下,1972年的日本全国图书馆大会公共图书馆部会提出了"视觉障碍者读书环境整治"的议题,议题对残疾学生恶劣的读书环境进行了揭示和分析,并且在阐述读书权是基本的人权的基础上,提出应保障残疾学生利用图书馆的权利[27],此项决定保障了日本残疾学生利用图书馆阅读的权利。之后,全国各公共图书馆残疾人服务工作广泛开展。

1974年,东京召开全国图书馆大会,会议进行了以"身体障碍者的图书馆服务"为主题的研讨会,这是日本第一次以残疾人阅读服务为宗旨的会议,此后每年召开的图书馆大会都设立了与图书馆残疾人服务相关的分会。

为支持残疾读者阅读服务工作,日本文部省从1976年开始为公共图书馆设立了"盲文图书等购入费补助事业"项目,邮电省在业务条款中增加了"盲人用录音物品等寄送接受设施"条款,并开始实施"残障者用书籍小包"制度。这些政策条款的制定使得日本的盲人阅读服务得到了极大的提升。

3. 高潮阶段(20世纪80—90年代)

自1981年,日本参加了以残障者"完全参加与平等"为主题的国际残障者年后,日本图书馆界由此发生了巨大的变革,针对残疾人平等服务的理论与实践活动迅速展开。

1981年,在日本埼玉召开的全国图书馆大会上,美国议会图书馆盲人身体障碍者、全国图书馆服务资料开发部长亨利·巴利斯(Henry Paris)作了题为"美国障碍者服务的过去、现在和未来"的报告,会议讨论并通过了关于著作权问题的决议,为残疾人文献阅读争取到更多的权益。

1982年,日本国立国会图书馆出版了《盲文图书、录音图书全国综合目录》,此目录将全国各个图书馆的盲文图书、录音图书资源整合分享,推动了馆际互借的发展。

1984年,为推进图书馆听觉障碍者服务工作,日本图书馆协会障碍者服务委员会成立了"图书馆听觉障碍者服务工作组",该小组被赋予听觉障碍者的文化阅读、信息获取服务管理职责,为指导图书馆听障者服务实践活动的开展,图书馆听觉障碍者服务工作组制定并出版了《听觉障碍者也可使用图书馆——图书馆员手册》。

1986年，日本社会教育审议会社会教育设施分会公布了《完善社会教育设施，促进志愿者活动》报告，要求包括图书馆在内的各社会教育设施积极引进志愿者活动[28]，协助特殊读者利用图书馆。此后，日本的公共图书馆和高校图书馆开始引入志愿者为残疾读者服务，尝试在馆内导引、对面朗读服务以及代查代检等方面为残疾读者提供便利。

1990年，日本厚生省依据《身体残疾福利法》制定了《视听残疾者情报提供设施与助残器具制作设施的设备及运营基准》，规定将盲文图书馆、盲文出版设施和听觉残疾者情报提供设施三类机构作为视听残疾者的情报提供机构，并对这些机构的设备与运营作了详细规定，要求盲文图书馆与其他盲文图书馆开展馆际互借，努力扩大视障者的阅读范围，公立的盲文图书馆和听觉残疾者情报提供设施实行免费原则。

1994年，日本政府颁布了《关于促进高龄者、障碍者等利用特定建筑物顺畅化的法律》，此后，日本图书馆以此法为标准对馆内残疾人服务设施设备进行了无障碍建设与改造。

1996年，日本发布、出版了《向所有人提供图书馆服务》和《障碍者服务》两个政策性文件，向社会宣布"民主、平等、参与"的公共服务理念。

日本一系列残疾人相关政策的颁布与实施，促使日本图书馆针对残疾读者的无障碍阅读服务日趋成熟。

4. 完善阶段(21世纪至今)

随着信息技术的迅猛发展，图书馆残疾读者服务的内容与方式也发生了很大的变化。网络与计算机终端的使用、盲文图书的有声化、盲文翻译的自动化、无障碍有声设备的使用等，促使图书馆残疾人无障碍阅读服务的法律政策也随之进行修改与完善。

2004年，日本对《残疾人基本法》进行了修改，主要从公共设施的无障碍化、信息利用的无障碍化、文化设施的配置三个方面，对图书馆残障读者阅读服务进行了规划与衔接。

2005年，日本颁布了《无障碍新法》，该法对原有的公共机构建筑的无障碍设计内容进行了扩充；同时扩展了服务对象的范围，从原来面向肢体残疾逐渐向"通用设计"方向拓展。

2007年，日本签署了联合国大会颁布的《残疾人权利公约》，并于2014年1月批准施行，意味着日本对"无障碍"这一概念认识的深化，进一步加快了无障碍服务的步伐。

2008年,日本施行了《无障碍教科书法》,以此帮助发育障碍读者、智力障碍读者等不能阅读普通教科书的残疾人能够轻松地阅读教科书。

2009年,日本国会颁布了新的《著作权法》,该法案对与残疾人阅读相关内容进行了规定,主要有以下几方面:一是允许各种类型的图书馆,在无须著作权人许可的情况下制作、传播和转让各种类型的特殊文献资源。二是在"图书馆文献复制方式"中增加了"可供视觉障碍者等人群使用的必要方式",包括对文字图画进行扩大化处理,制作文本数据、多媒体DAISY图书和触摸绘本等。三是允许图书馆对文献内容进行改写,以适合智障人群阅读需要。四是增加了公共图书馆为残疾人提供文献借阅服务的条款。随后,《著作权法实施条令》和《著作权法实施规则》也依据《著作权法》的修订内容进行了相应的修改。2010年,日本图书馆协会发布了《图书馆残障读者服务中基于著作权法第37条第3项著作物的复制等的相关纲领》(简称"37条纲领"),又于2011年10月颁布了《有声读物(DAISY)制作全国标准》,实现了与《著作权法》中残疾读者阅读相关内容的紧密衔接。

2020年,日本工业标准调查会制定了《老年人和残疾人指南.信息和通信设备、软件和服务》(Guidelines for older persons and persons with disabilities—Information and communications equipment, software and services),在其第1部分"通用指南"(Part 1:Common Guidelines)、第3部分"网络内容"(Part 3:Web Content)、第6部分"软件可访问性导则"(Part 6:Guidance on Software Accessibility)(2013年)中,对残疾人在信息获取、网络访问方面的无障碍建设提出了建议与要求。

为贯彻均等服务,2011年8月日本修订了《障碍者基本法》,并在全国施行。2013年6月日本制定了《有关推进解除残障者差别的法律》(简称《残障者差别解除法》),由此,"合理的照顾"成为日本图书馆残疾读者服务的指导方针。2019年6月,日本众议院全体会议通过了《关于完善视障人士等阅读环境的法案》,法案对各类型图书馆服务视障读者的文献资源、阅读专用设备以及视障人士的阅读环境进行了相关规定。

这些政策的制定和实施,为日本图书馆的残疾读者服务提供了法律基础,使日本的图书馆残疾人无障碍阅读服务走向制度化和常规化。

（七）韩国

在韩国图书馆事业发展史上，先后颁布了五部国家级专门图书馆法。每一部法律都涉及图书馆残疾人阅读服务相关问题。

1963年10月，韩国颁布了首部《图书馆法》，该法对各种类型的图书馆进行了分类。除了为一般民众服务的公共图书馆、为学生服务的高校图书馆和中小学图书馆以外，还包括为残疾人服务的特殊图书馆。

1987年11月，韩国颁布了全文修改的《图书馆法》，该法对1963年的《图书馆法》在实施过程中存在的问题进行了修改，并且细分专业图书馆的类型，包括将图书馆分为国立中央图书馆、公共图书馆、大学图书馆、学校图书馆、专业图书馆以及特殊图书馆，残疾人有了真正属于自己的专门图书馆。

1991年3月，韩国颁布了《图书馆振兴法》，取代了原来的《图书馆法》。该法将特殊图书馆与专业图书馆作为一个部分在第六章中进行了专门阐述。1994年3月，韩国制定了《图书馆及读书振兴法》，该法依然保持了第六章的特殊图书馆部分，特殊图书馆与其他公共图书馆、高校图书馆处于同等重要的位置。

2006年，韩国制定了《图书馆法》，该法对1994年的《图书馆及读书振兴法》进行了修改，取消了"特殊图书馆"章节，增加了第八章"消除知识信息差距"，其目的是明确特殊图书馆消除知识鸿沟的使命。该法要求在韩国国立中央图书馆中设立国立残疾人图书馆支持中心，以此承担研究、开发、提供针对残疾人的图书馆服务及特殊设备，收集、制作、提供残疾人所需的文献资料，培训残疾人服务专业馆员，研究和制订图书馆残疾人服务相关的政策、标准、规范，规划建设韩国图书馆残疾人服务的基础设施框架等职责[29]。同时，该法明确界定面向残疾人的图书馆和盲人图书馆都属于公共图书馆的范畴。

现行的《图书馆法》在2006年制定的基础上修订而成。为具体实施并落实图书馆法，韩国还修订了与之相应的实施令和实施规则，以确保图书馆法律体系的完整统一。"图书馆法实施令"和"图书馆法实施规则"作为《图书馆法》的有益补充起到了细化基础法内容的作用。例如：《图书馆法实施令》具体规定了盲人图书馆设施和资料的配置标准，要求盲人图书馆建筑面积必须在66平方米以上，阅览室和书库面积占图书馆总建筑面积的45%以上；馆内须配备盲文制版机、盲文印刷机、盲文打字机等各1台以上，录音机4台以上，录影带500

盘以上,盲文读物 1500 册以上,并配置司书(即专业馆员)1 名以上等[30]。

除了《图书馆法》及其配套《图书馆法实施令》《图书馆法实施规则》为核心的图书馆法律体系,韩国另外颁布了一系列与残疾人服务权益相关的法律法规,他们与图书馆基础法一起,构成了图书馆残疾人无障碍阅读服务的良好法律环境。

20 世纪 70 年代是国际上对残疾人权利的关注进入到高潮的时期。1975 年联合国《残疾人权利宣言》的发布对韩国有关残疾人权利问题的政策研究与建立产生了深远的影响。1977 年,韩国制订颁布了《特殊教育振兴法》,为残疾人进入校园学习提供了法律依据,残疾人接受文化教育的权益得到提升。1981 年,韩国制定了《身心残障者福利法》,这是韩国历史上首次有关残疾人社会保障的综合性法律。该法界定了身心残疾的标准,并将盲文图书馆、盲文出版机构等归入身心残疾人社会保障机构范畴,为身心残障者社会福利的提高明确了策略性法律依据。1989 年,韩国又颁布了《残疾人福利法》,取代了《身心残障者福利法》,该法第 28 条强调相关机构对残疾人文化活动的责任。2007 年修订后的《残疾人福利法》重新界定了残疾概念,扩大了残疾保障范围,将脑损伤、自闭症、癫痫等都纳入残疾范围。

1996 年,韩国颁布了《国家信息化基本法》,该法第 32 条、第 33 条以及第 34 条对残疾人信息获取权益提供了法律保障,从残疾人对网站的获取和利用,改善服务提供者、设备制造者的相关责任,残疾人使用设备的标准,改善残疾人获取和利用信息的技术开发和政策以及财政支持、残疾人提供无偿的信息通信产品等方面对残疾人更便利地获取信息做出了法律规定。另外,韩国图书馆信息政策委员会制定的"图书馆发展综合计划"也为残疾人阅读服务提供了具体的服务方针。2001 年韩国出台了《消除信息差距法》,规定由 14 个国家机构联合采取措施,实行消除地区间信息化发展水平不均衡计划。例如,确立国立中央图书馆负责的事业有声书籍分享中心的运营、残疾人专用图书馆文献资料统合管理系统的普及以及残疾人图书馆阅读服务产生的通信补贴制度等,以此推进图书馆残疾人无障碍阅读服务的发展[31]。

1999 年,韩国政府修订了《残疾人社会保障法》,将残疾范围由已有的五种类型增加到十种类型,扩大了社会保障的受众人群。2007 年,韩国通过了《关于禁止歧视残疾人及权利救助等法律》,规定包括图书馆在内的韩国所有公共服务机构都有义务为残疾人服务。该法强调,残疾人利用图书馆时,应该享受到与健全人利用资料、设备、设施时同等的服务。该法还针对禁止歧视女性残疾人、残疾儿童和精神残疾人作了专门规定[32]。

此外,为切实履行和实施残疾人社会保障政策,韩国政府在不同的时期分别制定了残疾人社会保障五年计划,推动了韩国残疾人社会保障政策的最终落实,也将图书馆残疾人无障碍阅读服务推向了纵深化。

第二节 理论研究

随着图书馆残疾人无障碍阅读服务的开展,国外相关的理论研究也取得了较为丰硕的成果,主要代表国家有美国、英国、日本等。

一、美国

19世纪中后期,西方国家进入工业化进程,美国公共图书馆针对特殊人群开展延伸服务。伴随着联邦、州图书馆专门法以及相关法的制定,美国各州的残疾读者服务迅速开展起来。1966年美国"公共图书馆系统最低标准"(Minimum Standards for Public Library Systems)中将"为所有人服务"(service to all)定为公共图书馆的目标。1868年,波士顿公共图书馆第一个建立了盲人服务部,开始了残疾人阅读服务。美国图书馆界关于残疾人阅读服务的关注与讨论也由此开始。随着更多图书馆对残疾人服务的重视,1876年美国图书馆协会(American Library Association,简称ALA)成立,其使命是发展、促进和提升图书馆服务、图书馆馆员专业技能,并且确保所有人能够获取信息,从而保障残疾人的阅读权利。为此,美国图书馆协会在制作的《美国图书馆协会政策手册》(ALA Policy Manual,简称《ALA政策手册》)中专门列出了关于如何指导图书馆残疾人服务的条款,并组织各种残疾人服务培训、无障碍活动。

随着二战结束后经济复苏、残疾人权利意识的高涨,西方社会中一批具有高度社会责任感和危机意识的自由派知识分子开始关注和研究社会残疾群体及其贫困文化。美国林登·约翰逊(Lyndon Johnson)总统发起"伟大社会项目"(Great Society Programme),并号召在全社会"向贫困宣战"(Waron Poverty)。在此背景下,美国一部分激进的图书馆员以承担"社会责任"和关注社会问题为由,发起了关于公共图书馆社会责任问题和残疾人服务问题的大讨论。Sherrill编撰了论文集《图书馆服务于未服务到的人群》,就20世纪60年代中期美国图书馆界如何服务于残疾人等特殊群体进行了论述,为图书馆残疾读者服务提供了借鉴与思考[33]。Brown发表了《图书馆弱势群体服务》,对美国20世纪六七十年代图书馆残疾读者服务的理论研究和实践情况进行了系统论述,展现了当时的残疾人服务状况以及存在的问题[34],为解决服务中的现实问题提供了参考。Lipsman出版了著作《弱势群体和图书馆效率》,对图书馆残疾读者服务进行了评估研究[35]。Colson的《美国:历史性批判》对此之前美国公共图书馆残疾人服务的历史和其他学者的相关研究进行了梳理总结。

20世纪八九十年代,随着私有化经济的发展,美国"向贫困宣战"的呼声接近尾声。政府对图书馆残疾人服务的经费资助开始紧缩,图书馆残疾人无障碍阅读服务开始走向理性反思,理性地思考图书馆应如何为残疾群体服务。Weibel在其博士论文《1960—1975年图书馆延伸服务革命及其对读者服务的影响:一些考虑因素》中详细阐述了美国图书馆界在全国"向贫困宣战"运动背景下开展的残疾群体服务的特点、影响以及问题[36]。具体到残疾读者服务方面,Needham、Mularski、Jeal等以听障读者为例,指出残疾读者对图书馆工作人员的需求与普通读者不同[37-39]。针对残疾人群体的特殊需要,Huang提出了基于不同残疾读者的馆员培训计划[40]。Norton、Jax和Muraski、Day等针对图书馆如何更好地为听障读者服务提供了建议[41-43]。

随着信息技术的迅猛发展,有关图书馆残疾读者服务的研究更多地融入了数字鸿沟、信息公平的话语背景,信息无障碍的研究成为新的时代背景下的主题。Brophy和Craven强调了通用设计在图书馆中的重要性[44];Vandenbark具体解释了美国关于无障碍设计的法规和标准,并概述了良好设计的基本原则以及实现方法[45];Samson发现所研究的八个高校图书馆之间没有一致的最佳做法,指出需要根据不同图书馆读者的反应提供相应的服务,而不是采用更广泛、更积极的方法[46];Willis通过调查技术和物理访问情况,发现图书馆残疾人服务在提供替代文本和无障碍媒体格式方面存在着很大缺陷[47];Southwell等建议图书馆可通过改善在线查找辅助工具(屏幕阅读器)的可访问性,来提高视障读者的特殊资源利用率[48];Schroeder描述了密歇根州立大学图书馆实施的各种无障碍措施,包括无障碍培训计划、数字资源的无障碍性、购买/外包内容的无障碍性、与无障碍性和未来需求相关的资源分配/投资等[49];Potnis基于服务提供者的视角,探讨了高校图书馆如何运用无障碍辅助技术为残疾读者服务,分析了图书馆组织文化、体制规范、服务空间、人员培训、服务推广等方面的建设对残疾人辅助技术运用的促进[50]。

研究者认为,图书馆残疾人服务不仅需要无障碍信息技术的辅助,也需要在图书馆管理、环境等方面进行规范化设计。为此,Hughes通过残疾人相关法律法规文件对图书馆服务于残疾读者进行案例分析的基础上,提出了图书馆残疾人服务的政策、程序以及培训等方面的建议[51];Wade、Copeland等提出通过改变图书馆的物理环境来消除残疾读者使用图书馆时的潜在障碍[52-53];Grassi认为,建立包容性环境对残疾读者尤其重要,图书馆员需要了解残疾读者的生活与心理,掌握与残疾相关的知识与能力,与他们进行积极有效的沟通,从而建立包容性的阅读环境[54];Mitchell强调,对于图书馆员来说,坚实的理解基础将有助于了解残疾读者的阅读期望[55];Kaeding指出,有特殊需要的儿童及其家人进入公共图书馆的主要障碍是"图书馆工作人员的态度和敏感性";Kowalsky和Woodruff研究得出,残疾人期望自己能获得与健全读者相同的服务,因此向残疾人征求满足这些期望的反馈非常重要;Forrest、Pemberton和Pemberton等建议通过无障碍审核对图书馆的可访问性进行定期审查,并征求图书馆残疾读者的反馈意见[56-57];Banks在其著作《包括有特殊需要的儿童的家庭》中建议让残疾青少年参与图书馆残疾人服务的评估过程,包括馆员的态度、图书馆物理环境、阅读资源等,以确保满足残疾读者的阅读需求[58]。

二、英国

英国是世界上图书馆事业发展比较早的国家之一。从1930年代开始,英国公共图书馆以"普遍服务"(Universal Service)作为他们的服务理念与责任。20世纪30—40年代,英国各地已经普遍建立了为全体民众服务的公共图书馆。随着工业革命后工人阶层的壮大,一些具有先进思想的图书馆学者开始倡导图书馆的免费开放理念,例如,Antonio Panizzi在1836年向议会的特别委员会声明:"我要使我国穷苦的学生和最有钱的富翁在图书馆内,拥有同样的手段去满足他们的求知欲望,进行合理的追求,请教同样的权威,提出最复杂的咨询"[59];

McColvin提出"由所有人提供的图书馆必须为所有人服务"的平等服务思想，并且主张通过设立分馆、流动图书馆来使图书馆在全国范围内普及[60]；Edwards在著作《图书馆纪要》中明确表达了关于公共图书馆的两个基本原则，其基础便是公共图书馆一定是所有人的图书馆。19世纪末20世纪初，英国社会政策和公共服务政策基本都针对社会上的弱势群体而制定，解决因为他们的某些弱势原因而产生的不平等现象。这一时期，由于第一次世界大战的爆发，俄国十月革命的成功，社会主义思潮的广泛传播等，人们的自由、民主思想得到解放，社会对于不同地位人群的歧视从制度上逐步改变，平等服务成为英国图书馆界普遍认可和遵循的理念，图书馆为残疾人等弱势群体服务成为这一时期的重点工作。

20世纪70年代，第二次世界大战后，民主平等的观念更加普及。战后英国在经济重建中增加了对公共事业的财政投入，同时国际图联作为国际机构在世界图书馆事务中进行了一系列制度建设并发挥指导作用，这些都极大地促进了英国图书馆残疾人服务事业的发展。1975年，谢菲尔德大学信息学系编写了《公共图书馆延伸至弱势群体》，内容主要是关于公共图书馆如何通过采取措施为社区弱势群体提供特殊服务，包括盲人和视觉障碍群体、残障群体等；英国学者威廉·马丁在其主编的《图书馆弱势群体服务》中强调，为弱势群体服务是图书馆的社会使命和职责，马丁还介绍了西贝尔法特地区两类延伸服务试验项目情况及其经验教训，为图书馆弱势群体服务提供借鉴与参考[61]；1978年，英国图书馆咨询委员会出版了《图书馆的选择》，这是英国第一份有关图书馆弱势群体服务的官方调研报告，主要从作为服务提供者的图书馆角度来界定弱势群体，报告指出，图书馆弱势群体服务不仅仅需要有责任的图书馆员、经费支持、组织管理、专业能力以及与其他机构的合作，还需要政策的支持与保障[62]。

20世纪80年代，由于政府财政投入的缩减，图书馆残疾人服务有所减少。英国"社区图书馆服务运动"高潮过去，图书馆人也开始从之前的激进主义转到理性的反思批判。但信息技术迅猛发展带来的"知识鸿沟"的加深，促使图书馆界开始探讨信息能力、信息与贫穷的关系等问题。20世纪90年代，法国学者拉诺于1974年提出的"社会排斥"概念进入到英国社会与政治话语体系中。随着英国社会排斥部的设立，一系列反对社会排斥、主张社会包容平等政策的出台，英国图书馆界也开展了相关的研究。1996年，《图书馆为弱势群体服务》出版，此书将弱势群体服务的范围从公共馆图书馆扩展到学校图书馆。与此同时，彼得·克拉多克通过图书馆计划（Project Libra）调查了以视障读者为对象的图书馆服务和利用情况。Willis的《图书馆和棘手人群打交道》、Kwasi的《帮助图书馆中的问题用户或困难用户：新的方法》等文献从更理性地角度考虑图书馆应如何对待和服务于残疾读者。1998年，博物馆、图书馆和档案馆委员会（MLA）委托利兹城市大学信息管理学院、伦敦地区墨顿图书馆、谢菲尔德公共图书馆以及学者约翰·文森特合作进行"公共图书馆政策和社会排斥"的研究，将反社会排斥、平等包容理念纳入公共图书馆政策范围。

21世纪，关于图书馆残疾人无障碍阅读服务的理论探讨仍在继续。2000年，博物馆、图书馆和档案馆委员会（MLA）出版了《面向所有人开放》，表明图书馆向社会所有民众服务的理念；同年，拉夫堡大学金内尔·玛格丽特和于良芝等合作进行了关于"公共图书馆视障人群服务"的研究，调查了2000年及其之前英国公共图书馆为视障人群所开展的服务情况[63]；谢菲尔德大学信息学系发表了《公共图书馆的信息网络设施对社会边缘人群的影响》，从信息网络无障碍角度思考残疾人等弱势群体的需求[64]；2001年，英国的拉夫堡大学图书馆和信息统计联盟对关于视障读者使用信息技术和获取信息时的首选格式以及使用图书馆的感受进行了调查，这是一次从视障读者角度开展的大规模的图书馆信息服务的调查研究[65]；2002年，里查德·普罗科特和巴图·奎格调查了公共图书馆对教育弱势群体的影响；2012年到2013年期间，英国利兹中央图书馆举办了关于自闭症和阿斯伯格综合征的12场讲座，为自闭症患者家庭提供了与语言专家、图书馆员进行交流，分享关于自闭症患者的信息资源获取与阅读的机会；Hill对图书馆和无障碍环境进行了一次重要的文献综述，分析了2000—2010年期间图书馆和信息科学领域发表的198篇文章，确定了与无障碍性和障碍性有关的主要问题和趋势；2015年，由英国政府成立的"图书馆特别工作组"向英国文化媒体和体育部提交了一份英格兰图书馆特殊服务工作进展报告，报告制定了关于特殊群体服务的详细工作规划，涉及经费、服务技能培训等。

三、日本

日本图书馆残疾人无障碍阅读服务理论研究开始于视障读者服务。自1915年日本东京开设本乡图书馆的点字文库开始，关于如何为残疾读者服务的思考与研究开始有了一定的方向与思路。20世纪70年代,日本将读者服务作为图书馆工作的主要职责,并深入探讨关于全民服务的问题,"全体国民的图书馆服务"以及"任何时候,任何地点,任何人"成为这一时期公共图书馆服务工作的宗旨。1970年6月,为保障视障人士"读书权",日本"视觉障碍者读书权保障协议会"(简称"视读协")成立,为图书馆残疾人阅读服务理论研究的开展创造了条件。1971年,视读协在全国图书馆大会上发起了"保障视障者读书权和利用公共图书馆服务"的倡议。在1972年的全国图书馆大会上,日本图书馆协会大学图书馆部提出了"视觉残疾学生读书环境整治"的议题,要求保障残疾学生利用图书馆进行阅读的权利,残疾人阅读服务开始延伸至大学图书馆。1974年,第19届日本全国图书馆大会召开,专门设立了"图书馆肢体障碍者服务"分会场,把利用图书馆有困难的各类型读者都纳入"障害者"的范围[66]。1975年召开的全国图书馆大会通过了在日本图书馆协会内设立残疾人服务委员会的决议,残疾人服务有了专门的管理部门。1976年,全国图书馆大会设立了"残疾人图书馆服务"专题讨论会,对残疾人进行了概念性界定,指出残疾人不仅限于"身体残疾人",也涵盖了各种利用图书馆有困难的"残疾人"[67]。1978年,"日本图书馆协会障碍者服务委员会"正式成立,标志着日本图书馆残疾人阅读服务的专业化全面化。1984年,为推进听觉障碍者服务工作,日本图书馆协会障碍者服务委员会设置了"图书馆听觉障碍者服务工作组",出版了《听觉障碍者也可使用图书馆——图书馆员手册》,为图书馆馆员服务于听障读者提供技术指导。1986年,东京国际图书馆协会和机构联合会召开,日本图书馆通过国际交流,学习欧美等国图书馆的残疾人服务方式,使日本无障碍阅读服务进入了新阶段,向残疾人提供阅读服务成为图书馆界以及全社会的共识。由此,残疾人服务研究进一步发展,《向所有人提供图书馆服务》(1994)和《障碍者服务》(1996)的出版,为日本图书馆进一步做好残疾人阅读服务指引了方向,也推动了服务理论研究的发展。

2007年9月,日本签署了联合国大会颁布的《障碍者权利条约》,"合理的照顾"这一新的权利概念在日本引起了较大的反响。针对该条约第24条规定的"必须确保残障人士受高等教育的机会并向残障人士提供合理的照顾",日本文部科学省高等教育局在2012年6月开展了关于残疾学生修学支援的会议,对于高校如何为残疾学生提供"合理的照顾"进行了热烈的讨论,会议提出了高校应给予残疾学生特殊的学习帮助,如教材形式的转换、学校应保障残疾学生获取信息无障碍、为残疾学生提供无障碍设施设备并确保学校环境的无障碍等[68]。

21世纪信息技术突飞猛进,要求无障碍阅读信息化的呼声越来越高。在此背景下,日本图书馆协会障碍者服务委员会于2008年8月举办研讨会,对多媒体DAISY图书的推广问题进行专门讨论研究。2010年4月,由全国视障者信息提供设施协会和日本盲文图书馆共同负责的视觉障碍者综合信息网络系统(SAPIE)设立,其主要目的是为视觉障碍者、对阅读文字困难的读者以及由视觉原因导致认知障碍的人士提供盲文、DAISY数据资料等信息。该系统为视障读者的数字资源的获取提供了技术保障。

伴随着社会和经济发展、政治和政策变更,各国图书馆残疾人无障碍阅读服务研究也会出现一定的变化、高潮与低谷。但总体而言,随着时代发展对人权、公民利益越来越关注与重视,面向残疾人的图书馆无障碍阅读服务将会向更深层次、更广领域发展。

第三节 前期实践

国外发达国家图书馆开展残疾人服务相对较早,无论物理设施、技术设备,还是具体服务方法都积累了丰富的经验。本部分以美国、英国、澳大利亚、日本等国为例,介绍这些国家的图书馆在服务残疾人方面的实践经验。

一、美国

自美国国会图书馆于1897年建立盲人阅览室开始,美国各州、市的公共图书馆普遍开展了盲人服务。1904年,美国国会批准图书馆为盲人提供免邮税服务。随后,无障碍阅读服务扩展至除视障者以外的其他残疾群体。同时,美国高校图书馆也积极开展残疾读者阅读服务。美国图书馆的残疾人无障碍阅读服务情况具体如下。

(一) 建立全国性的国家图书馆残疾人服务网络

从服务资源来说,以国会图书馆盲人和残疾人服务中心(1931,简称 NLS)为核心所建立的国家图书馆网络解决了美国残疾人所需的特殊资源,此中心通过全美国各个地区图书馆向残疾人提供免费的各种特殊资源,包括电子图书和期刊、有声资料、盲文和大字本书刊以及特殊资料的播放设备等,从而形成了全国性的国家图书馆残疾人服务网络。NLS 建立了特殊资源数据库系统以及检索系统,为美国各州以及各县提供残疾人特殊资源服务。同时,NLS 还进行各种可替换格式文献资源的数字化工程,自主研发"数字有声读物"(DTB,Digital Talking Book)播放器及音频传送系统(Audio Delivery Systems)。2008 年,NLS 实施 DOD(Duplication-On-Demand,资源定制)建设模式。通过 DOD,残疾人可以获取到由点字自动翻译、语音自动合成等新技术制作的各种无障碍格式的信息资源[69]。此外,NLS 还定期出版盲文和有声读物期刊,以便于及时向残疾读者介绍最新的特殊资料信息。

(二) 开展针对性的图书馆残疾人服务

在美国图书馆协会和美国国会图书馆设立的国家图书馆残疾人服务中心的组织、指导以及资源提供下,美国各图书馆针对不同类型的残疾读者开展了有针对性的阅读服务。

1. 视障读者服务

美国公共图书馆和美国研究图书馆协会(ARL)大学图书馆都设有基本的盲用设施、辅助设备以及盲用阅读资源。配备的无障碍设施主要有斜坡通道、盲道、无障碍电梯、盲人专用自习室、卫生间等。供视障读者阅读使用的辅助设施主要有盲用计算机、盲文打字机、盲文复印机、屏幕扩大软件、盲人阅读器、自动翻页器、光符阅读器、无纸盲文显示器、大纸本印刷软件、有声字典等。在特殊资源方面,NLS 可提供盲文图书、期刊、盒式磁带、有声资源、音频播放设备、在线"听"书软件等,都能最大限度满足视障读者的需求。在服务内容上,美国各公共图书馆基本都能为视障读者提供免费邮寄阅读资料、租借专用设备播放有声书的服务。视障读者只要在公共图书馆注册免费上门服务,就能随时随地地获取图书馆所提供的书刊、DVD 等资料或信息。例如,俄克拉荷马州图书馆、俄勒冈州图书馆、马里兰州图书馆等联合 NFB 开设了音频报纸阅读服务,亚利桑那州有声读物图书馆为盲人提供有声书和设备,并将服务拓展至学校残疾学生,给亚利桑那州的每个学校提供一个数字有声书播放器和小型循环收集数字有声书墨盒的账户,方便学校的盲人学生免费使用有声读物和利用盲文图书馆的服务[70]。

2. 听障读者服务

美国图书馆为听障读者提供了图书馆指引手册、文字标识、小册子、交流版、专门的文本电话(TTY),配有手语工具书、加有旁白字幕的影像资料,并且配备手语馆员为听障者服务。在无障碍活动方面,美国图书馆专门为听障读者组织一些聋人读书小组、免费听力测试等活动,并与手语培训机构、地方政府和社区服务机构等组织合作,通过资源互助为听障读者提供服务。例如,田纳西州的纳什维尔市公共图书馆负责的聋人和听觉障碍图书馆服务中心致力于满足田纳西聋人、听觉障碍者,以及想了解听力损失的田纳西人的信息需求;旧金山市公共图书馆为听障者设立了服务中心,向聋人提供手语服务。

3. 肢障读者服务

在肢障读者服务方面,美国图书馆提供的服务有:无障碍的阅读环境及辅助设施,包括轮椅通道、专用电话、轮椅、握笔器、无障碍卫生间,以及专门的书架和阅览座位等。图书馆还规定了书架间的宽度和书架的高度,便于肢体残疾者坐在轮椅上就可以从书架上取到图书;图书馆阅览座位进行了特定设置,其空间可放置轮椅。此外,美国图书馆还为残疾读者配备了专业服务人员并对他们进行技术培训。例如,曼哈顿公共图书馆为残疾读者和残疾读者服务的倡导者提供辅助性技术的培训;佐治亚大学图书馆为残疾读者专门设立了图书馆协调员,以协助残疾读者文献检索、打印复印资料和图书馆向导等。

4. 自闭症儿童服务

美国很多公共图书馆开展了自闭症儿童服务,主要有以下几种方式:一是组织开展感统故事会,以此提高自闭症儿童的阅读能力、理解能力。弗吉尼亚州劳登郡公共图书馆、美国阿普尔顿公共图书馆、伊利诺伊州的奥克帕克公共图书馆,明尼苏达州的卡弗郡、亨内平郡、阿诺卡郡、内华达州道格拉斯郡等地区的公共图书馆都为自闭症儿童开展了感统故事会活动。二是图书馆通过提供自闭症相关支援信息、组织自闭症儿童家长交流会、为自闭症儿童家长举办讲座等形式为自闭症家庭提供支持服务。例如,2008年美国新泽西州的苏格兰平原公共图书馆和凡伍德纪念图书馆合作建立了"图书馆和自闭症：我们紧密相连"项目，以向图书馆员提供自闭症服务培训的方式帮助他们更专业地进行自闭症儿童服务。三是通过组织自闭症儿童参与阅读以及实践类活动，让他们在比较安静、舒适的环境中接受知识、融入集体。新泽西州的登维尔公共图书馆、纽约市布鲁克林公共图书馆以及明尼苏达州的多个图书馆都举办了相关的活动。

为使残疾人服务的组织、管理、活动更有效和专业化，美国公共图书馆以及大部分的高校图书馆专门设置负责残疾读者服务工作的办公室，对残疾读者阅读服务进行统筹规划管理和组织。很多图书馆还设立了残疾读者咨询室，专门配备专业的工作人员为残疾读者提供信息咨询服务。同时，美国图书馆的主页上都设有"残疾读者服务"栏，列出了可以为残疾读者服务的场馆、服务项目和内容。可以说，美国图书馆残疾人无障碍阅读服务已经相当完备。

二、英国

英国的图书馆残疾人服务起源于17世纪初，当时英国一些慈善家为帮助贫穷者，将自己所收藏或遗留下来的书向城市所有人免费开放，这成了早期公共图书馆的雏形。到19世纪中期，英国工业革命的发展使得工人阶级和其他贫穷阶层人数增加，弱势群体的民主权利意识增强，促使英国政府以及公共图书馆开始全面考虑包括残疾人在内的弱势群体的阅读需求，并制定相关的阅读保障政策。1827年英国第一部盲文书出版，为社会关注视障人士阅读提供了契机。1882年10月，英国玛莎·阿诺德（Martha Arnold）女士建立的英国盲人外借图书馆对外开放。20世纪初，英国公共图书馆已经开始将阅读服务延伸至医院、盲人以及海员。随着残疾人高等教育的发展，英国高校图书馆开始开展残疾学生阅读服务。在英国政府及图书馆界的努力下，英国图书馆的残疾人阅读服务达到了世界领先水平。其具体服务措施有：

1. 细致化全方位的服务

在图书馆的区域分布上，英国政府规定，英国一英里（约1 609米）之内必须有一所图书馆，并且必须免费对外开放。只要残疾人在图书馆申请一个免费账号，就可以访问图书馆的资料中心，获得图书馆所有馆藏资源。在服务的覆盖面上，英国图书馆一直以残疾群体需求为导向，从设施设备、阅读资源、服务人员的硬件条件，到服务的制度、方法、内容等软件条件，均给予充分的考虑与实施。

2. 一体化的服务网络

虽然英国的政府行政主管部门不直接管辖各地区的图书馆服务机构，只负责各项政策、法规的制定以及财政经费的支持，但英国政府积极推进文化阅读服务的一体化进程，例如，英国政府积极促成政府网站与公共图书馆网络资源体系的对接，社会民众通过政府网站便能查阅到图书馆的信息，极大地方便了残疾读者进行信息资源检索。此外，英国各图书馆之间也实现了文献资源的整合，针对有需要的读者，合理分配图书馆资源。

3. 针对性人性化的服务项目

英国图书馆根据不同类型残疾人的特点，制定了不同的阅读服务措施，并且注重服务的硬件、软件、人员、制度等方面的配备与实施。例如，对于肢障读者，图书馆设立了残疾人专用停车位、轮椅、无障碍通道、升降电梯、无障碍卫生间、低位柜台、可调节高度的书桌、人体工程学座椅、助行车等设施。图书馆还考虑到肢障者身高的问题，将可调节的书桌分布在他们可能去的一些区域，如检索区、阅览区和休闲区；为了便于肢障者能够放置书籍，英国图书馆中的助行车均装有书籍放置的位置。对于听障读者，图书馆配置了引导指示牌、助听器、带有字幕的屏幕、手语馆员等，还设立了听力语言障碍残疾读者服务区。为了方便听障读者联系服务台，图书馆为他们提供了一种相当于文本电话的Minicom电话服务，可以将听障读者所要表达的内容通过文字转换为语音。为了让听障者及时接收图书馆内的音频通知、与图书馆工作人员便利地沟通交流，了解获知图书馆举办的活动，英国很多图书馆为残疾人提供了Induction loop设备系统，此系统中的音频电流信号可以被助听器、人工耳蜗处理器和手持Induction loop接收器接收。对于视障读者，图书馆设置了无障碍通道、无障碍卫生间、无障碍电梯，配备了放大镜、盲文书籍、大字本、翻动书页服务、盲用电脑设备、屏幕阅读类软件、彩色视频放大镜、语音识别软件、数字有声读物、DAISY播放器等辅助设备和资源，并为视障者设置了专门的借阅区。一部分有条件的公共图书馆自己制作有声图书，包括磁带书、录音资料以及有声报纸等。一些高校图书馆如牛津大学、爱丁堡大学、谢菲尔德大学、杜伦大学等还提供纸质文献的格式转化服务，将视障学生需要的课本进行盲文格式或有声格式转换。

英国的图书馆在人员配备、资源获取、制度建设等方面也较为完善。图书馆为残疾人配备了专业馆员、兼职馆员或志愿者,并且职责明确;图书馆的网页都进行了无障碍导航设计,确保图书馆资源的易访问性,帮助残疾读者足不出户便能快速准确地找到相关服务内容;图书馆制定了残疾读者服务规范文件,注重残疾人信息收集、读者服务反馈,倡导残疾读者进行注册。此外,英国的高校图书馆还在残疾学生的求学、求职、学科研究、论文审查指导等方面提供支持与帮助。一些公共图书馆则帮助残疾学生制作简历,进行就业培训,推荐医学、法律、心理以及其他需要方面的书籍等。

值得注意的是,英国图书馆的残疾人无障碍阅读服务延续了英国最初的慈善服务方式。英国各慈善组织与公共图书馆以及其他机构建立了一定的合作关系,共同进行残疾读者阅读服务。例如,国家盲人图书馆与多个专业团体建立的英国图书馆与信息专业人员协会(CILIP)、图书馆馆长学会(SCL)与英国视障人士地方协会联合会(NALSVI)合作项目,英国多个公共图书馆与专为盲人服务的志愿组织图书馆合作的"cateway"项目等,英国志愿组织与英国博物馆、图书馆、档案馆委员会合作编写的图书馆残疾读者服务手册——《视障人士图书馆服务:最佳实践方法手册》等。

三、加拿大

加拿大图书馆的残疾人服务始于"一战"结束后对退役伤残士兵的照顾。19世纪20年代开始,针对一些退伍伤残士兵和盲人等残疾人士没有社会生存能力的状况,加拿大国家盲人协会(Canadian National Institute for the Blind,CNIB)为他们提供职业培训、工作介绍和健康恢复等服务,以提高他们的独立生存能力。至19世纪30年代,CNIB已经在全国建立了6个盲人图书馆分馆,初步建立起国家盲人图书馆网络。

加拿大国家盲人协会图书馆是加拿大图书馆残疾人公共文化服务的中心,为全国视障人士提供免费的信息阅读服务。其主要服务内容包括:为残疾人提供文献转录服务,为残疾人提供各种相应的阅读辅助技术,以基金的形式支持公共图书馆残疾人服务的发展等。1998年,该馆开始进行馆藏数字化建设工作,为视障读者创建了数字门户网站。2002年,该图书馆与微软合作,建立了世界上首个专为盲人和视障儿童服务的网络门户——集成数字图书馆系统(the

Integrated Digital Library System),从而使加拿大盲人和视力受损者可以获取与健全人同样的信息。2019年5月,加拿大政府宣布为加拿大国家盲人协会的"与技术联系"计划投资130万加元。该计划旨在为那些因数字技术发展速度过快而落后的人群(包括残疾人、老年人等)提供无障碍数字技能培训。

加拿大国家图书馆致力于全国的馆藏资源联合目录建设。1950年,国家图书馆开始组建全国联合目录,专门提供为残疾人使用的馆藏资源目录(CANUC),该目录基本集合了全国图书馆的馆藏特殊资源。通过CANUC,加拿大公共图书馆和高校图书馆可检索到残疾人所需要的特殊资源,实现了全国馆藏特殊资源的统一利用。为做好残疾人服务工作,1979年起,国家图书馆成立了"残疾人服务顾问组",该组织每年召开一次会议,总结上一年的残疾人服务工作,并对下一年的残疾人服务进行规划,加拿大联邦政府对这项工作给予了经费支持。除了国家图书馆,加拿大每个省或地区都建立了自己的公共图书馆系统,并组织开展残疾人阅读服务。

2014年,加拿大公平利用图书馆中心(Centre for Equitable Library Access,CELA)成立,它是一个由加拿大全国各大公共图书馆建立的、全新的国家级非营利的公共图书馆服务组织,旨在向加拿大阅读障碍者提供公平的公共图书馆服务。该中心采用全国各大公共图书馆代表组成的董事会管理模式,并得到加拿大城市图书馆理事会(CULC)和加拿大国家盲人协会(CNIB)的支持。该中心向图书馆提供支持,以使他们能够接待那些患有视力、学习或肢体残障而无法阅读纸质书籍的人群。该中心向图书馆提供的支持内容有:包括音频、盲文、电子文本、带描述的视频等在内的多种可选版式;包括书籍、杂志、报纸及带描述的视频等在内的替代版式内容;使用"书籍共享"(Bookshare)——世界最大无障碍书籍在线图书馆的服务;直接下载至电脑、手持设备或DAISY播放器、邮寄等多种资源获取形式;无障碍培训和专业知识等。

与公共图书馆一样,加拿大高校图书馆也积极为残疾学生提供阅读帮助与服务。在加拿大招收的所有大学生中,有超过20%的大学生被认定为有不同程度的残疾。针对这些残疾大学生的信息获取和阅读困难,加拿大各高校专门成立了残疾学生服务办公室,以加强残疾学生办公室与图书馆之间的密切联系,随时为残疾学生提供文献信息。

四、澳大利亚

澳大利亚历来重视残疾人的阅读需求,联邦政府、州/地区以及图书馆行业采取了许多措施来帮助残疾人获取图书馆信息资源。

早在1961年,澳大利亚就成立了国家图书馆,并专门设置为残疾人服务的项目组。该组为各类残疾人编辑馆藏国家联合目录和提供各种无障碍服务设施。为此,国际委员会特意拨款支持这一服务项目,并将此项目纳入国际活动的合作项目之一。1984年,澳大利亚国家图书馆同美国国会图书馆达成协议,一起合作为盲人和其他残疾人提供联合目录检索。

在澳大利亚联邦政府、澳大利亚图书馆与信息协会、各州/地区公共图书馆以及高校图书馆的努力下,澳大利亚残疾人无障碍阅读服务取得了丰硕的成果。澳大利亚要求图书馆的无障碍环境必须符合相关法律规定,以残疾人的阅读便利为基本原则,例如,新南威尔士州立图书馆强调硬件设施的建设必须符合《澳洲建筑法》(Building Code of Australia,BCA)和残疾读者的需求,并定期对图书馆的紧急疏离程序进行评估,确保残疾人与健全读者享受同等的服务。澳大利亚图书馆大多为残疾读者提供阅读所需的无障碍辅助技术与设备,例如,为视障读者配备了盲用电脑、大号键盘、带有追踪球的鼠标、智能钥匙键盘、屏幕阅读软件、屏幕放大软件、语音识别软件、盲用打印机和扫描仪等;为肢障读者配备了人体工程学桌椅。同时,根据国家相关法律法规,制定了残疾人无障碍方面的政策和规定以及开发设计方法,为视障读者和听障读者提供了无障碍网页,并建设有残疾读者服务专栏,以便他们了解图书馆的服务内容。此外,澳大利亚图书馆为残疾读者提供专业化和人性化的服务,例如,最早建立且有着古老历史的新南威尔士州立图书馆实施了"欢迎残疾人读者"项目,针对图书馆工作人员和残疾读者之间良好关系的建立采取了相关措施,以此推进残疾人阅读服务工作的开展。同时图书馆对馆员进行无障碍服务技术培训,内容包括残疾读者无障碍设施设备的使用、资源获取的方式与途径、对残疾读者服务效果的反馈等;迪肯大学图书馆为了让残疾读者快速获取资源,提供了邮政快件、特快专递和航空邮件等三种形式的文献传递服务。

澳大利亚部分高校图书馆开展了为残疾读者提供研究与学习的服务,包括在线学习服务和线下学习服务。在线学习服务内容有大学学习技巧、完成作业及考试安排、撰写毕业论文培训等,课程内容专业且详尽。此外,墨尔本大学图书馆还开展了版权知识学习课程,让残疾学生在学习、研究过程中注意文献利用和文献出版的版权问题,保护自己的合法权益。

五、日本

1915年,东京本乡图书馆的点字文库开设,这是日本公共图书馆为残疾人服务的开端。昭和初期,日本各地图书馆相继开设点字文库和盲人阅览室。1969年,"日本盲人读书权保障协会"向"东京都立日比谷图书馆"和"国立国会图书馆"申请主张"图书馆要为残疾人服务"的正式要求。东京都立日比谷图书馆(现在的东京都立中央图书馆)率先在馆内试行为视觉障碍者提供的对面朗读服务,并于第二年正式将该项服务作为图书馆工作的一项主要内容。20世纪70年代,日本公共图书馆掀起为全体国民服务的热潮,为残疾人服务取得实质性进展。二战后,日本的残疾人高等教育获得较快发展,越来越多的残疾人进入大学接受高等教育,高校图书馆也开始考虑如何为残疾学生提供无障碍服务。

随着20世纪90年代计算机信息技术的发展,日本公共图书馆和高校图书馆残疾人服务取得了新的进展。2009年新颁布的《著作权法》为公共图书馆、高校图书馆、盲文图书馆以及中小学图书馆等机构实现特殊文献资源的共享提供了法律依据和保障,日本图书馆残疾人阅读服务进入了新的阶段。其具体服务措施体现在以下几个方面:

1. 完备的无障碍设施设备

为方便残疾学生顺利入馆阅读,日本高校图书馆普遍进行了无障碍设施设备的建设。例如,图书馆出入口设置无障碍通道(坡道和盲道),安装自动门;馆内设有残疾人专用电梯,电梯内有低位操纵板,并配有点字按钮、语音提示器等;每层楼设有残疾人专用卫生间,并配备安全扶手和紧急呼叫器;借阅处设有低位柜台,方便残疾学生借还与问询;阅览室内特设轮椅阅览座位,供残疾学生学习使用;书架间距较宽,能保证轮椅在其间自由活动。有条件的图书馆还设置了对面朗读室和录音室,专门为残疾学生阅读所用。日本的图书馆基本上都为残疾读者提供阅读所需的辅助设备,如盲用电脑、点字显示器、点字打印机、点字复印机、声音放大器、扩大读书器、听障者使用的文本电话以及印刷文字扫描朗读系统等。

2. 特殊文献资源的共建共享

日本图书馆的特殊文献资源类型主要有点字图书、大活字书、录音图书、CD图书、扩大写本、卡式磁带、点字期刊、录音期刊、点字报纸、多媒体DAISY、带字幕的录像资料以及网络数据库等。1982年,国立国会图书馆(NDL)开始编制"盲人图书、录音图书全国综合目录",该数据库收录有公共图书馆和盲文图书馆制作的盲文图书、盒式磁带、DAISY格式有声读物、点字数据格式有声读物的书目和馆藏信息,以及NDL制作的学术文献有声读物。2003年1月,数据库正式向公众开放。截至2013年底,包括高校图书馆在内,"综合目录"已有1 121个参加馆,书目数据量达到4 236万件[71]。1985年,日本国立情报研究所投入运营了NACSI-CAT联合目录系统。到2015年3月,904所高校图书馆加入建设。为实现高校图书馆文献资源的共享,日本国立情报研究所在1992年又投入运营NACSIS-ILL系统,实现了NACSIS-ILL系统与NACSI-CAT系统的无缝对接。日本高校图书馆参与NACSIS-ILL系统的有917所。21世纪,日本开始全面制作DAISY有声读物,并将之前录制的文献录音磁带全部转换为DAISY格式。2001年,为推进无障碍数字技术的发展,日本残疾人康复协会开始了一项采用多媒体数字无障碍信息系统(Digital Accessible Information System,简称DAISY)技术的新的研究发展项目。第二年,日本残疾人康复协会启动了"服务所有人的数字无障碍信息系统"DFA计划(DAISY FOR ALL),其开发的多媒体数字无障碍信息系统播放软件AMIS可以用来播放DAISY 2.02格式的全文本、声音和图像。通过添加插件功能,AMIS可以用触摸屏显示器或盲文点字显示器代替键盘进行操作,并可以只通过按下按钮来播放数字读物[72]。2010年4月,由日本盲文图书馆和全国视觉障碍者信息提供机构协会联合进行的视觉障碍者综合信息网络系统SAPIE投入运营。SAPIE集中了日本最多数量的盲文图书和DAISY有声读物,包括盲文图书馆、国立国会图书馆、公共图书馆以及高校图书馆等机构的特殊资源,实现了日本各种类型图书馆特殊资源的共建共享。2012年1月,日本国立国会图书馆"NDL Search"正式对外开放,提供日本所有图书馆资源的一站式检索和信息获取服务,成为残疾人阅读资源和统一检索平台。

3. 个性化的阅读服务活动

日本图书馆为不同类型的残疾读者提供多种服务。例如:为视障读者提供的对面朗读服务、视觉残疾儿童文库服务；为肢障读者提供"送书上门""邮寄外借"服务；为听障读者提供手语服务、带手语或字幕的视频、录像带等；为残疾儿童提供特殊的阅读服务。图书馆还为各种残疾读者提供参考咨询服务、代读者服务、学术文献录音服务等所需的个性化服务。

对面朗读服务的对象一般是视障读者，除了在图书馆进行对面朗读服务外，日本图书馆还可以为视障者提供上门服务，一些有条件的图书馆专门为视障者配备了对面朗读室，以方便他们随时享受服务。比较有特色的服务有东京都墨田区立图书馆提供的信件、明信片以及日常所需的文献朗读服务，横滨市中央图书馆为提高馆员对面朗读专业水平举办的朗读讲习班，大阪府立中央图书馆为视觉残疾儿童设置的专门文库及读书朗读会。代读者服务也是日本图书馆的特色服务，服务内容包括为残疾读者提供代找书刊、代查OPAC、代复印以及馆内陪伴服务等。日本图书馆还会根据读者的残疾程度设置不同的服务内容，例如：板桥区立图书馆专门制定了残疾读者服务实施纲要，按照残疾程度提供相应的服务；日本福祉大学图书馆为读者代检代查Sapie视障者情报综合系统，以及代读者下载和打印所需的信息；东京都墨田区立图书馆提供书信的代写等墨字翻译服务。学术文献录音服务是为满足残疾人特殊资料的有声化需求而开展，图书馆根据残疾读者的要求将馆藏资料"点译"或"音译"制作成盲文图书或有声读物并免费提供使用。国立国会图书馆（NDL）于1975年开始开展"学术文献录音服务"工作，为全国的公共图书馆、大学图书馆、盲文图书馆提供特殊文献有声资料。2009年《著作权法修正案》通过后，日本图书馆普遍开展起学术文献录音服务。此项活动使图书馆面向残疾人的服务由一般的读书权保障提升到了学术研究权保障领域。邮寄服务是公共图书馆针对不方便到馆借阅资料的残疾人开展的一项服务，结合日本《邮政法》对特殊资料的优惠制度，图书馆在给重度残疾人邮寄书籍资料时，一般会向附近的邮局提出办理残疾者专用书籍小包的申请。除此以外，大阪府立中央图书馆还向日本邮政省申请了《盲人用录音资料发受设施》《听觉残疾者录像带发受设施》《心身残疾者用书籍包裹邮递物发受设施》的认可权。

4. 信息无障碍建设

信息时代的到来，为残疾人提供了更多的阅读方式。为支持残疾读者服务工作，日本大阪府立中央图书馆将视障读者阅读辅助设施设备的经费纳入图书馆日常经费预算中，将盲用电脑、画面点字化设备、墨字-点字印刷机等硬件设施,以及画面有声化和扩大化、有声网页阅读、有声 E-mail、点字转化、点字领会、有声读书等软件设备列入馆内经费预算项目。该馆还通过举办视障读者IT讲习活动,为视障读者教授有声化软件的使用方法、有声文件的制作、有声网页的阅读等。2000年,该馆开始运用情报机器为视障读者提供信息服务。同时,该馆通过计算机通信软件和有声化软件的组合使用,实现了馆藏图书检索的有声化服务,并通过制定"视障读者用计算机软件利用服务实施要领"使这一服务规范化[73]。此外,日本东京都立中央图书馆和大部分区公立图书馆的图书馆主页引入SMIL技术,增加带有触摸屏的有声OPAL,为残疾读者提供有声网页阅读、输入、有声 E-mail 收发等服务。2010年,日本发布了最新的基于网络无障碍的日本工业标准(Japanese Industrial Standards, JIS),图书馆信息无障碍建设掀起了高潮。由此,图书馆主页实现了文本与非文本的有声化,尤其在非文本信息部分,如图片、链接、输入表单、语音文档、多媒体视觉影像等,为残疾读者添加了可理解的完整意义上的提示文字,以利于通过读屏软件声音化,日本很多图书馆网页其图片配有替代提示文字的比例达到了99%以上[74],极大地提高了图书馆面向残疾读者的数字阅读服务水平。

第四节 本章小结

纵观国外图书馆残疾人无障碍阅读服务的发展历史,可以看到为残疾人服务的理念与实践基本贯穿了整个图书馆服务事业的发展过程。尤其随着人权思想、自由平等理念的加深,图书馆残疾人无障碍服务的理念思想不断强化,并在服务实践中获得拓展与延伸。

制度是行动的保障。科学有效的制度为图书馆残疾人服务提供了可靠的政策保障,国外完备的服务制度为图书馆残疾人服务提供了方向指导,从而引导图书馆服务残疾人的科学性、合理性。

思想是行动的指南。从广泛的服务实践中获取经验,形成科学有效的理论思想,可以更好地指导服务实践的进行。而图书馆残疾人服务实践又能反过来检验、纠正、完善服务的相关政策和理论思想。国外尤其是西方发达国家图书馆的残疾人无障碍阅读服务便是结合了制度的保障约束、理论思想的指导以及实践中的不断摸索前进,从而形成了较为完善的图书馆残疾人无障碍阅读服务体系。

参考文献：

[1] 联合国残疾人机会均等标准规则[EB/OL].[2021-08-09].http://www.cdpf.org.cn/zcwj1/flfg/200711/t20071130_25299.shtml.

[2] 残疾人权利公约[EB/OL].[2021-08-10].http://www.npc.gov.cn/wxzl/gongbao/2008-12/24/content_1467401.htm.

[3] 公共图书馆宣言(1949)[EB/OL].[2021-08-10].http://blog.sina.com.cn/s/blog_760b710c0100tw67.html.

[4] 文化部图书馆事业管理局科教处.世界图书馆事业资料汇编[M].北京:书目文献出版社,1990:44-46.

[5] 联合国教科文组织公共图书馆宣言1994[EB/OL].[2021-08-14].https://baike.so.com/doc/182739-193030.html.

[6] 肖雪,王子舟.国外图书馆对弱势群体知识援助的历史与现状[J].图书情报知识,2006(3):21-29.

[7] 联合国教科文组织/国际图联.公共图书馆服务发展指南[EB/OL].[2021-02-14]https://max.book118.com/html/2018/0826/8130036077001121.shtm.

[8] 杨威理.西方图书馆史[M].北京:商务印书馆,1988:208.

[9] 刘玮.美国图书馆视障群体服务的法律环境研究[J].图书馆论坛,2014(9):98-102.

[10] 孙冰,张丽.美国联邦公共图书馆立法[J].中国图书馆学报,2011,37(2):83-89.

[11] 唐建华.公共图书馆与盲人服务[J].图书馆理论与实践,2005(6):68-70.

[12] 朱磊.以人为本　清除障碍:漫谈中国信息无障碍标准[J].互联网天地,2006(S1):38-33.

[13] Judith F. Ahistory of the library bill of rights[J].American Libraries,1972(1):80-82.

[14] 袁咏秋,李家乔.外国图书馆学名著选读[M].北京:北京大学出版社,1988:315-321.

[15] 柳英.公共图书馆领域的首部国家立法:英国《公共图书馆法1850》[J].中国人大,

2017(17):51-53.

[16] 江淑洁.我国盲人数字图书馆建设概况[J].图书情报工作,2009,53(17):64-67.

[17] 孙光成.世界图书馆与情报服务百科全书[M].成都:四川民族出版社,1991:52.

[18] 李传颖.英国图书馆特殊群体服务及其对我国的启示[J].情报理论与实践,2016,39(10):140-144.

[19] 熊静.加拿大高校图书馆重视为残疾生服务[J].图书馆杂志,2001,20(3):62-63.

[20] Hancock K. 1997 Canadian copyright act revisions [J]. Berkeley Technology Law Journal,1998(13):517-534.

[21] 张靖,李晗,林宋珠,等.加拿大多伦多公共图书馆残障用户服务研究[J].中国图书馆学报,2013,39(6):86-100.

[22] 欧阳俊哲.澳大利亚图书馆可持续发展研究与启示[J].数字图书馆论坛,2019(4):24-28.

[23] 克鲁普斯卡娅.列宁论图书馆工作[M].北京:时代出版社,1957:33.

[24] 林曦.俄罗斯图书馆事业联邦法[J].江苏图书馆学报,1997(1):51-56.

[25] 赵晶.俄罗斯盲人图书馆建设经验对我国生态图书馆建设的启示[J].图书馆工作与研究,2017(1):33-38.

[26] 富士男.大学图书馆における身体障害者サービス[J].情报の科学技术,2000(3):124-126.

[27] 李国新.日本图书馆法律体系研究[M].北京:北京图书馆出版社,2000.

[28] 张静茹.高校图书馆大学生志愿者服务探析[J].河南图书馆学刊,2013(3):34-35.

[29] 李雪.中韩公共图书馆特殊群体读者服务比较研究[D].哈尔滨:黑龙江大学,2017:25.

[30] 李国新,段明莲,孙冰.国外公共图书馆法研究[M].北京:国家图书馆出版社,2013:158.

[31] 李娟.完善中国残疾人服务业立法的路径选择:以国际社会立法实践为视角[J].华南师范大学学报(社会科学版),2015(4):135-142.

[32] 贾迎军.残疾人就业促进政策研究[D].北京:中央民族大学,2013:22.

[33] Sherrill L L. Library service to the unserved[M]. New York: Bowker,1970.

[34] Brown E F. Library service to the disadvantaged[M]. Metuchen, NJ: The scarecrow press, Inc., 1971.

[35] Lipsman C K. The disadvantaged and library effectiveness[M]. Chicago: American Library Association,1972.

[36] Weibel K. The evolution of library outreach 1960—1975 and its effect on reader services: Some considerations [D]. Urbana-Champaign: The University of Illinois,1983.

[37] Needham W L. Academic library service to handicapped students[J]. Journal of Academic Librarianship, 1977, 8: 273-279.

[38] Mularski, C. Academic library service to deaf students: Survey and recommendations[J]. RQ,1987,26(4):477-486.

[39] Jeal Y, de Paul Roper V, Ansell E. Deaf people and libraries-should there be special considerations? Part 1: Traditional services[J]. New Library World, 1996, 97(1): 12-21.

[40] Huang S T. Reference services for disabled individuals in academic libraries[J]. The Reference Librarian, 1990, 11(25/26): 527-539.

[41] Norton M J. Effective bibliographic instruction for deaf and hearing-impaired college students[J]. Library Trends, 1992, 41(1): 118-150.

[42] Jax J J, Muraski, T. Library services for students with disabilities at the University of Wisconsin-Stout[J]. The Journal of Academic Librarianship, 1993, 19(3): 166-168.

[43] Day J M. Guidelines for library services to deaf people [R]. The Hague: International Federation of Library Associations and Institutions,2000.

[44] Brophy P, Craven J. Web accessibility[J]. Library Trends, 2007, 55(4): 950-972.

[45] Vandenbark R T. Tending a wild garden: Library web design for persons with disabilities[J]. Information Technology and Libraries, 2010,29(1): 23.

[46] Samson S. Best practices for serving students with disabilities[J]. Reference Services Review, 2011, 39(2): 260-277.

[47] Willis C A. Library services for persons with disabilities: Twentieth anniversary update[J]. Medical Reference Services Quarterly, 2012, 31(1): 92-104.

[48] Southwell K L, Slater J. An evaluation of finding aid accessibility for screen readers [J]. Information Technology and Libraries, 2013, 32(3): 34.

[49] Schroeder H M. Implementing accessibility initiatives at the Michigan State University Libraries[J]. Reference Services Review, 2018, 46(3): 399-413.

[50] Potnis D, Mallary K. Analyzing service divide in academic libraries for better serving disabled patrons using assistive technologies[J]. College & Research

Libraries, 2021, 82(6): 879-898.

[51] Hughes J L. Implementation of disability compliance for patron services in post-secondary education libraries[M]. Los Angeles: University of California, 2012.

[52] Wade G L. Serving the visually impaired user[J]. Portal: Libraries and the Academy, 2003, 3(2): 307-313.

[53] Copeland C A. Library and information center accessibility: The differently-able patron's perspective[J]. Technical Services Quarterly, 2011, 28(2): 223-241.

[54] Grassi R. Building inclusive communities: Teens with disabilities in libraries[J]. Reference Services Review, 2018, 46(3): 364-378.

[55] Mitchell K. Making the wheel bigger: Programming for teens with special needs[J]. Voice of Youth Advocates, 2012: 322-325.

[56] Forrest M E S. Towards an accessible academic library: Using the IFLA checklist[J]. IFLA Journal, 2006, 32(1): 13-18.

[57] Pemberton A., Pemberton M. Inexpensive solutions for providing resources and services to people with disabilities in Tennessee Libraries[J]. Tennessee Libraries, 2006, 56(1): 3-25.

[58] Banks C, Feinberg S, Jordan B, et al. Including families of children with special needs[R]. Chicago: American Library Association, 2013.

[59] 侯汉清,王先林,刘锦秀,等. 外国图书情报界人物传略[M]. 太原:山西省图书馆学会,1984:36-40.

[60] McColvin L R. The public library system of Great Britain[R]. London: Library Association, 1942.

[61] Martin W J. Library services to the disadvantaged[M]. Hamden, Conn. Linnet Books: 1975.

[62] Department of Education and Science. The libraries' choice[M]. London: Her Majesty's Stationery Office, 1978.

[63] Kinnell M, Yu L, Creaser C. Public library services for visually impaired people[R]. Loughborough: LISU, 2000.

[64] 王素芳. 国外公共图书馆弱势群体服务研究述评[J]. 中国图书馆学报, 2010, 36(3): 95-107.

[65] 张赟玥,赵英,徐恩元,等. 面向视障用户信息需求的国际研究案例探析[J]. 图书馆建设,2009(6):66-69.

[66] 王薇. 日本公共图书馆的残障文献资源建设实践与启示[J]. 图书馆建设,2013

（6）：22-25.

［67］崔健. 日本公共图书馆的残障读者服务及启示［J］. 国家图书馆学刊，2014，23（4）：23-27.

［68］陈婧，臧可. 日本高校图书馆的残障读者服务探析［J］. 大学图书馆学报，2015，33（6）：51-58.

［69］齐向华，付宁. 面向视障用户的网络无障碍问题研究［J］. 国家图书馆学刊，2009，18（3）：68-71.

［70］梁文静，王丙炎. 美国公共图书馆的盲人服务研究及启示［J］. 图书馆学研究，2019（5）：94-101.

［71］崔健. 日本公共图书馆的残障读者服务及启示［J］. 国家图书馆学刊，2014，23（4）：23-27.

［72］陈兰，姚炜. 多媒体数字无障碍信息技术与日本为阅读障碍人群服务的实践［J］. 图书馆建设，2008（6）：74-76.

［73］吴玲芳，戴丽. IT时代日本公共图书馆为视障读者的信息服务［J］. 图书馆，2003（1）：87-88.

［74］陈婧，臧可，邓亚. 日本图书馆残障读者服务探析［J］. 图书馆建设，2016（1）：61-66.

第三章

我国图书馆残疾人无障碍阅读服务

第一节 相关政策

我国的图书馆残疾人无障碍阅读服务政策始于教育部在1953年发布并在全国推广的《新盲字方案》，此方案由"中国盲文之父"黄乃在"心目克明"盲字的基础上组织编制而成。此后近70年的时间，全国人大、国务院各部门、中国残疾人联合会以及图书馆行业先后颁布了一系列与图书馆残疾人服务相关的规范性文件，形成了系统化的图书馆残疾人无障碍服务保障体系。

图书馆残疾人无障碍阅读服务法律法规保障体系是残疾人服务保障体系的一个重要方面，它是一个由支撑和保障图书馆残疾人无障碍阅读服务建设的各种法律规范构成的系统性的有机整体，包括我国国家根本大法、基本政策法规、图书馆行业的服务规范、与残疾人相关的政策规范以及相关的国际法规的遵守与参与等。总体而言，我国已基本形成了一套相对完备的图书馆残疾人无障碍阅读服务政策体系。

一、图书馆残疾人无障碍阅读服务相关政策法规

我国与图书馆残疾人无障碍阅读服务相关的法律法规分为四个层级，包括宪法、行政法规、部委规章以及地方性法规。具体见表3-1。

表3-1 图书馆残疾人无障碍阅读服务相关政策法规

法律规范	名称	时间	相关内容
宪法	《中华人民共和国宪法》	1954年9月20日	从保障基本人权的角度，明确了残疾人在各方面享有与正常人同等的权利，包括平等获取、利用信息的权利
行政法规	《中华人民共和国残疾人保障法》[1]	1990年12月28日通过，2008年4月24日修订	要求国家和社会应努力满足残疾人精神文化生活的需要。提出残疾人文化活动应当适应各类残疾人的不同特点和需要，要组织和扶盲文读物、盲人有声读物、聋人读物、智障者读物的编写和出版，在影视作品中增加字幕、解说。修订后增加了"根据盲人的实际需要，在公共图书馆设立盲文读物、盲人有声读物图书室"的要求

(续表)

法律规范	名称	时间	相关内容
行政法规	《残疾人教育条例》[2]	1994年发布，2017年1月11日修订	要求普通高级中等学校、高等院校、继续教育机构必须招收符合国家规定的录取标准的残疾考生入学，不得因其残疾而拒绝招收
	《中国残疾人事业"九五"计划纲要（1996—2000年）》[3]	1996年4月26日	明确提出公共文化场所应普遍对残疾人开放并提供特别服务，公共文化活动要广泛吸收残疾人参与。提出残疾人文化权益的保障措施：公共文化场所要主动为残疾人服务；大、中城市图书馆要提供盲文及盲人有声读物借阅；增加适合盲人、聋人、智障者的读物、配有字幕的影视作品等
	《国家"十一五"时期文化发展规划纲要》[4]	2006年9月13日	我国第一次从文化服务发展的视角，为残疾人的文化权利提供了制度性保障。纲要提出，要坚持公共服务普遍均等原则；切实维护特殊群体的基本文化权益；采取政府采购、补贴等措施，开辟服务渠道，丰富服务内容，保障和实现残疾人在内的特殊群体的基本文化生活需求
	《信息网络传播权保护条例》[5]	2006年5月18日公布，2013年3月1日施行	第七条明确规定，图书馆等机构可以不经著作权人许可，通过信息网络向本馆服务对象提供本馆收藏的合法出版的数字作品；第十二条指出，不以营利为目的，通过信息网络以盲人能够感知的独特方式向盲人提供已经发表的文字作品，可以规避技术措施
	《中共中央、国务院关于促进残疾人事业发展的意见》[6]	2008年3月28日	提出要促进残疾人全面发展，加快无障碍建设和改造，建立健全以教育、就业、文化体育等为主要内容的残疾人服务体系，扶持残疾人文化艺术产品生产和盲人读物出版等公益性文化事业
	《无障碍环境建设条例》[7]	2012年6月13日	要求对公共服务场所进行无障碍设施建设，并采取措施推进信息交流无障碍建设；对设区的市级以上政府设立的公共图书馆提出了开设视力残疾人阅览室，提供盲文读物、有声读物的要求；规定公共服务机构和场所应创造条件为残疾人提供语音和文字提示、手语、盲文等信息交流服务，并对相关服务人员进行无障碍服务技能培训，提高他们为残疾人服务的技能

(续表)

法律规范	名称	时间	相关内容
行政法规	《关于加快构建现代公共文化服务体系的意见》[8]	2015年1月	将残疾人作为公共文化服务的重点对象之一，要求公共文化服务机构要为残疾人提供无障碍设施，实施盲文出版项目，开发视听读物，建设有声图书馆
	《国务院关于加快推进残疾人小康进程的意见》[9]	2015年1月20日	提出到2020年残疾人权益保障和公共服务的主要目标和具体措施。主要目标是实现残疾人权益保障制度基本健全，残疾人基本公共服务水平明显提高，帮助残疾人共享我国经济社会发展成果；具体措施是提升残疾人基本公共服务水平，全面推进城乡无障碍环境建设，完善信息无障碍标准体系等
	《中华人民共和国公共文化服务保障法》[10]	2017年12月25日	要求"各级人民政府应当根据未成年人、老年人、残疾人和流动人口等群体的特点与需求，提供相应的公共文化服务"，"公共文化设施的设计和建设，应当符合实用、安全、科学、美观、环保、节约的要求和国家规定的标准，并配置无障碍设施设备"
	《"十三五"推进基本公共服务均等化规划》[11]	2017年1月23日	指出"全体公民都能公平可及地获得大致均等的基本公共服务，促进机会均等"是其核心思想内涵。将残疾人基本公共服务的重点任务和保障措施作为独立章节进行了详细阐述，强调国家文化体育机构应对特殊群体提供无障碍服务，强化县级残疾人文化体育服务能力，充分发挥基层公共服务设施助残功能，推动形成县(市、区)、乡(镇)、村(居)三级联动互补的残疾人基层服务网络等
残联相关法规	《残疾人事业宣传文化工作"十一五"实施方案》[12]	2006年10月13日	通过"文化助残"，推动地市级以上公众图书馆盲文及盲人有声读物图书室的建设；强化图书室的服务功能，增加图书和有声读物种类、数量；发挥志愿者的作用，为盲人提供送书上门或邮寄上门的服务等
	《中国残疾人事业"十二五"发展纲要》[13]	2011年5月16日	提出"加强公共文化服务，满足残疾人基本文化需求"的主要任务目标，明确了"建设网上中国残疾人数字图书馆，拓展面向各类残疾人的数字资源服务""各级公共图书馆应设立盲人阅览室，配置盲文图书及有关阅读设备，做好盲人阅读服务"等政策措施，尽快达到"建立残疾人社会服务体系基本框架，服务能力明显提高，促进残疾人平等参与社会生活"的总目标

(续表)

法律规范	名称	时间	相关内容
残联相关法规	《中共中央宣传部等部门关于加强残疾人文化建设的意见》[14]	2012年3月	明确了残疾人文化建设的总体要求：以进一步建立和完善残疾人公共文化服务体系为主体，以残疾人文化服务设施为补充，以基层综合文化站、村文化活动室、社区文化中心为依托，以残疾人文化项目为载体，为残疾人提供基本文化服务。将"为残疾人提供基本、均等的文化服务"作为实现残疾人文化权益的基本途径
	《无障碍环境建设条例》"十三五"具体实施方案	2016年	推进无障碍环境建设，加快发展信息交流无障碍。要求各市县主要公共服务机构网站达到无障碍网站建设标准，图书和声像资源数字化建设实现信息无障碍，公共图书馆开设视障阅览室，影像制品加配字幕，并鼓励发展盲人影视作品等
	《残疾人文化体育工作"十三五"实施方案》	2016年	要求省市级公共图书馆以及有能力的县级公共图书馆全部建立盲人图书室，配备盲文图书及有关阅读设备，做好盲人阅读服务；对残疾人文化服务具体发展规划的制定以及任务目标、具体措施、职责分工和实施步骤等进行了详细规定，以此推进残疾人文化服务工作的真正落实
地方性法规	各省（自治区、市）《图书馆工作条例》[15]	1982年12月	国家文化部颁布，推动了省、市、县图书馆管理办法/条例的制定，为残疾人服务相关条款的制定提供了基础
	各省《残疾人保障条例》	2010年始	对残疾人无障碍阅读服务做出了具体规定
	各省《人民代表大会常务委员会关于促进全民阅读的决定》	2014年始	条例遵照"全民阅读"的理念实质，重视残疾人阅读权利的保障
	各省、市、县《关于加强残疾人文化建设的意见》	2012年始	明确残疾人文化建设的总体要求和目标任务：保障残疾人平等参与公共文化生活，丰富残疾人精神文化生活，充分保障残疾人文化权益，为残疾人提供基本、均等的文化服务

《中华人民共和国宪法》是中华人民共和国的根本大法,具有最高的法律效力,也是我国人民意志的最集中体现。自1954年在第一届全国人民代表大会第一次会议上通过后,《宪法》经过了1975年、1978年和1982年的修订,日趋完善。《宪法》从保障基本人权的角度,明确了残疾人在各方面享有与健全人同等的权利,为我国其他有关残疾人法律法规的制定奠定了政策性基础。

　　在行政法规中,《中华人民共和国残疾人保障法》第一次从国家层面上系统地保障了残疾人在社会生活的各方面权利,该法明确提出了支持盲人、聋人读物的编写与出版,从而将残疾人的阅读文化需求纳入图书馆常规服务工作中。《残疾人教育条例》充分保障了残疾人受教育的权利,为我国残疾人入校接受教育、提高文化水平提供了基本的法律保障,从而使社会对残疾人提高文化知识的思想观念发生了根本性改变。《中国残疾人事业"九五"计划纲要(1996—2000年)》明确提出残疾人在文化生活方面的任务目标,为我国图书馆进行残疾人无障碍阅读服务提供了政策依据和指导方向。《国家"十一五"时期文化发展规划纲要》第一次从文化服务发展的视角,为残疾人的文化权利提供了制度性保障。《无障碍建设"十一五"实施方案》的发布,推进和完善了无障碍建设相关规范、标准,促进了各省、自治区、直辖市关于地区性《无障碍建设"十一五"实施方案》的制定。《信息网络传播权保护条例》中关于数字作品可以规避技术措施的条款为盲人网络信息阅读提供了政策保障。《无障碍环境建设条例》对无障碍设施设备进行规定,推进了残疾人信息交流的无障碍。《"十三五"推进基本公共服务均等化规划》从"文化助残"的角度,制定了残疾人阅读服务相关的法规文件,推动了公共图书馆盲文图书馆、盲文图书室的建设,确保了各级公共图书馆、乡(镇、街道)、村(社区)残疾人阅读文化服务的顺利开展,促进了残疾人整体文化素质的提升。

　　根据《2018年残疾人事业发展统计公报》,全国共出台了475个省、地市、县级无障碍环境建设与管理法规、政府令和规范性文件。据统计,2018年我国制定或修改保障残疾人权益的省级规范性文件19个,地市级61个,县级148个;制定或修改省级关于残疾人的专门法规、规章15个,地市级9个。在这些地方性法规中,比较有影响的如下:

（一）《省(自治区、市)图书馆工作条例》

　　1982年12月国家文化部颁布了《省(自治区、市)图书馆工作条例》,之后,许多省、自治区、直辖市相继制定了省、市、县图书馆管理办法/条例,用以指导省、市、县图书馆的工作。其中一部分条例超越《省(自治区、市)图书馆工作条例》的内容要求,增加了关于为残疾人提供服务的条款,例如:《湖北省公共图书馆条例》(2001年10月)第六条规定"应当向老、弱、病、残的读者提供方便"[16];《河南省公共图书馆管理办法》(2002年7月)提出"公共图书馆对图书、报刊借阅实行免费服务,优先照顾未成年人、老年人和残疾人"[17];《〈北京市图书馆条例〉实施办法》(2003年5月)第二十五条中要求"公共图书馆应当建设无障碍设施,为残疾人提供方便。有条件的图书馆应当开设残疾人阅览室。公共图书馆应当免费为残疾人办理借书证、阅览证"[18];《浙江省公共图书馆管理办法》(2003年10月)要求"公共图书馆应当为残疾人设置无障碍通道,并根据条件设置残疾人阅览室或者阅览专座"[19];《山东省公共图书馆管理办法》(2009年6月)规定"公共图书馆应当建立健全服务制度,完善服务条件,并为少年儿童、老年人、残疾人提供便利"[20];《江苏省公共图书馆管理办法》(2009年7月)要求公共图书馆"设计无障碍通道,满足各类读者需求"[21],公共图书馆的建设应当符合《公共图书馆建设标准》(建标108—2008)等。这些残疾人阅读权利条款虽然没有详细的措施,但至少推动了图书馆残疾人服务的发展,表明了我国地方图书馆残疾人服务意识的增强。

(二)各省制定的《残疾人保障条例》

各省制定的《残疾人保障条例》中,有部分条例对残疾人无障碍阅读服务做出了明确规定。例如:《山西省残疾人保障条例》(2010年7月)第三十条要求各级人民政府和社会采取措施"组织和扶持盲文读物、盲人有声读物和其他残疾人读物的编写和出版""县级以上公共图书馆根据盲人的实际需要设立盲文读物及盲人有声读物图书室"[22]。《黑龙江省残疾人保障条例》(2011年8月)规定"市(地)人民政府(行署)应当至少在一所公共图书馆建立盲人读书室,提供有声读物和盲文版书籍""残疾人持残疾人证可以在政府举办的图书馆免费办理借书、阅览等有关证件",《黑龙江省残疾人保障条例》还提出无障碍环境建设的要求,规定配套建设无障碍设施并按照标准设置国际通用的无障碍标志,并与建设项目周边已有的无障碍设施相衔接等[23]。《青海省残疾人保障条例》(2011年9月)明确提出"县级以上公共图书馆应当设立盲人图书室,提供有声读物和盲文版书籍"的要求[24]。《安徽省残疾人保障条例》(2011年12月)规定

"各级公共图书馆应当设立盲人阅览室或者阅览区域,配置盲文图书以及有关阅读设备,为盲人提供方便"[25]。《甘肃省残疾人保障条例》(2012年3月)要求"省、市(州)、县(市、区)图书馆应当开设盲文和盲人有声读物图书室。邮政部门应当免费邮寄盲人读物邮件"[26]。《江苏省残疾人保障条例》(2012年11月)规定"公共图书馆应当建立盲人图书室,配置盲文版书籍和有声读物及阅读设备。乡镇农家书屋应当为残疾人阅读提供便利,有条件的应当开设残疾人图书阅览室"[27]。《吉林省残疾人保障条例》(2013年5月)中涉及残疾人无障碍阅读服务的条款较完备,包括了物理环境无障碍和信息交流无障碍。《吉林省残疾人保障条例》要求"公共图书馆应当建立盲人图书室,提供有声读物和盲文版书籍""盲人读物邮件在邮政企业免费寄递",同时,《吉林省残疾人保障条例》向各级人民政府和社会有关单位提出"应当采取措施,逐步完善无障碍设施,推进信息交流无障碍,为残疾人平等参与社会生活创造无障碍环境"的要求,内容具体到"设有无障碍设施或者提供无障碍服务的公共场所,应当设置符合国家标准的无障碍标识""县级以上人民政府应当将无障碍信息交流纳入信息化建设规划,执行无障碍信息交流标准,加强对无障碍信息交流技术、产品、服务开发应用的引导和管理"等。此外,《吉林省残疾人保障条例》还对公共服务机构和公共场所提出了"应当为残疾人的信息交流提供语音和文字提示、手语、盲文等辅助性服务"的规定[28]。《沈阳市残疾人保障条例》(2013年8月)对盲人阅读给予了高度重视,提出市和区、县(市)公共图书馆应当建立盲人有声读物阅览室,并根据盲人的实际需求逐年增加盲文读物和有声读物的种类和数量[29]。《江西省残疾人保障条例》(2013年9月)规定对盲人读物邮件进行免费寄递,要求各级人民政府应当对无障碍环境建设进行统筹规划和管理,鼓励和支持无障碍技术产品的研发、推广和应用。县级以上人民政府要积极推进残疾人信息交流无障碍建设[30]。公共服务机构和公共场所应为残疾人提供语音和文字提示、手语、盲文等信息交流服务。对于省、设区的市公共图书馆和其他有条件的公共图书馆,应开设盲人阅览室,提供盲文读物、有声读物。《贵州省残疾人保障条例》(2014年5月)中也提出,公共图书馆应创造条件建立盲文及盲人有声读物阅览室,为盲人读者提供有声读物和盲文书籍[31]。

(三)《关于促进全民阅读的决定》

我国各省、自治区、直辖市根据《中华人民共和国公共文化服务保障法》《关于加快构建现代公共文化服务体系的意见》等有关文件精神,结合各自实际情况,制定颁布了《关于促进全民阅读的决定》,遵照"全民阅读"的理念实质,重视残疾人阅读权利的保障。例如,在《四川省人民代表大会常务委员会关于促进全民阅读的决定》(2016年3月)、《河南省人民代表大会常务委员会关于促进全民阅读的决定》(2019年3月)中,要求地方各级人民政府有关部门和有关社会服务机构为残疾人开展阅读关爱服务,为残疾人阅读提供便利。在《江苏省人民代表大会常务委员会关于促进全民阅读的决定》(2014年11月)、《黑龙江省人民代表大会常务委员会关于促进全民阅读的决定》(2017年4月)中,要求公共图书馆等公共服务机构和场所应当为有视觉障碍的残疾人阅读提供特殊阅读资源、辅助设施与服务等必要的条件和设施[32-33]。

(四)《关于加强残疾人文化建设的意见》

为贯彻落实《关于加强残疾人文化建设的意见》精神,各省、市、县制定了《关于加强残疾人文化建设的意见》,文件明确了残疾人文化建设的总体要求和目标任务:保障残疾人平等参与公共文化生活,丰富残疾人精神文化生活,充分保障残疾人文化权益,为残疾人提供基本、均等的文化服务。提出各级公共图书馆建立盲人阅览室,配置盲文读物及相关设备;支持乡镇(街道)、村(社区)文化站和图书室设立残疾人阅读专柜(角),丰富适合残疾人阅读的各类书籍和音像制品,促进信息交流无障碍;加强加快文化体育场馆设施无障碍环境建设等。

二、图书馆行业无障碍服务规范

图书馆行业服务规范是指对图书馆服务的内容、质量、指标等进行约定的规范,用以约束、指导、规范图书馆行业的服务工作。残疾人作为特殊的读者群体,有着急切改变生活现状的心理诉求,这种诉求的根源在于残疾人较低的文化水平所导致的生活、就业、社会地位的相对低下,从而促使他们强烈要求得到信息、文化服务的精神内需。图书馆行业残疾人相关服务规范的制定为残疾人争取到了与健全人同等的信息文化获取途径,以此保障残疾人无障碍阅读的权利,见表3-2。

表 3-2　图书馆行业无障碍服务规范

行业规范	时间	制定部门	内容
《图书馆服务宣言》[34]	2008年2月15日	图书馆学会	确立图书馆对社会普遍开放、平等服务、以人为本的基本原则,明确图书馆的目标是"向读者提供平等服务""各级种类图书馆共同构成图书馆体系,保障全体社会成员普遍均等地享有图书馆服务""图书馆致力于消除弱势群体利用图书馆的困难,为全体读者提供人性化、便利化的服务"
《公共图书馆建设标准》[35]	2008年11月1日	文化部	第二十七条明确规定"公共图书馆的无障碍设计应符合《城市道路和建筑物无障碍设计规范》(JGJ 50—2001)的规定";要求大中型公共图书馆应设立视障阅览室,并且规定视障阅览室的阅览座位使用面积为 4 m²/座
《公共图书馆服务规范》[36]	2011年12月30日	文化部	强调服务规划应体现出公益性、基本性、均等性和便利性原则,努力满足残疾人等特殊群体的特殊需求;在馆舍建筑指标要求、建筑功能布局、服务宣传、无障碍标识等方面都充分考虑到残疾人的特殊需求
《信息与文献图书馆绩效指标》[37]	2012年12月31日	国家质量监督检验检疫总局、国家标准化管理委员会	此标准将图书馆残疾人服务置于图书馆绩效指标的考核内容之中,为残疾人阅读服务的完善提供了可参照的标准
《中华人民共和国文化行业标准:公共图书馆评估指标》[38-39]	2015年1月9日;2018年4月修订	文化部	对区域内公共图书馆(室)举办活动中面向各类特殊人群的活动比例进行了规定。在省、市、县级公共图书馆评估指标中,首先对特殊群体服务进行了概念性界定,指出图书馆应为由于各种原因在获取和利用文献信息资源方面存在特殊困难的人群提供有针对性的服务,并要求重点考查图书馆为残疾人提供服务的服务保障以及服务效果。其中,服务保障包括服务制度、服务经费、服务设施、服务岗位、服务人员等,服务效果包括馆内服务和馆外服务情况,开展活动的场次、人次,以及活动产生的影响。强调针对残疾人的服务制度、服务保障和服务情况等必须提供相应的材料,尤其要提供评估期每年的活动清单和每次活动材料

(续表)

行业规范	时间	制定部门	内容
《"十三五"时期全国公共图书馆事业发展规划》[40]	2017年7月7日	文化部	将"提高服务效能,推进公共图书馆服务均等化建设"作为重点任务,要求公共图书馆加强特殊群体服务,加强残疾人等特殊群体适用资源建设和设施配备,有针对性地开展无障碍新技术应用培训、阅读辅导、送书上门、网络服务等
《中华人民共和国公共图书馆法》[41]	2017年11月4日	文化部	该法是我国为保障人民的公共阅读权利而制定的第一部图书馆专门法。第三十四条对公共图书馆残疾人服务做出重点规定,要求政府设立的公共图书馆应当考虑残疾人的特点,积极创造条件为他们提供所需的文献信息、无障碍设施设备和服务等;第三十六条对"全民阅读"进行了具体要求,指出公共图书馆应当通过开展阅读指导、读书交流、演讲诵读、图书共享等活动促进全民阅读的推广;第四十八条为公共图书馆与学校图书馆、科研机构图书馆以及其他类型图书馆的相互交流与合作提供了政策支持,为集中资源优势进行残疾人阅读创造了资源条件
《图书馆视障人士服务规范》[42]	2018年9月17日	中国盲文图书馆	我国首个图书馆残疾人标准化服务的规范性文件。规定了各省、地(市)、县(区)级公共图书馆(含少年儿童图书馆)、残疾人联合会、盲人教育机构和其他社会组织等视障人士服务的术语和定义、总则、服务对象、服务资源、服务内容与形式、服务要求、服务宣传、服务监督与评价

三、残疾人阅读服务相关标准规范

与残疾人相关的标准规范,是指面向残疾人制定的、社会各界均应遵循或参考的标准规范,因此也可称为通用型规范,它主要包括环境无障碍、设施无障碍以及信息无障碍等方面的规范。

(一)《信息无障碍系列标准》

2006年4月,原信息产业部通过中国通信标准化协会下达了行标制定任

务,之后,工业和信息化部发布并实施了"服务于身体机能差异人群的信息无障碍"系列标准。具体有以下标准:

1.《信息无障碍 身体机能差异人群 网站设计无障碍技术要求》(YD/T 1761—2008)

2008年3月13日,工业和信息化部发布了此项信息无障碍标准,并于2008年7月1日实施。这是我国第一个网站无障碍标准。该标准规定了无障碍网页设计技术要求,包括网页内容的可感知、接口组件的可操作、内容和控制的可理解、内容对现有和未来可能出现的技术的支持能力等内容,从而使受生理条件限制的残疾人在任何情况下都能平等地、方便地、无障碍地获取和利用信息。

2.《网站设计无障碍技术要求》(YD/T 1761—2012)

2012年12月28日,工业和信息化部又发布了《网站设计无障碍技术要求》(YD/T 1761—2012)行业标准,于2013年3月1日实施。该标准通过对无障碍技术要求的修改完善,替代了《信息无障碍 身体机能差异人群 网站设计无障碍技术要求》(YD/T 1761—2008),增加了可感知性原则、可操作性原则、可理解性原则、兼容性原则等相关内容,并对非文本内容、有关键盘操作、非文本链接、有关非文本控件等内容进行了修改完善,从而进一步提高了残疾人的无障碍信息获取和利用。

3.《信息无障碍 身体机能差异人群 网站设计无障碍评级测试方法》(YD/T 1822—2008)

该标准于2008年7月28日发布,2008年11月1日实施。标准主要对无障碍网站的评级测试方法进行了科学化规定。

4.《信息无障碍 用于身体机能差异人群的通信终端设备设计导则》(YD/T 2065—2009)

该标准于2009年12月11日发布,2010年1月1日实施。标准根据身体机能障碍、感官感知障碍、认知障碍、沟通障碍以及混合型障碍人群的表现情况,设计出支持信息无障碍设备的总体设计原则。

5.《信息无障碍 呼叫中心服务系统技术要求》

该标准规定了呼叫中心信息无障碍服务的技术要求,包括无障碍呼叫服务平台的构成、参考模型、服务类型,以及无障碍呼叫中心的服务流程、安全性要求等。

6.《信息无障碍 语音上网技术要求》

该标准规定了利用语音方式访问互联网的技术要求,包括语音上网服务系统的结构、设备功能、语音标记语言的格式、语音系统的信息交互格式以及语音服务系统的安全性等。

7.《信息无障碍 公众场所内听力障碍人群辅助系统技术要求》(YD/T 2099—2010)

该标准于 2010 年 12 月 29 日发布,2011 年 1 月 1 日实施。标准对公共场所听力障碍人群的信息无障碍辅助系统技术提出了要求,以便听障者能够在公共场所无障碍地交流和获取信息。

8.《信息无障碍 术语、符号和命令》(YD/T 2313—2011)

该标准于 2011 年 6 月 1 日发布与实施。标准规范了信息无障碍中的术语、符号和命令,对公共场所和公共服务的信息无障碍设计及其评估具有指导作用。

(二)《标志用公共信息图形符号 第 9 部分:无障碍设施符号》(GB/T 10001.9—2008)

2008 年 7 月 16 日,国家质检总局、国家标准化管理委员会发布了《标志用公共信息图形符号 第 9 部分:无障碍设施符号》(GB/T 10001.9—2008),于 2009 年 1 月 1 日实施。该标准规定了供残疾人、老年人、伤病人及其他有特殊需求的人群使用的无障碍设施的标志用公共信息图形符号,从而规范了无障碍设施符号的统一使用。

(三)《无障碍设计规范》

2012 年 3 月 30 日,国家住房和城乡建设部、中华人民共和国国家质量监督检验检疫总局联合发布了《无障碍设计规范》(GB 50763—2012),并于 2012 年 9 月 1 日实施。此前,我国已发布的相关标准有:1989 年 4 月 1 日实施的《方便残疾人使用的城市道路和建筑物设计规范》(JGJ 50—1988)、2001 年 8 月 1 日施行的《城市道路和建筑物无障碍设计规范》(JGJ 50—2001)。为进一步建立、健全有关无障碍建设的标准和规范,国家在前两个规范的基础上进行了修订完善。

《无障碍设计规范》提出了无障碍设施的设计要求,对缘石坡道、盲道、无障碍出入口、轮椅坡道、无障碍通道和门、无障碍楼梯和台阶、无障碍电梯和升降平台、扶手、无障碍厕所、轮椅席位、无障碍机动车停车位、低位服务设施、无障碍标识系统、信息无障碍等都进行了详细规定。同时,该规范对图书馆馆舍改建提出了增加无障碍设计的要求。例如:图书馆应安装有探测仪的出入口设计可让轮椅通过;图书馆应设置低位目录检索台供轮椅者检索信息;在图书馆入口、服务台、楼梯间、电梯入口、盲人图书室前应设置行进盲道和提示盲道;提供语音导览机、助听器等信息服务设备;等等。

(四)《网页内容可访问性指南》(GB/T 29799—2013)

2013年11月12日,工信部《网页内容可访问性指南》(GB/T 29799—2013)发布,并于2014年5月1日实施。该标准主要规范了对身体机能障碍人群使用的信息系统的信息无障碍相关技术指标。尤其对网页的内容设计要求作了具体的描述和规定,包括网页内容、前景后景区分、色彩、置标语言、排版、兼容性、人机界面、设备无关性等14个部分的访问性技术指标。标准的建立有助于残疾人无障碍获取网络信息资源,实现信息获取与交流的无障碍。

(五)《信息技术 包括老年人和残疾人的所有用户可访问的图标和符号设计指南》

2018年6月7日,国家市场监督管理总局、国家标准化管理委员会发布《信息技术 包括老年人和残疾人的所有用户可访问的图标和符号设计指南》(GB/Z 36471—2018),于2019年1月1日实施。该标准是中国国家标准化指导性技术文件,通过提出有关图标的设计建议,有助于满足残疾人等特殊群体的需要,为他们提供更好的更优质的可访问性。

(六)《web信息无障碍通用设计规范》

中国互联网协会组织制定的《web信息无障碍通用设计规范》于2018年8月1日通过评审立项。该规范在参考万维网联盟(W3C)制定的WCAG 2.0和我国《网站设计无障碍技术要求》(YD/T 1761—2012)等相关规范的基础上,将web相关的新技术纳入通用设计规范,并把语音识别和大数据服务等人工智能技术融入通用设计规范。规范对web信息的感知性、操作性、理解性和健壮性等提出新的要求,以此提升网站服务效能,改善网络服务环境,便于为身体机能缺失或文化认知有障碍的特殊人群提供与健全人同等的信息服务。

在越来越国际化、全球化的当今世界，各种国际组织在国际社会中发挥着日益重要的作用，残疾人相关国际规范的制定以及国际组织开展的交流、协调、合作等，推动了世界各国在残疾人权利领域的发展，我国制定的一系列残疾人相关法律规范正是在相关国际规范的影响下得到了进一步的完善。例如，2008年中国图书馆学会发布了《图书馆服务宣言》（简称《宣言》），这是在遵循国际图书馆组织几部重要宣言基本理念的基础上制定的。《宣言》将"对全社会开放，承担实现和保障公民基本文化权利、缩小社会信息鸿沟的使命"作为责任目标，并具体阐述了"对全社会开放""维护读者权利""平等服务""人文关怀"等服务原则。其精髓正是联合国制定的《世界人权宣言》《公共图书馆宣言》《残疾人权利宣言》《公共图书馆宣言》《联合国残疾人机会均等标准规则》等思想精神的重要体现。2018年我国发布的《图书馆视障人士服务规范》，是在参考国际及世界其他国家相关规范，如《国际图书馆协会和机构联合会盲文读者服务指南》《俄罗斯的联邦主体盲人图书馆工作规范》《美国国会图书馆盲人及其他残疾人士服务规范及指南（修订版）》《公共图书馆服务规范》等法规的基础上，依据全国公共图书馆视障文化服务现状及中国盲文图书馆的视障文化服务经验，确定了规范的主要内容，进行起草编制。此外，我国陆续发布了一系列关于物理无障碍和信息无障碍的标准规范，包括计算机网页的可访问性，信息无障碍中的术语、符号和命令，网页设计技术要求，网站评级测试、利用语音方式访问互联网的技术要求，以及无障碍环境建设等规定要求等，基本都借鉴了国际标准化组织、万维网联盟等国际组织所制定的法律法规和标准，例如《房屋建筑建筑物中残疾人的需要设计指南》《信息技术.用户界面.简易操作设置用易访问用户界面》《信息技术 影像和被所有用户（包括年长者和残疾人）认可的符号设计指南》《Web内容无障碍指南2.0》等，正是在这些国际标准和指南的框架指引下，制定了我国的相关规范和标准。与图书馆相关的、具有国际效力的国际条约、宣言、标准等，既是中国制定国内图书馆专门法的重要参照，同时也是中国图书馆事业以开放的姿态走向世界的重要体现。

第二节 理论研究

我国图书馆残疾人无障碍阅读服务研究开始于20世纪80年代,其研究的历史进程随着国内外环境的影响呈现出一定的阶段性特点。

一、国外先进经验的引进与吸收(20世纪70年代)

自近代图书馆出现以来,关于图书馆服务的研究便开始产生。当时一部分留学归来的图书馆学家学习到西方图书馆先进的服务经验,在其撰写的理论著作中已隐约可见"平等服务"的思想。例如,刘国钧在1934年出版的《图书馆学要旨》(1949年再版)中对图书馆下了如下定义:图书馆"是以搜罗人类一切思想与话之记载为目的,用最科学最经济的方法保存它们,整理它们,以便利社会上一切人使用的机关"。刘国钧将图书馆"均等服务"的理念浇筑于这部图书馆学基础理论研究作品中,虽未引起图书馆界对"残疾人服务"研究的关注与讨论,但它毕竟诠释了图书馆平等共享服务的社会定位。

20世纪70年代末,中国图书馆学界在改革开放和思想解放的浪潮中迎来了图书馆理论研究发展的机遇,一部分图书馆学者在吸收、引进国外图书馆先进服务经验的同时,开始关注国外图书馆为残疾人服务的情况,并将这些经验成果介绍到国内,引起了图书馆学界在读者服务领域的思考。1983年,胡华山编译了《日本图书馆是怎样为残疾者服务的》,介绍日本图书馆为视觉残疾者、肢体残疾者、听觉残疾者等提供的服务项目,包括无障碍服务设施、外借以及阅读等服务[43]。1986年,吴建中在《美国图书馆事业印象记》中对美国"残疾者图书馆"的服务情况进行了专门介绍[44]。1987年,崔维杰在其发表的《公共图书馆应为残疾人服务》中,借鉴美国图书馆残疾人服务的经验,提出了我国公共图书馆应为残疾人服务的建议[45]。

这一时期,我国图书馆残疾人服务研究主要以介绍国外图书馆残疾人服务情况为主,文献数量相对较少,但为以后的图书馆残疾人无障碍阅读服务理论研究奠定了基础。

二、图书馆残疾人服务思想的本土化(20世纪90年代)

1990年《中华人民共和国残疾人保障法》的颁布,为我国图书馆残疾人服务的发展提供了政策保障。政府对残疾人服务事业的重视以及"平等、无障碍"等服务理念的日益深入人心,使得图书馆残疾人服务进入实质性发展时期,相应的理论研究也开始深入。1995年,联合国教科文组织将每年的4月23日定为"世界读书日",提出"让世界每一个角落的每一个人都能读到书"。1994年《联合国教科文组织公共图书馆宣言》宣告"每一个人都有平等享受公共图书馆服务的权利"。在社会关注残疾人的大环境下,图书馆开始学习西方的服务方式,一些公共图书馆尝试进行残疾人服务,彼时图书馆残疾人阅读服务研究也有了一定的进展,主要体现在以下几个方面:

(一)引介国外图书馆残疾人服务

林雅平、邱俊菊介绍了美国图书馆残疾人服务概况、图书情报数据库的建设情况[46-47];董光荣、孙慧娥介绍了日本图书馆的残疾人服务、设施设备、藏书体系等[48-49];熊静介绍了加拿大图书馆如何为残疾人服务的情况[50]。相比20世纪80年代,对国外图书馆服务的介绍增加了文献资源体系化和数据库建设等内容。

(二)国内图书馆残疾人服务介绍与构想

随着我国图书馆残疾人服务的增多,更多的图书馆界学者开始关注并介绍与之相关的内容,并形成了自己对于图书馆残疾人服务的理念与构思。蒋波分别针对视力障碍者、聋哑读者、肢体不自由者的不同情况进行服务内容与方法的设计[51];王波首次提出了图书馆无障碍设计理念,认为图书馆无障碍设计应在大中型公共图书馆中广泛实行[52];缪园等分析了图书馆为残疾人提供服务的必要性,并强调残疾人图书馆管理和组织架构的重要性[53];徐佩芳从广泛宣传、建制、宏观管理、配套措施等方面分析如何发展我国的盲人图书馆事业[54];刘日升等认为残疾人服务需要改变和统一服务观念,注重权利保障,并主张从服务的设施设备建设、文献资料的收集与制作等方面开展[55];胡叙良指出无障碍设计、专门服务人员的重要性,并建议残疾人服务理论研究的开展应多角度多方位进行[56];童书凯建议图书馆与残联、残疾学校和社会志愿组织等联合开展活动,并提出通过开办弱智者馆室来提高弱智者的智力水平[57];许敏华首次提出用DAISY的专用放音机(数字式读书机)替代现用录音图书(磁带)的优势[58];杜同书、王妍、黄毅等提出了建设中国盲人图书馆、残疾人图书馆的建议[59-61]。

(三)"平等理念"在图书馆精神碰撞中的体现

市场经济思潮的到来冲击了图书馆的普遍服务理念,使得我国原本还不稳固的"平等、自由、民主、公平、包容"的现代图书馆理念受到了一定的冲击。在此背景下,一部分图书馆学者发表了关于"图书馆精神"实质的论述,由此掀起了一场关于"图书馆精神"的大讨论。刘洪波在《现代图书馆的精神内涵》中指出"平等和友善"是图书馆精神核心思想,认为现代图书馆应给予一切人平等的服务。程焕文在论文《图书馆人与图书馆精神》中,总结了图书馆精神的要素之一——"爱人",并且批评了"残疾人服务异常欠缺"等违背现代图书馆精神的做法。

这一时期,我国图书馆残疾人无障碍阅读服务研究多以学习国外经验、尝试本国残疾人服务开创为主。关于图书馆精神实质的讨论与思想碰撞中只涉及平等服务思想,未有明确的残疾人服务理念的论述与思考。总体来说,研究内容已初步涉及关于残疾人无障碍环境、无障碍资源以及无障碍阅读活动等内容的论述,但还缺乏系统性、全面性。

三、图书馆残疾人阅读服务理念的深化(21世纪初至今)

21世纪初,联合国大会通过了《残疾人权利公约》,我国也制定了一系列有关残疾人权利保障的政策法规,例如《城市道路和建筑物无障碍设计规范》《无障碍建设"十一五"实施方案》《中共中央、国务院关于促进残疾人事业发展的意见》《中华人民共和国残疾人保障法》等。同时,我国在全社会积极倡导"全民阅读",2006年,我国中宣部联合多部门发出《关于开展全民阅读活动的倡议书》,倡导全国各地区各部门各团体积极开展全民阅读活动,让"全民人人有书读,家家有书香";2008年,《图书馆服务宣言》向社会宣示了现代图书馆理念的核心观点,表达了图书馆普遍开放、平等服务、消弭数字鸿沟的理念;2014年,"倡导全民阅读"首次被写入我国《政府工作报告》,并提出"促进基本公共文化服务标准化均等化",之后的6年,"全民阅读"连续被写入《政府工作报告》;2016年"全民阅读"成为"十三五"时期文化重大工程之一,被提升到了国家战略高度。这些政策与行动为残疾人实现无障碍阅读创造了舆论与政治环境。随着国家对残疾人生存境遇的关注和各种政策的出台,我国图书馆界掀起了对残疾人服务研究的热潮,具体研究方向有以下几个方面:

(一)图书馆残疾人无障碍阅读服务政策保障研究

我国的图书馆残疾人无障碍阅读服务政策保障研究主要是在借鉴吸收国外图书馆先进经验基础上开展,通过分析发达国家图书馆残疾人阅读服务的政策法规,为我国现有图书馆残疾人无障碍阅读服务制度的完善与健全提供参考与借鉴。张玫、刘玮等以美国图书馆残疾人服务政策为参照物,提出了图书馆残疾人服务制度规范建设的建议[62-63]。2013年6月,世界知识产权组织(WIPO)通过的《马拉喀什条约》为方便视力障碍者获取作品提供了国际法依据,我国学者曹阳、蔡琬琰、杨朝晖、徐轩等以《马拉喀什条约》为契机,论述了图书馆视障读者服务应采取的相关服务措施以及相关政策的修改与完善[64-67]。孙祯祥、肖冬梅等在分析国外相关制度的基础上,对我国现行相关制度建设提出了健全残疾人阅读服务政策等建议[68-69]。赵媛等基于我国信息无障碍建设相关法律法规存在的问题及其原因,提出了完善现有法律法规和制定缺失法律法规等内容的系统性方案[70]。

关于图书馆残疾人无障碍阅读服务的政策研究体现出两个特点:一是大部分研究基于一个点进行深入研究,如果能进行纵横联系,形成系统的研究网络将更有利于服务的运行。二是视障读者相关的政策研究较为丰富,但不同的残疾读者阅读需求差异较大,研究还需对其他残疾群体服务政策进行进一步深化。

(二)图书馆残疾人无障碍阅读服务研究

图书馆残疾人无障碍阅读服务,指的是从提供服务的图书馆角度,探索图书馆如何利用现有条件或者创造条件为残疾人提供无障碍阅读的服务。这里的服务包括了残疾人阅读所需的无障碍服务环境、服务模式、服务内容、服务评估等。

1. 无障碍阅读服务环境

图书馆残疾人无障碍服务环境包括物理环境和信息交流环境。无障碍物理环境主要指的是图书馆为残疾人进馆阅读配备的无障碍设施以及阅读辅助设备。早在2007年,蔺梦华就对我国公共图书馆残疾人服务现状进行了较为详细的概述,指出公共图书馆为残疾人等弱势群体服务需要对建筑设施、辅助技术的应用等做实际、详明的研究[71]。吴昌合和曹雪、邱奉和王子舟从肢体残疾读者的角度分析了图书馆在提供无障碍服务时的馆内布局设施,包括"到达图书馆""走向图书馆""进入图书馆"以及"利用图书馆"等各个环节的无障碍[72-73]。王素芳通过调查,指出残疾人专门阅览空间建设的规范化是图书馆残疾人无障碍服务的关键因素的结论[74]。

图书馆无障碍物理环境为残疾人阅读提供了便利的基础条件,但图书馆残疾人无障碍阅读服务的真正实现还需要提供无障碍的信息与交流环境。从严格意义上理解,这里的信息与交流环境关乎无障碍服务设施设备和服务资源、服务人员、社会合作等相关内容。

(1) 无障碍信息技术

21世纪信息技术的迅猛发展改变了人们信息获取的方式,也带来了图书馆服务模式的根本变化,体现在图书馆残疾人服务工作上便是信息无障碍服务的发展。关于信息无障碍,中国互联网协会将其定义为"任何人(无论是健全人还是残疾人,无论是年轻人还是老年人)在任何情况下都能平等地、方便地、无障碍地获取信息、利用信息"。在发达国家,信息无障碍自20世纪90年代开始就引起了人们的关注。2002年,联合国通过的《琵琶湖千年行动纲要》要求"优先推进信息无障碍建设,利用现代通信技术解决残疾人困难",中国政府高度重视并积极响应此号召,开始了信息无障碍的研究与建设。在图书馆界,王世伟首先强调了构建信息无障碍的图书馆服务理念和体系是缩小且消除信息鸿沟与差距的有效方法[75]。钱国富、陈子健、郭亚军等基于网站无障碍建设,提出了设计图书馆无障碍网站应遵循的原则、标准以及技术要求[76-78]。无障碍信息技术的发展为图书馆残疾人服务方式的多样化提供了技术条件。

(2) 无障碍文献资源

无障碍文献资源主要针对视障读者而言,从传统意义上讲,阅读是指通过视觉从纸本文献资料中获取知识、信息的过程,而对于视障者而言,由于其视功能不同程度的受损,使其无法通过传统的视觉阅读获取信息,只能通过补偿性通道和辅助手段,借助触觉和听觉系统来完成阅读。视障者由于视力受损程度不一,需要不同的感觉系统来获取信息,因此,视障者呈现出视觉阅读、触觉阅读、听觉阅读三种不同的阅读方式。视觉阅读是通过眼睛进行的阅读方式,视障群体中有一部分人的视觉功能没有完全丧失,仍可以通过残存视力进行阅读的低视力群体,他们主要的阅读方式是通过大字版读物进行阅读。触觉阅读主要是视力全盲的读者通过触觉来感知文字信息的一种阅读方式,通常意义上指的是盲文触摸阅读。听觉阅读是通过听觉感知知识信息的一种阅读方式,主要指的是有声读物,适合于所有无听力障碍的视障者。

针对我国盲文、大字本出版物相对匮乏的现状,王林军、袁丽华等提出了图书馆自身创造条件进行盲文文献制作以弥补视障读者阅读资源单一与缺乏的问题[79-80]。针对网络资源分散、利用率不高的情况,李肖、刘磊等提出大力进行数字资源建设并积极推广有声阅读的建议[81-82]。张熹、吴玉玲等强调加强无障碍信息资源共享建设,不同的图书馆包括公共图书馆之间、公共图书馆与高校图书馆之间进行特殊文献资源共享,达到资源互补的目的[83-84]。

(3)专业人员建设

《世界人权宣言》和《残疾人权利公约》要求政府和社会根据残疾人的需要,为他们提供专业化的服务,消除制度结构和态度认识上的各种偏见及歧视,以确保物质环境和非物质环境的无障碍。同时,图书馆服务工作本身就是一项专业性较强的社会职业,工作人员一方面需要了解掌握图书馆工作的规律,另一方面还需要具备一定的专业素养和服务技能。服务专业素养指的是在服务过程中的服务意识、服务技巧以及应付特殊情况的能力;服务技能是在残疾人阅读服务中体现出的专业水平与能力,比如盲用电脑的使用、各种阅读辅助设备的使用、朗读技巧、口述影像技巧、盲文和手语水平等。信息的使用不同于一般物质的使用,赵玲玲认为,信息的使用对使用者的素质和智能条件有很高的要求,也意味着对服务于使用者的馆员提出了更高的专业能力要求[85]。

对专业馆员进行培训是图书馆残疾人无障碍阅读服务科学化的前提。因此,周坚宇、罗杏芬从视障读者服务角度,强调图书馆需要定期对馆员进行专业知识和服务技能培训,建设专业服务团队[86-87]。刘冬梅、袁丽华等从听障读者角度指出专业馆员队伍建设的重要性[88-89],指出要规范馆员服务队伍,需首先建立"馆员专业化服务标准",进行常规化培训与考核。

志愿者服务是图书馆残疾人无障碍阅读服务中必不可少的有益补充,志愿者服务的质量可以影响整个图书馆残疾人服务的效果。为此,图书馆界很多学者以志愿者服务为研究对象,对其服务管理、服务方式、服务培训以及服务评估等进行了深入探索。陈彤从图书馆志愿者工作管理角度,分析了图书馆残疾人服务中的志愿者管理模式,通过招募、管理、培训、激励等系统化管理机制来助推无障碍服务[90]。针对残疾人服务项目单一、同质化问题,谢海华引入志愿者服务机制,以此打造文化助残特色文化品牌[91];蔡灵凤建议图书馆招募志愿者录制有声图书、制作盲文点字书、承担盲文校对工作,开展计算机培训和法律咨询等专业服务[92]。

(4) 社会合作

残疾人是社会大众的一员,其学习与活动离不开社会各界的支持与帮助。残疾人的困难又有别于社会中的健全人,也更甚于其他弱势群体的困难,除政治、经济、环境、资源等条件外,因视力、听力、智力障碍以及行动不便等生理原因增加了残疾人信息获取的困难,从而阻碍了残疾人文化水平的提升,进而影响残疾人自我价值的实现和社会的发展。因此,图书馆残疾人无障碍阅读服务需要建立在一定社会支持环境中才能得以落实。谢俊贵从发展智障儿童教育视角,提出必须建立一种有利于动员各种社会资源、发挥各方面积极性的社会协同体制[93],而其中智障群体教育环节中非常重要的教育资源这一环离不开学校图书馆的支持。林英研究构建了一个集政府部门、图书馆、视障团体及视障者的重要他人等在内的视障阅读社会支持系统[94]。汪东芳等提出联合社会多方力量(相关公益组织、残障组织、志愿者等)形成资源优势互补[95]。袁丽华以高校图书馆视障学生为研究对象,针对目前高校图书馆服务中存在的问题,从制度、环境、资源、情感等方面提出支持服务对策[96]。

2. 图书馆残疾人无障碍阅读服务模式研究

图书馆服务模式的变更是时代变化发展的一个缩影。进入21世纪,人类社会正面临知识经济和信息社会的急剧变革,知识更新和网络时代的一些特征已经深入到人们的社会生活中,使得人们的信息获取方式和阅读方式产生了变化,进而要求图书馆服务模式的变革。为此,刘玮归纳了国内图书馆残疾人服务的发展历程,提出图书馆残疾人服务的四种模式:照顾模式、主动服务模式、权利保障模式和信息服务模式[97]。更多研究者分别从不同的角度对图书馆残疾人无障碍阅读服务模式进行了探讨。金鑫针对城市和乡村图书馆不均等的残疾人服务情况,提出实行"城乡多位一体"的公共文化服务模式,建立城乡图书馆资源共建共享体系[98];罗佳乐探讨了适合西部中小城市公共图书馆无障碍环境营造方面的可行方案,提出了公共图书馆无障碍社区化合办分管体系模式[99];汪璇以上海市松江区图书馆残疾人服务实践为例,提出了区县级公共图书馆需建立文化援助保障制度[100];鄂丽君以高校图书馆服务为视角,考虑到校内读者和校外读者不同的读者群体,提出假日阅读推广、开设阅读相关课程、进行阅读推广制度建设等建议[101];沃淑萍以视障读者为研究对象,提出构建全国盲人公共文化服务网络建设,实施以中国盲文图书馆为龙头,省级、地级、县级公共图书馆为基础的四级服务网络[102];针对特殊儿童在阅读的服务需求、服务类型、服务手段、服务效果评估与其他群体的差异性,万宇和章婕提出了建立包括自闭症儿童在内的特殊儿童"分众阅读"的服务模式,通过进行服务效果评估来提高图书馆无障碍服务的质量[103]。总体而言,我国图书馆残疾人无障碍阅读服务已经从传统型向知识型、从被动型向主动型、从封闭型向开放型、从单一型向多样型、从笼统型向针对型过渡。

3. 图书馆残疾人无障碍阅读服务内容研究

服务内容是图书馆服务工作的重点,在全民服务的大环境下,图书馆突破普通读者服务的局限,以服务大众为宗旨,力图通过分析残疾人的特殊阅读需求,为他们提供所需的信息与知识。对于残疾读者而言,图书馆服务内容具有一定的特殊性,具体体现在服务对象生理特殊性所带来的阅读方式和阅读内容的特殊性上。而图书馆早期在残疾人服务上缺乏一定的服务意识和服务经验,在服务内容上并没有体现与健全读者的差异性,可以说图书馆忽略了残疾人阅读权利的获得。随着平等观念意识的觉醒,国家越来越重视人权,在残疾人权利实现方面出台了一系列相关的法律法规政策文件。在残疾人文化权利方面,图书馆界积极探索,并在对残疾人阅读进行了相关调查研究的基础上,制定了针对性的服务内容方案,以实现残疾人的阅读自由。

我国图书馆为残疾人服务的设想最早可追溯至民国时期。一批接受西方先进思想的图书馆学家如杨昭悊、李小缘、杜定友等都曾提出过建立盲人图书馆、盲人读书部、盲人图书馆服务网络的想法。新中国成立后,图书馆为残疾人的服务从设想变为现实,但主要以特殊照顾成分居多。从党的十八大开始,我国陆续提出"健全残疾人社会保障和服务体系""基本公共服务均等化""坚定文化自信"等国家战略,反映了政府对残疾人阅读文化权益保障的高度重视。在图书馆界,夏凡、宋辰等基于图书馆服务的视角,对服务于残疾人的无障碍内容进行了调查分析,包括服务项目、服务人员、人员培训、环境建设、馆藏资源、无障碍设施设备及技术等[104-105]。随着"平等理念"在图书馆服务中的进一步深化,樊戈等、陆俊、王燕荣等开始从残疾人阅读特征和阅读需求的视角探索图书馆如何选择适合残疾人特殊需要的服务内容和服务方式[106-108]。考虑到社会大环境对图书馆残疾人无障碍服务的引导、保障、推进作用,王素芳在对相关研究考察的基础上指出图书馆残疾人无障碍服务与当时的社会、经济和政治环境密不可分[109];黄佩芳提出要做好图书馆无障碍服务工作必须出台以残疾读者阅读需求为导向的相关服务规范[110];谢强等建议我国应首先研究制定公共图书馆残疾人服务规范为相关工作提供具体指导[111];赵晶强调了在法制保障之下建立图书馆残疾人无障碍物理环境和人文环境的重要性[112]。

总体而言,图书馆在残疾人无障碍阅读服务内容方面,经历了从无到有、从硬件改善到软件跟进、从信息服务到知识服务的一个重要转变。但由于图书馆在残疾人服务时间较短、经验总结不够,依然存在着诸如残疾人阅读需求得不到满足、图书馆无障碍服务不够规范、图书馆残疾人无障碍阅读服务体制不够健全等问题。在服务前期,图书馆更多地从自身角度考虑如何为残疾人服务,其经验主要来自对健全读者的服务以及自我感觉,而当残疾人服务效果并不满意时,部分图书馆人才逐渐意识到需要从根本上转变服务思想,建立以残疾读者为主的服务理念,即服务内容基于残疾人的阅读特点与阅读需求,在对残疾人阅读情况进行调查分析的基础上制定服务策略,确定服务内容,构建服务体系。为此,张冰梅等以重庆地区百名视障读者为调查对象,对视障者的阅读时间、阅读途径和阅读需求进行分析研究,以此探讨公共图书馆改善视障读者信息无障碍服务的策略[113];袁丽华通过对南京无障碍图书馆视障读者阅读服务情况的调查,以读者满意度作为衡量阅读服务质量的重要标准,对视障读者无障碍阅读活动的效果进行了评估研究[114]。这些研究为我们探讨图书馆残疾人无障碍阅读服务的影响因素提供了一定的参考价值。

4. 图书馆残疾人无障碍阅读服务评估研究

从20世纪70年代开始,西方发达国家图书馆界就开始了图书馆服务质量评估的研究与实践。到20世纪90年代中期,图书馆服务质量评估成为欧美国家图书馆界助推服务质量提升的重要手段,图书馆绩效指标国际标准的开发工作得到了国际图书馆界的一致支持。20世纪80年代中国图书馆界开始研究和引进图书馆评估管理,目前我国图书馆界已形成了较完整的服务评估指标体系,有关服务评估的实践与理论研究已较为成熟。然而对于图书馆残疾人无障碍阅读服务评估,相关的理论研究仍处于探索阶段。王素芳通过调研发现,约一半的图书馆在总评估中包括对残疾群体服务的评估,有14%的图书馆单独对残疾群体服务工作进行评估[74];张靖等依据《残障人士使用图书馆一览表》尝试建立公共图书馆残疾用户服务调查评估指标体系[115];张希介绍了广州少年儿童图书馆为智障读者进行的阅读能力评估和阅读效果评估,为图书馆残疾人服务评估提供借鉴[116]。赵英从信息的获取、利用、障碍三个方面入手,以用户因素和社会因素作为测量指标,考察残障人士信息无障碍的程度[117]。总体而言,现有的图书馆残疾人服务评估主要以残疾读者满意度为指标,从残疾读者阅读感受角度对无障碍服务进行评价分析,但相关研究尚处于探索阶段,缺乏系统性研究。

第三节 前期实践

在图书馆阅读服务对象中,残疾人是一个比较特殊的群体,其特殊性在于阅读需求、阅读方式与健全读者有一定的差异性,这种特殊性需要图书馆的服务方式、服务设施及设备具备特殊性。但由于图书馆服务普通公众的思维定式,导致图书馆在残疾人服务中表现出被动服务、主观服务、形式主义的倾向,进而影响了图书馆残疾人无障碍阅读服务的深度与广度。

本书旨在通过对图书馆残疾人无障碍阅读服务现状和残疾人阅读特征与阅读需求的调研,指出图书馆残疾人无障碍阅读服务存在的问题,揭示服务的影响因素,从根本上解决图书馆服务与残疾人阅读需求之间的不平衡,并在此基础上提出图书馆残疾人无障碍阅读服务的未来发展方向。

一、图书馆残疾人无障碍阅读服务现状

(一) 数据来源以及情况说明

本书数据来源于2021年7月的调查,主要以我国有代表性的31所省级公共图书馆(除台湾、香港、澳门)为调查对象,通过网络调查(图书馆网站与微信公众号)、电话咨询、文献调查等调研方法,获取公共图书馆在无障碍阅读服务方面的信息。调研内容主要从无障碍阅览空间建设、特殊文献资料借阅服务以及文化助残服务几个方面展开。

(二) 数据分析

1. 无障碍环境建设

公共图书馆服务的残疾读者主要有肢障、视障、听障,还有少量智力和精神残疾者。残疾人的身体状况在一定程度上限制了他们利用图书馆的自由,为此,图书馆首先需要进行无障碍环境建设,无障碍环境建设包括无障碍物理环境和无障碍信息环境。调查发现(见表3-3),在无障碍物理环境建设方面,87.1%的图书馆设有无障碍独立空间,74.2%的图书馆设有盲道和无障碍电梯,90.3%的图书馆设有无障碍卫生间,48.4%的图书馆设有盲文标识,93.5%的图书馆设有低位借阅台,基本所有的图书馆都设有无障碍坡道和轮椅、盲杖等辅助器具。总体而言,省级图书馆在无障碍物理设施建设上基本都照顾到了残疾人的需求,但部分图书馆存在着一些问题,比如无障碍阅览空间定时开放或预约才开放,盲道只设置在馆外,盲文标识未在馆内全面设置,馆内卫生间未考虑到各种类型残疾人的情况等。

在无障碍信息环境建设方面,90.3%的图书馆为残疾人提供了盲用电脑、盲文点显器等硬件设备,87.1%的图书馆提供了读屏软件、点字转换软件、文本语音转换软件、扩视软件等软件技术,28%的图书馆配备了助视器、智能听书机、盲文打印机、盲文学习机、盲人阅读器等辅助设备,部分图书馆还为盲人提供盲文刻印、扫描服务,以保障残疾读者更好地阅读。

表3-3 省级公共图书馆残疾人无障碍环境建设情况

调查项目		图书馆数量/所	百分比/%
无障碍物理环境	无障碍独立空间	27	87.1
	盲道	23	74.2
	无障碍坡道	31	100
	无障碍电梯	23	74.2
	无障碍卫生间	28	90.3
	盲文标识	15	48.4
	低位借阅台	29	93.5
	轮椅、盲杖等辅助器具	31	100
无障碍信息环境	硬件设备	28	90.3
	软件技术	27	87.1
	辅助设备	28	90.3

2. 无障碍资源建设

无障碍资源指的是盲文书刊、大字本、有声读物以及听书平台。根据调查，共有27所图书馆为视障读者提供纸质特殊文献；有30所图书馆提供磁带、光盘、智能听书机等视听资源；所有的省级图书馆都提供有声听书或视频平台，运用最多的平台主要有云图有声、"知识视界"视频图书馆、新语数字图书馆、懒人听书、博看有声等。总体上，省级图书馆文献资源呈现出以下特点：一是各馆之间纸质文献资源数量和种类差异明显，有的馆只有几种期刊，有的馆则有几千册，且盲文图书、盲文期刊、大字本齐全。二是各馆之间电子资源种类有差别，有的馆只有少数几张磁带或光盘，有的馆拥有磁带、光盘上万张。三是部分图书馆盲文资源更新缓慢，比较老旧，基本属于无法借阅状态。

3. 无障碍阅读服务活动

无障碍阅读服务活动是图书馆实施文化助残活动的重要载体，公共图书馆在无障碍阅读服务上，不能只局限于图书资料的借阅等基础服务，还应加强图书馆的外延服务，即在传统借阅基础上开展的阅读推广活动与数字阅读服务，它是残疾读者提高综合素养、提升文化知识以及融入社会集体的关键。本研究以2020年1月1日至2020年12月31日为调研时间段，对我国省级公共图书馆的文化助残活动现状进行了梳理。

省级图书馆面向残疾人开展的阅读活动主要有文献借阅、无障碍电影播放、送书上门、免费邮寄、志愿者朗读、专题讲座、技术培训等。调查显示(表3-4),开展无障碍电影服务的图书馆占54.8%,其中定期举办的图书馆有山西、内蒙古、上海、浙江、广东、甘肃、黑龙江等7所;提供送书上门服务和免费邮寄服务的图书馆分别为42.5%和16.1%;提供志愿者朗读服务的图书馆占71%,服务对象包括视障者、听障者、肢残者、特殊儿童等;提供专题讲座服务的图书馆占51.6%,讲座内容包括文化、历史、阅读、健康、声乐等;提供手机、电脑、听书机等数字阅读培训服务的图书馆占29%;开展手语培训的图书馆占19.4%,其中辽宁省图书馆常年为听障者开展"手语世界"培训。另外还有16.1%的图书馆为残疾人提供其他职业技术培训,如朗读培训、英语培训、主持培训、美术培训、盲人按摩培训等。

总体而言,省级图书馆残疾人无障碍阅读服务活动较为丰富,其中有11所图书馆开展的活动颇具特色,形成了自己的阅读服务品牌,具体见表3-5。在疫情期间,天津、内蒙古、辽宁、安徽以及广东等图书馆及时开辟了线上服务活动,利用微信公众号、腾讯会议App、网络直播平台等形式定期推送服务内容,确保残疾人能够随时随地地阅读。

表3-4 省级图书馆残疾人无障碍阅读服务活动情况

调查项目	图书馆数量/所	百分比/%
盲文资源借阅	27	87.1
有声读物借阅	30	96.8
听书/视频平台	31	100
无障碍电影	17	54.8
送书上门	24	42.5
免费邮寄	5	16.1
志愿者朗读服务	22	71.0
专题讲座	16	51.6
数字阅读培训	9	29.0
手语培训	6	19.4
其他培训	5	16.1

表3-5 省级图书馆残疾人无障碍阅读活动品牌

图书馆	品牌项目
首都图书馆	"心阅书香"志愿服务项目:"心阅影院""心阅美文""心阅随身听"
天津市图书馆	"牵手残疾人,走进图书馆"活动
内蒙古图书馆	"心之光——视障读者无障碍服务""心之语——听障读者无障碍服务""心之声——残障读者有声服务""心之路——阅读推广服务"
辽宁图书馆	"手语世界";"对面朗读"社会实践课程
吉林省图书馆	"诺亚方舟"系列活动:赠书、体验、朗读
浙江省图书馆	视障"心阅"读书会;口述影像;无障碍电影
安徽省图书馆	"残障人士读书文化日活动":专题讲座、送书上门、培训等
山东省图书馆	"阅读点亮心灯"——弱视弱听群体阅读提升项目;读书会
湖北省图书馆	"书香伴读·聆听你我":面对面朗读
广东省立中山图书馆	"心聆感影"无障碍电影;无障"爱"读书会
黑龙江图书馆	为碍悦读——我是你的朗读者;心幕影院——为盲人讲电影

(三) 结论与对策

(1) 遵循"弱势群体补偿原则",科学合理配置知识资源

调查显示,我国公共图书馆残疾人无障碍阅读服务在发展过程中受到经济、文化、理念等限制,整体结构呈东中西部差距悬殊、城乡二元结构的现象,东部经济发达地区无障碍阅读服务处于领先地位、中部欠发达地区服务水平较低、西部贫困地区发展较为滞后。例如:沿海经济发达地区北京、广东、浙江、江苏、上海等地图书馆残疾读者服务接近或达到国际水平;省级图书馆残疾读者阅读服务开展得有声有色,而部分区县及以下图书馆还存在着无残障专门阅览室、全年接待残疾读者不足百人、特殊资源严重不足的状态。

根据"木桶原理",社会公平主要是由社会底层弱势群体的生存、文化、地位等现实状况是否得到改善来体现的,而知识公平是社会公平的一个重要组成部分。世界著名图书馆学家阮冈纳赞也提出了"图书馆学五定律"之一"每个读者有其书"。要实现"每个残疾读者有其书",首先,政府作为资源配置的主体应该对全社会的知识资源进行统筹规划、合理配置。应在资金投入上根据公平应得

原则、补差正义原则与社会权利的平等原则,对西部地区的图书馆尤其是乡村图书馆加大投入力度,并针对沿海、中西部地区实际状况设定出三个地区序位补差的合理比例[118],从而缩小地区之间的无障碍服务水平。其次,政府要通过政策法规鼓励社会各级力量参与公共图书馆残疾读者服务,在建设经费、社会资源、信息渠道以及社会媒介上给予全方位的帮助,并借鉴美国社会学家罗斯提出的"弱势群体补偿原则"尽可能地把社会资源向"弱势中的弱势"倾斜。最后,公共图书馆还应建立纵向的具有一定操作规范、统一协调、联系紧密、统一管理的无障碍图书馆共同体,这样可以借助中心馆(一般是省级公共馆)的优势维持分馆的可持续发展,借助分馆的触角延伸中心馆的助残服务[119],例如山东省图书馆牵头建立的"光明之家"视障服务联盟、山东省盲人数字图书馆以及"光明使者"志愿者服务团队,通过通借通还、资源共享,保障了省内各级公共图书馆残疾人阅读服务建设的可持续发展。同时,借助地理优势、资源互补优势建立起横向的地区性图书馆联盟(与其他省市图书馆),如2018年10月15日由上海图书馆、南京图书馆、浙江图书馆、安徽省图书馆、金陵图书馆联合成立的"长三角地区图书馆视障服务联盟",信息互通、服务共享,共同推动区域无障碍服务的进一步发展。另外,公共图书馆还应与残联、特殊学校进行紧密合作,充分整合该地区的资源信息,保障残疾读者所需的信息渠道畅通,实现各个图书馆数字资源与残疾相关机构的互联互通、共建共享。

(2)明确建设者的权责,鼓励社会组织参与

目前我国公共图书馆的隶属关系主要是政府主导型,此类型的图书馆其建设主体在各级政府,我国一直实施"一级政府负责一级图书馆"的管理体制,因此建设主体的行政级别越低,其负责建设的图书馆服务能力就越弱。信息平等、社会融合观念强的省级、市区县政府、组织可以更多地分担建设责任,解决图书馆残疾读者服务中出现的各种问题,反之街道、乡镇图书馆因建设主体的理念、关注度以及经费投入等缺乏,导致残疾人服务建设的不规范、难以延续。一些公共图书馆虽是政府主导型,但图书馆内的残障阅览室又属于残疾人联合会与公共图书馆共建,如南京图书馆的盲人有声读物图书馆、辽宁省图书馆的辽宁省盲人读物服务中心、上海徐汇区图书馆的盲人阅览室、烟台图书馆的盲文及盲人有声读物室等。阅览室共建型的图书馆,其图书馆的行政权在于政府,残障阅览室的管理又属于当地残联与图书馆,因此行政主导权的混乱在一定程度上造成了工作的困难,各方指导思想与管理理念的是否一致成为图书馆

残疾读者服务能否持续发展的关键因素,主导权的不统一有时又会产生相互推诿、放任不管的局面。

政府、图书馆、非政府组织(主要是残联)三者之间的协调合作是无障碍阅读服务顺利开展的基石。首先,政府在整个无障碍服务运作中扮演了统筹规划的重任,为整个服务运作体系搭建了平台。在整体有效地把握发展动态的基础上,政府相关部门对图书馆有针对性地展开宏观调控,把握无障碍服务的大方向与大环境,同时政府应充分重视残疾群体的期望诉求,构建期望供给性无障碍阅读服务模式。2017年由中宣部牵头组织,财政部、文化部、中残联等共同参与的"盲人数字阅读推广工程"便是顺应残疾读者需求建立的无障碍数字阅读平台,它对统一指导推进全国公共图书馆视障读者阅读服务工作的开展起到了很大的作用。社会力量等非政府组织参与图书馆建设对于图书馆事业来说是有益的不可或缺的补充,为普及基层乡村图书馆、弥补政府财力的紧张、缩小残疾读者与健全读者之间的"知识鸿沟"以及社会支持网络的形成起到了一定的作用。因此,我们应鼓励非政府组织参与无障碍服务建设,从财力物力支持、信息搜集、社会资源等方面给予帮助。图书馆是无障碍阅读服务的直接参与者、组织者、实施者,应从专业的角度提出具有创新性、实用性的无障碍服务发展规划并有计划地实施,为本地区的残疾读者提供基础服务与外延服务,根据读者的需求开展精准化个性化可持续性的阅读活动,同时努力争取政府的认可,使其在政策指导、法律规范、行业规划、技术标准等方面给予积极的引导和支持,为无障碍事业的发展营造一个良好的政策支持环境。

(3)加强特殊文献制作能力,提高无障碍网站适用性

无障碍读物一般是针对视障者与听障者而言的。调研中普遍发现图书馆视障资源存在着严重弊端:盲文书刊陈旧、种类少、更新慢;视听资料量少、缺少当季作品。究其原因,一方面是由于视障纸质资源的出版数量限制。以2018年纸质阅读资源为例,作为全国唯一盲文制作与出版的中国盲文出版社每年出版盲文书刊约1000种,复本量每种不超过200册,其盲文出版物数量严重匮乏。另一方面是由于无障碍视听作品的版权限制。2013年6月通过的《马拉喀什条约》为视障者获取作品规定了适当限制与例外,保证了视障者获取盲文读物、盲人有声读物的便利性,然而却依然把电影作品等视听作品排除在外。目前,图书馆等相关部门制作的无障碍电影,由于不是独立的文化产品,其生产与传播必须获得原版权方的授权许可[120]。由于电影版权的限制和版权成本的昂

贵,严重限制了内容制作的选择面,导致无障碍电影发展步履缓慢。

王子舟认为特殊文献资源建设是公共图书馆对残疾读者进行知识援助的重要方式之一。为解决特殊文献出版与版权的限制,除了购买中国盲文出版社出版的盲文书刊与大字版读物外,有条件的公共图书馆可以建设一支"特殊文献建设专业团队",自己制作特殊文献。盲文书籍的制作需遵循一定的要求与流程。首先是盲文书刊的选择,书刊的内容与残疾读者的需求直接相关,需建立"特殊文献书目选择小组",通过对残疾读者阅读心理与需求的调研,定期进行书目选择;其次是需要组建一支特殊文献志愿者制作队伍,由专业馆员负责管理,定期进行特殊文献制作培训,保证制作团队的专业化水平;最后是进行规范的特殊文献制作。其制作流程为:① Word 文档的明文制作。扫描要制作的明文文献制作成 Word 文档,按照盲文翻译的格式进行校对。② 明盲文翻译。运用"阳光盲文编辑软件"进行从明文到盲文的文体转换。③ 盲文文献的排版、校对、修改。明盲文的分词连写规则不同,加上软件识别能力的原因,导致一些生僻字、多音字、专业术语等词语的翻译精准率不高,因此明盲文转换过程中需要校对修改的地方很多。④ 打印校正。用盲文打印机打印盲文,再次进行校正,最好请盲人朗读校正。剪裁、装订成书后盲文文献便制作完成。

无障碍数字图书馆建设也是图书馆进行残疾读者阅读服务的基本条件。目前,除了推荐中国盲人数字图书馆网站与"心声·音频馆"之外,一些公共图书馆开始建设自己的无障碍网站,如上海图书馆的"无障碍数字图书馆"、重庆图书馆的"重庆图书馆盲人语音平台"、山东省图书馆的"光明之家数字图书馆"等。图书馆的无障碍网站要贯彻"无障碍"这一理念,提供简洁、清晰的无障碍阅读环境,让残疾读者真正能够无障碍地体验、访问、阅读。对于视障读者来说,要减少表格、表单及框架给视障读者带来的困惑,使表格、各单元格在内容上的逻辑顺序必须同读屏软件的朗读顺序(线性顺序)保持一致[121],同时利用读屏软件和键盘访问图书馆网站时,要避免噪音信息的干扰。对于听障读者而言,应注重网站内容的纯文本形式,保证音视频的替代文本。对于智障读者来说,网站内容的简明、清晰、易懂尤为重要。

(4)提升阅读服务质量与读者信息素养,形成"供需"的良性循环

信息无障碍是残疾群体社会化的一个补偿方式。目前,有声读物、无障碍网站、智能手机等的出现已为残疾读者阅读带来了极大的便利,但新技术带来信息便利的同时也带来了新的不平等,如:信息渠道受阻,不了解图书馆有盲用

电脑、智能听书机、有声资源等;缺乏相关的使用培训,不会使用智能设备;读者的信息需求与图书馆的信息服务之间的不一致等。

要实现残疾读者的"信息需求"与图书馆的"信息服务"之间的良性循环,使无障碍服务的投入、新技术的应用获得预期的效果,我们需要做到以下几点:第一,做好无障碍服务的宣传,拓展服务对象。通过与相关社会组织(如残联、盲校、社区街道)合作,收集残疾读者的基本阅读情况、阅读特征、阅读信息需求,建立残疾读者阅读档案。打破传统"自上而下"的公共文化服务惯性模式,探索"上下结合"的期望供给型模式,积极为残疾读者表达诉求开拓平台、创造机会[122],争取更多的残疾读者参与图书馆活动。第二,规范服务方式与内容,打磨精品服务。通过制订无障碍阅读服务的标准、细分服务的条件项来提高服务的质量,并将无障碍阅读服务列入公共图书馆的统一评估指标体系,通过分类评估各项指标的完成来检验无障碍阅读服务的成效,重点在服务水平、服务效果与社会效益上下功夫,从而形成自己的品牌或重点服务项目,打造自己馆的无障碍特色服务,形成稳定的读者群。第三,打造专业服务馆员队伍与助残志愿者服务团队,进行专业服务分类管理与培训。注重团队建设的科学性专业化,重点培养团队的服务意识、专业素养、技能水平。第四,加强残疾读者的信息培训与指导,提高他们的信息获取能力。定期对残疾读者进行信息使用培训,如无障碍电脑培训、智能手机培训、手语培训、无障碍网站使用培训等,引导他们更了解信息服务的内容和作用、更有效地使用服务,在认知的改造、能力的储备上,将越来越多的残疾人培养为合格的、主动的信息用户,从而在服务的提供者和使用者之间形成合力[106],使得技术与服务的投入获得良好的回馈。第五,注重残疾读者的反馈,及时调整服务策略。通过读者对于"服务方式的可选择性""技术、服务的可用性""技术、服务的有效性""需求满足度"等实践感知,把握图书馆的服务提供情况和实际利用情况[123],通过阅读服务评估分析,调整服务策略、方式及内容,争取最大化的服务效应。

二、残疾人阅读需求现状

残疾人阅读需求是图书馆做好残疾人无障碍阅读服务工作的前提,没有对残疾人阅读现状的了解和阅读需求的把握,图书馆服务便会成为一纸空谈。本书尝试通过对多个地区不同类型的残疾人阅读现状和阅读需求的调查分析,结合图书馆发展实际,探索如何实现图书馆残疾人服务的优化模式。

(一) 调查的对象和方法

本次调查以残疾人为研究对象,通过调查问卷和访谈形式,对残疾人的阅读现状、阅读需求以及对图书馆的利用情况进行了较为广泛的社会调查。

1. 调查对象

本研究选择在肢体、视觉、听觉上有障碍的残疾人为主要调查研究对象。于2021年2月至7月间分别在文化教育相对发达、文化服务覆盖面较广的部分地区(北京、上海、南京、广州、西安、武汉、天津)开展调查,采用问卷调查和访谈方式,共发放问卷350份,剔除不合格问卷,共回收有效问卷328份,有效回收率为93.7%。

2. 调查方法

基于残疾人的特殊性和调查的可行性,本次调查采用判断抽样和偶遇抽样相结合的方法开展问卷调查和访谈。调查内容包括三个部分:① 被调查者的基本情况,包括年龄、性别、文化水平、残疾类别等;② 被调查者的阅读现状与需求,包括阅读目的、阅读渠道、阅读内容、阅读时间、阅读障碍等;③ 被调查者对图书馆的利用情况,包括入馆情况、参与活动情况、对图书馆服务的满意度以及对图书馆服务的期望度。

(二) 调查结果

着眼于满足残疾人阅读需求,完善图书馆无障碍服务质量,本研究采用调研的方式,探讨残疾人的阅读现状、阅读需求以及利用图书馆的情况,以期为图书馆残疾人服务提供可借鉴的参考。

1. 残疾人的基本情况分析

调查对象的基本情况主要包括性别、年龄、文化程度、残疾类型和就业情况等信息,见表3-6。

数据显示,本次调查样本的男女比例为1:0.7,无明显的性别偏差;年龄以18岁以上成年人为主,各层次年龄相对较为均衡;文化程度主要分布在小学、初中、高中、大学四个层次,其中以中学学历者居多;从就业情况来看,已就业和退休人员相对较多,但未就业者也占有一定的比例;为便于交流与沟通,本次调查选取肢障、视障、听障这三种类型的残疾人为对象。

表 3-6 调查对象的基本情况

基本情况	调研项目	人数/个	占总样本比例/%
性别	男	170	51.8
	女	158	48.2
年龄	18～29 岁	74	22.6
	30～39 岁	56	17.1
	40～49 岁	47	14.3
	50～59 岁	64	19.5
	60 岁以上	87	26.5
文化程度	小学	55	16.8
	初中	105	32.0
	高中/中专/职校	108	32.9
	大专及以上	60	18.3
残疾类型	肢体残疾	135	41.2
	视力残疾	81	24.7
	听力残疾	112	34.1
就业情况	学生	32	9.8
	已就业	127	38.7
	未就业	71	21.6
	退休	98	29.9

2. 残疾人阅读现状与需求的调查分析

残疾人的阅读现状与需求能够反映残疾人的阅读爱好、阅读倾向和阅读水平。因此，对残疾人阅读现状与需求的调查研究是图书馆残疾人无障碍服务的前提，也是更好地促进残疾人阅读的保证。本部分调查主要从残疾人的阅读目的、阅读渠道、阅读内容、阅读时间、阅读障碍等方面展开。

（1）阅读目的

调查结果显示（见表 3-7），残疾人阅读的目的较为明确，他们普遍认为阅读可以提高文化素养、获取有用信息，也可以愉悦心情，增添生活的乐趣。还有一部分残疾人认为阅读能够在一定程度上为就业与工作带来帮助。相对而言，文化程度高的残疾人更注重在阅读中获取与提升自己文化水平相关的信息，而文化程度低的残疾人更多是出于休闲娱乐的目的去阅读。

表 3-7 残疾人的阅读目的

调研项目	人数/个	占总样本比例/%
提高文化素养	263	80.2
获取有用知识	228	69.5
就业与工作需要	134	40.9
休闲娱乐	145	44.2
其他	25	7.6

注:该问题是多项选择,计数总和不等于调查总人数。

(2) 阅读渠道

为更清晰地展现不同类型残疾人的阅读渠道,本调查分别对肢障者、视障者和听障者进行了调查。调查结果显示(见表3-8),随着信息技术的发展,无障碍技术已经深入大多数残疾人的生活中,残疾人阅读的渠道已不再局限于电视、广播等传统阅读模式,手机、电脑等新媒体阅读方式也融入他们的生活、学习以及工作中。

总体而言,残疾人的阅读渠道选择与他们的残疾类型有很大关系。不同类型的残疾人根据阅读的便捷性选择阅读方式,例如:视障者主要通过智能手机和广播进行阅读,具有语音播报功能的智能手机是视障者进行阅读的首选;文字与画面兼备的手机和电脑能给听障者带来思维和想象的空间,成为听障者阅读的首选;肢障者阅读的渠道相对多样化,但手机的便捷性还是在肢障者中占有一定的优势。

表 3-8 残疾人的阅读渠道

调研项目	占总样本比例/%		
	肢障者	视障者	听障者
纸质文献	27.4	6.7	22.3
电视	38.4	13.7	25.6
广播	19.2	17.9	0.0
手机	31.7	21.3	24.1
电脑	17.4	5.5	20.4

注:该问题是多项选择,计数总和不等于调查总人数。

(3) 阅读内容

通过图3-1可知,残疾人所选择的阅读内容与他们的生活息息相关。健康医疗(66.2%)是残疾人关注的主要内容,文学艺术(44.2%)、娱乐体育(37.8%)的选择是残疾人对自我文化素养、身心健康的一种内在诉求,对政策法律(35.4%)、社会现象(24.7%)、时事政治(19.2%)的关注是残疾人重视自身权利保障、改善生存状态的一种表现。访谈发现,残疾人不太重视专业技能(18.0%)和教育培训(6.7%)方面阅读的原因,主要在于很难找到与自己专业和工作相关的内容。

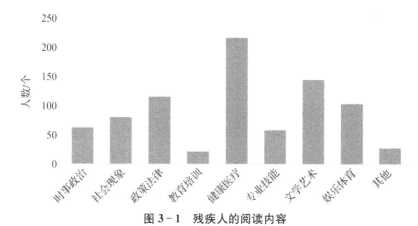

图3-1 残疾人的阅读内容

注:该问题是多项选择,计数总和不等于调查总人数

(4) 阅读时间

数据显示(见表3-9),残疾人平均每周利用纸质文献阅读时间在3小时以上的占10.4%,平均每天利用新媒体阅读时间在3小时以上的34.1%,平均每天利用电视广播阅读时间在3小时以上的占30.7%。对残疾人阅读时间的调查主要基于纸本阅读、网络阅读、电视广播阅读等三个方面展开。数据表明(见表3-9),新媒体、电视广播在残疾人获取信息中占有较大的比重,而残疾人利用纸质文献来获取信息的相对较少。

调查发现,阅读时间与残疾人的文化程度相关。文化程度高的残疾人更愿意把时间花在网络阅读和纸本阅读上,而文化程度低的残疾人更愿意把时间花在电视广播上。同时,阅读时间还与残疾人的残疾类型相关。视障者一般难以通过盲文、大字本等获取想要的信息,更多的通过网络阅读和电视广播获取,主要原因在于特殊文献的获取困难;听障者由于听力障碍的原因,主要通过网络进行阅读,其次是加了字幕的电视;而肢障者对于这三种阅读方式都不存在问题。

表3-9 残疾人的阅读时间

调研项目		人数/个	占总样本比例/%
纸本阅读时间/周	1小时以内	56	17.7
	1~3小时	95	29.0
	3小时以上	34	10.4
网络阅读时间/天	1小时以内	78	23.8
	1~3小时	127	38.7
	3小时以上	112	34.1
电视广播时间/天	1小时以内	95	29.0
	1~3小时	131	39.9
	3小时以上	101	30.7

(5)阅读障碍

除了由于自身生理原因造成的阅读障碍,残疾人在获取信息中还存在着其他各种各样的障碍因素。调查发现,残疾人认为阅读的障碍主要在于"找不到感兴趣的读物"(40.5%),"没有时间"(25.0%)、"缺少阅读的资源或环境"(23.2%)、"没有兴趣"(20.4%)也是影响残疾人阅读的重要因素。此外,"阅读的能力"(8.8%)和"阅读的条件"(6.4%)也给残疾人的阅读带来一定的影响。

总体而言,残疾人的阅读障碍和他们的文化程度呈正相关。基本上,文化程度高,且阅读能力、阅读条件以及阅读环境相对好一点,残疾人阅读的困难就比较小;而文化程度低的残疾人阅读能力较弱,对文献资源的选择面也较窄,阅读困难相对大一些。

3. 残疾人利用图书馆情况的调查分析

残疾人利用图书馆的情况在一定程度上体现了残疾人的阅读特征与阅读水平,也反映了图书馆服务的质量与效果。本部分主要从图书馆服务的角度,调查分析残疾人参与图书馆服务活动情况、对图书馆服务的满意度以及对图书馆服务的期望度。

(1)残疾人入馆情况

调查访问获知,"没有去过图书馆"的残疾人占调查总数的44.0%,"偶尔去图书馆"的残疾人占调查总数的38.0%,"经常去图书馆"的残疾人只占调查总数的18.0%,其中大部分都是居住地离图书馆比较近、交通比较便利,而残疾人"偶尔去图书馆"的主要原因是参加图书馆、社区以及残联等组织的阅读活动。

(2) 残疾人参与图书馆活动情况

调查发现,在去过图书馆的185位残疾人中,人数最多的是参加图书馆阅读活动的残疾人,占比达73.5%,主要参与的项目包括图书馆举办的知识或健康讲座、面对面朗读活动、无障碍电影播放等;其次是借阅书刊的残疾人,占比达65.9%;到图书馆使用网络和无障碍阅读设备的残疾人分别为34.1%和27.6%,他们普遍认为,图书馆的环境和网络给了他们修养身心的最佳场所,而图书馆完备的无障碍阅读辅助设施设备解决了他们获取信息的困难;另外有14.6%的残疾人主要是向图书馆咨询与无障碍阅读相关的书刊借阅、文献传递以及阅读活动情况等信息。

(3) 残疾人对图书馆服务的满意度

残疾人对图书馆服务的满意度是检验图书馆残疾人无障碍服务质量和效果的重要指标。据调查,在185位去过图书馆的残疾人中,对图书馆服务满意的残疾人占28.1%,比较满意图书馆服务的占46.5%,表明目前图书馆的无障碍服务得到了大多数利用图书馆的残疾人的认可。但还有一部分残疾人持"基本满意"(15.1%)和"不满意"(10.3%)的态度,他们在相对比较认可图书馆服务态度的同时,认为图书馆还存在无障碍阅读资源更新较慢、数量较少,无障碍设施设备比较老旧、不够完备等问题。

(4) 残疾人对图书馆服务的期望度

残疾人对图书馆服务的期望度是图书馆进行精准化、个性化服务的重要条件。调查发现,超过一半的残疾人期望图书馆开展健康、人物、历史等方面的知识讲座(61.3%)和计算机、手语等方面的技术培训(56.4%);有将近一半的残疾人认为定期开展阅读活动(49.4%)和就近设立阅览室或流动书车(47.9%)很有必要;还有一部分残疾人认为文献资源的及时更新(35.1%)、上门送书或免费邮寄服务(27.7%)能为他们获取信息带来极大的便利。

另外,在被问及图书馆服务需要改进或完善的地方时,残疾人针对图书馆目前的服务现状提出了一些建议,具体内容如下:

无障碍设施设备:很多听障者反映图书馆大厅以及各楼层缺少字幕提示;部分视障者、肢障者表示图书馆的电梯未加装带盲文的选层按钮、扶手等无障碍设施；肢障者建议图书馆的无障碍通道最好直达图书馆大厅。为视障者使用的电脑以及其他辅助设备陈旧、数量少，希望图书馆进行电脑换新服务，增加辅助设备，如助视器、盲文打字机、盲文扫描仪、盲文学习机等。

无障碍服务空间：一些图书馆的无障碍服务空间平时处于不开放状态，形同虚设；视障者反映部分图书馆没有单独的无障碍服务空间，图书馆购买的少量盲文期刊与普通期刊放在一个区域内，不方便取阅。

无障碍网站：一些图书馆的无障碍网页的导航功能、文字替换功能、网页内容可读性等还有待加强；无障碍网站的内容应贴合残疾人的实际需要，网站维护和内容更新应及时。

图书馆服务管理：建议增加特殊文献（如盲文书刊、大字本）的种类和数量，并指派专人负责借阅与咨询服务；少数图书馆的特殊文献只阅览不外借，建议从人性化角度考虑放开外借功能；为便于沟通交流，服务人员应更专业化，如会使用手语、盲文等。

(三) 对策与建议

1. 制定馆员培训计划，提升无障碍服务水平

残疾读者无障碍服务工作的顺利开展，离不开专业的图书馆员。目前，图书馆的工作重心主要以服务普通读者为主，对于残疾读者服务工作少有专门的制度管理和人员培训，基本以同一管理标准和同一服务模式对待普通读者和残疾读者，致使在残疾读者服务过程中存在非专业化的问题，残疾读者的无障碍服务得不到保证。残疾人在调查中提出的关于图书馆设施设备、服务空间、服务网站以及服务管理的建议，归结起来就是服务的专业化问题。提高服务的专业化程度是图书馆残疾读者服务真正实现无障碍的必要条件，这就需要提升馆员的专业素养能力，其主要的提升途径便是进行规范的教育和培训。通过系统的培训，培养馆员的无障碍服务意识，优化无障碍服务专业知识，提升无障碍服务专业技能等。

2. 构建一体化服务空间，营造无障碍服务环境

残疾读者无障碍服务环境的塑造，离不开残疾读者服务空间建设。图书馆服务空间包括物理空间和网络空间。调查显示，残疾人对图书馆的设施设备、文献资源以及网络平台建设有着一定的期望，主要表现在无障碍设施设备的完善、无障碍文献资源的更新以及无障碍网站的便利性和可获得性。完善无障碍

设施设备是无障碍环境建设的首要条件,主要包括无障碍基础设施和无障碍阅读辅助设备。残疾读者阅读需求的多样化对图书馆无障碍文献资源建设提出了更高要求,为此,图书馆不仅要对大字本、盲文读物本等纸质资源进行及时更新,还需创造条件进行盲文资源制作,通过资源转换、盲文刻录及时地解决残疾读者阅读中的资源短缺问题。同时,图书馆还应通过共享数据库与自建数据库两种形式最大化地整合无障碍数字资源,让残疾读者能够随时随地获取资源信息。无障碍网站建设的关键在于无障碍网页设计和网站栏目建设。对于无障碍网页设计,应按照《无障碍网页内容指引》(W3C)、《网站设计无障碍技术要求》以及残疾读者阅读需求进行设计,确保文本设计、色彩搭配、布局框架等Web实现过程中的无障碍指引[124],同时还应确保无障碍网站服务管理的科学性与有效性,通过服务的组织架构、技术培训、监督管理、反馈评估等流程来保障,以此为残疾读者提供简洁、清晰、便利、可靠的无障碍阅读环境。对于无障碍网站栏目建设,图书馆应做到导航清晰、内容全面,集资源、指南、交流、帮助等为一体,方便残疾读者快速地获取相关信息。

3. 立足用户服务需求,优化无障碍服务内容

图书馆服务内容能否取得预期效果和达到既定目标,取决于是否契合用户的服务需求。调查显示,残疾读者的阅读需求并未得到满足,如何以残疾读者阅读需求为视角,针对性地制定服务计划和内容,是图书馆残疾人无障碍服务工作的关键。残疾读者的阅读需求受到不同心理特征、不同文化差异、不同阅读倾向的影响,表现出多元化的特点。同时,随着社会经济文化的发展,残疾人的精神文化生活需求也日益多样化,传统、单一的服务内容已经满足不了残疾读者的现实阅读需求。因此,图书馆首先应做好残疾读者的信息收集与分析,通过对残疾读者的知识结构、专业背景、年龄层次、文化程度、阅读习惯、阅读特点、兴趣爱好等与残疾读者阅读相关的信息进行收集、分析、诊断,为他们建立读者数据库。图书馆通过对残疾读者信息的判断分析,发现其阅读特点,以此进行资源建设与管理,制定个性化的阅读服务推送模式,实现面向不同特点和不同需求的残疾读者的精准服务。同时注重服务的反馈与评估,图书馆应建立无障碍服务评估机制,对残疾读者服务进行及时跟踪监测,对服务效果进行反馈与评估,根据评估结果不断调整服务方案,实现无障碍服务的最优化配置。评估机制的建立应满足两个要求:一是要考察残疾读者需求与图书馆服务之间的结合力、平衡性,确保无障碍服务的有效性。二是要考察服务模式与内容对

残疾读者潜在阅读需求、阅读能力的开发与引导,确保无障碍服务的良性发展。

4. 建立读者发展思维观,注重阅读素养培育

图书馆残疾读者服务的最终目标是提高残疾群体的文化教育水平,实现全民文化素质的提升。因此,以残疾读者发展为中心,以提高残疾读者的能力、素养为根本目标的服务,才是真正的图书馆残疾人无障碍服务。以残疾读者发展为中心,就是要从根源上解决残疾读者的阅读问题,注重残疾读者的阅读素养教育。残疾读者的个人阅读素养较低,主要在于他们对阅读的价值认知和需求比较薄弱,意识不到阅读的重要性。因此,提高残疾读者的阅读意识是阅读素养教育的前提,图书馆应加强对残疾读者的教育和引导,增强他们的阅读认知水平,提高他们对信息知识的敏锐度以及对信息的价值判断[125],帮助他们把握正确的阅读方向。要增强残疾读者的阅读能力,阅读能力主要指个体运用信息进行阅读的能力。残疾读者阅读能力的缺失导致他们失去了汲取和运用信息知识的自由,从而影响了他们的文化水平。正如阿玛蒂亚·森所说,因为可行能力的贫乏或可行能力的剥夺导致了人们实质性自由的缺失,从而阻碍了人们的发展以及人类社会的发展进程[126]。因此,增强残疾读者的阅读能力是阅读素养教育的关键。残疾读者阅读能力的增强有赖于对阅读对象的辨别能力及阅读方法的掌握。而由于经济、文化、政治等各种条件的制约,残疾读者一般很难掌握此种能力和方法,也就无法真正实现有效阅读、价值阅读。为此,图书馆有必要通过培训与教育,培养他们获取、运用、交流、创造信息知识的能力,确保他们无障碍地阅读。

第四节 本章小结

图书馆残疾人无障碍服务的相关政策规范呈现出一定的时代性社会性特征。自党的十七届六中全会以来,我国始终将"建设文化强国"作为国家建设的战略目标,陆续提出要"健全残疾人社会保障和服务体系""基本公共服务均等化""坚定文化自信"等国家战略,这为残疾人文化事业的发展注入了强劲动力,国家残疾人相关保障政策、图书馆行业残疾人服务规范以及图书馆残疾人服务

相关标准都得到了完善与落实。

近几年来,我国图书馆残疾人无障碍阅读服务理论研究发展迅速,取得了一定的研究成果,对于工作实践起到了现实指导作用。但实践是理论研究的基石,只有在服务实践基础上形成的理论研究才具有现实指导意义。由于我国图书馆残疾人无障碍服务研究起步较晚,没有太多可借鉴的经验,而国外经验无法随意照搬,在此情况下,图书馆人只有深入服务实践,从图书馆和残疾人两个维度探索服务与需求的关系,才能解决图书馆残疾人无障碍阅读服务存在的问题,真正满足残疾人的阅读需求,实现图书馆残疾人服务的目标,进而充实我国图书馆残疾人无障碍阅读服务的理论体系。

通过调查发现,图书馆在残疾人无障碍阅读服务上存在以下问题:不同的图书馆其残疾人服务水平差距悬殊、图书馆残疾人服务的经费投入不够、残疾人的阅读资源存在短缺、图书馆管理者和服务人员的无障碍服务意识和专业素养还有待提高。而在对残疾人阅读需求的调查中,残疾人认为阅读的障碍主要是因为找不到感兴趣的资源和没有可读的资源,其次是"没有兴趣""阅读的能力不够"以及"阅读的条件限制"。针对这些阻碍残疾人阅读的问题,图书馆应进行具体分析,探究其背后的原因,而后采取针对性的服务策略,为残疾人扫除阅读的障碍性因素。残疾人阅读障碍的问题主要归为以下三点:一是阅读的兴趣,二是阅读的能力,三是阅读的条件。针对阅读兴趣问题,图书馆可以从三方面加以解决:一是图书馆应对残疾人无障碍阅读服务进行积极的宣传推广,让残疾人了解什么是无障碍阅读服务、无障碍阅读的作用是什么,引导残疾人阅读意识的培养,提高他们的阅读认知。针对阅读能力问题,图书馆应设立残疾人阅读能力培养的相关课程,内容包括对阅读资料的辨别能力、阅读方法的掌控能力、无障碍信息技术的运用能力等,通过阅读能力的培养,使残疾人能够熟练地运用信息进行无障碍地阅读。针对阅读条件问题,图书馆除了为残疾人创造一个无障碍的图书馆阅读环境外,还需要了解残疾人不能进馆阅读的其他因素,包括经济条件不允许、路程比较远、亲友不支持等,并根据不同的障碍为他们排忧解难,通过免费政策、接送服务、上门服务、与亲友沟通等各种方式实现残疾人参与图书馆阅读服务的无障碍。

参考文献：

[1] 中华人民共和国宪法[EB/OL]. [2022-03-14]. https://baike.so.com/doc/4920917-5140037.html.

[2] 残疾人教育条例[EB/OL]. [2022-03-13]. http://www.cdpf.org.cn/zcwj1/flfg/200711/t20071114_25281.shtml.

[3] 国务院批转中国残疾人事业"九五"计划纲要的通知[EB/OL]. [2022-03-15]. https://law.lawtime.cn/d491477496571.html.

[4] 国家"十一五"时期文化发展规划纲要（全文）[EB/OL]. [2022-03-15]. http://www.gov.cn/jrzg/2006-09/13/content_388046.htm.

[5] 信息网络传播权保护条例[EB/OL]. [2022-03-15]. https://baike.so.com/doc/6618479-6832274.html.

[6] 中共中央、国务院关于促进残疾人事业发展的意见[EB/OL]. [2022-03-15]. http://www.gov.cn/jrzg/2008-04/23/content_952483.htm.

[7] 无障碍环境建设条例[EB/OL]. [2022-03-16]. http://www.gov.cn/zwgk/2012-07/10/content_2179864.htm.

[8] 关于加快构建现代公共文化服务体系的意见[EB/OL]. [2022-03-17]. http://sbaike.so.comdoc25491984-26527103.html.

[9] 国务院关于加快推进残疾人小康进程的意见[EB/OL]. [2022-03-17]. http://www.gov.cn/zhengce/content/2015-02/05/content_9461.htm.

[10] 中华人民共和国公共文化服务保障法[EB/OL]. [2022-03-17]. https://baike.so.com/doc/24643627-25532075.html.

[11] 国务院关于印发"十三五"推进基本公共服务均等化规划的通知[EB/OL]. [2022-03-16]. http://www.gov.cn/zhengce/content/2017-03/01/content_5172013.htm.

[12] 残疾人事业宣传文化工作"十一五"实施方案[EB/OL]. [2022-03-15]. http://www.zgmx.org.cn/newsdetail/d-239.html.

[13] 中国残疾人事业"十二五"发展纲要[EB/OL]. [2022-03-14]. https://baike.so.com/doc/26011918-27182518.html.

[14] 中共中央宣传部等部门关于加强残疾人文化建设的意见[EB/OL]. [2022-03-16]. http://www.yueyang.gov.cn/.

[15] 省（自治区、市）图书馆工作条例[EB/OL]. [2022-03-19]. http://www.law-lib.com/law/law_view1.asp?id=2528.

[16] 湖北省公共图书馆条例[EB/OL]. [2022-03-19]. https://baike.so.com/doc/

5789650-26154954.html.

[17] 河南省公共图书馆管理办法[EB/OL].[2022-03-19].http://law.lawtime.cn/d631057636151.html.

[18] 北京市图书馆条例实施办法[EB/OL].[2022-03-19].https://www.jinchutou.com/p-90088440.html.

[19] 浙江省公共图书馆管理办法[EB/OL].[2022-03-19].http://law.southcn.com/fzzt/fgsjk/200501140367.htm.

[20] 山东省公共图书馆管理办法[EB/OL].[2022-03-19].http://www.chinalawedu.com/new/1200_21752___/2009_5_13_li01056020131590021026.shtml.

[21] 江苏省公共图书馆管理办法[EB/OL].[2022-03-19].http://www.xy.gov.cn/xy/xxgk/InfoDetail/?InfoID=e9932e33-af56-4462-be78-30d9a31d0786.

[22] 山西省残疾人保障条例[EB/OL].[2022-03-19].http://www.sxdpf.org.cn/info/info_info.aspx?info_id=2574.

[23] 黑龙江省残疾人保障条例[EB/OL].[2022-03-19].https://baike.so.com/doc/26496502-27756780.html.

[24] 青海省残疾人保障条例[EB/OL].[2022-03-19].https://wenku.baidu.com/view/e8d37c44767f5acfa1c7cdd5.html.

[25] 安徽省残疾人保障条例[EB/OL].[2022-03-19].https://baike.so.com/doc/2562255-2705987.html.

[26] 甘肃省残疾人保障条例[EB/OL].[2022-03-19].https://baike.so.com/doc/7047668-7270574.html.

[27] 江苏省残疾人保障条例[EB/OL].[2022-03-19].http://www.jscl.gov.cn/index.php?m=content&c=index&a=show&id=4028839e54a4351f015620efacc02e16&site_id=1.

[28] 吉林省残疾人保障条例[EB/OL].[2022-03-19].https://baike.so.com/doc/9029762-9359807.html.

[29] 沈阳市残疾人保障条例[EB/OL].[2022-03-19].https://www.360kuai.com/pc/9ce2ac61156070eb5?cota=4&tj_url=so_rec&sign=360_57c3bbd1&refer_scene=so_1.

[30] 江西省残疾人保障条例[EB/OL].[2022-03-19].https://www.360kuai.com/pc/9e7ddd834e7035601?cota=4&kuai_so=1&tj_url=so_rec&sign=360_57c3bbd1&refer_scene=so_1.

[31] 贵州省残疾人保障条例[EB/OL].[2022-03-19]. https://baike.so.com/doc/7903954-8178049.html.

[32] 江苏省人民代表大会常务委员会关于促进全民阅读的决定[EB/OL].[2022-03-19]. http://jsnews2.jschina.com.cn/system/2014/12/01/022764499.shtml.

[33] 黑龙江省人民代表大会常务委员会关于促进全民阅读的决定[EB/OL].[2022-03-19]. http://www.law-lib.com/law/law_view.asp?id=570398.

[34] 中国图书馆学会·图书馆服务宣言[EB/OL].[2022-03-17]. http://www.lsc.org.cn/contents/1166/696.html.

[35] 住房和城乡建设部,国家发展和改革委员会.公共图书馆建设标准:建标108—2008[S].北京:中国计划出版社,2008.

[36] 国家质量监督检验检疫总局,中国国家标准化管理委员会.公共图书馆服务规范:GB/T 28220—2011[S].北京:中国标准出版社,2012.

[37] 国家质量监督检验检疫总局,中国国家标准化管理委员会.信息与文献 图书馆绩效指标:GB/T 29182—2012[S].北京:中国标准出版社,2013.

[38] 公共图书馆评估指标 第1部分:区域公共图书馆事业发展[EB/OL].[2022-03-18]. http://www.doc88.com/p-9592946366137.html.

[39] 公共图书馆评估指标 第2部分:省、市、县级公共图书馆评估指标[EB/OL].[2022-03-18]. https://www.doc88.com/p-9095981211361.html.

[40] 文化部关于印发《"十三五"时期全国公共图书馆事业发展规划》的通知[EB/OL].[2022-03-18]. http://www.gov.cn/xinwen/2017-07/07/content_5230578.htm.

[41] 中华人民共和国公共图书馆法[EB/OL].[2022-03-18]. https://baike.so.com/doc/25597498-26645310.html.

[42] 国家市场监督管理总局,国家标准化管理委员会.图书馆视障人士服务规范:GB/T 36719—2018[S].北京:中国标准出版社,2018.

[43] 胡华山.日本图书馆是怎样为残疾者服务的[J].河南图书馆学刊,1983,3(2):32.

[44] 吴建中.美国图书馆事业印象记[J].图书馆杂志,1986(1):71-75.

[45] 崔维杰.公共图书馆应为残疾人服务[J].图书馆工作与研究,1987(2):58-59.

[46] 大塚隆一郎,林雅平.美国的残疾人图书情报服务[J].图书馆杂志,1993,12(2):60.

[47] 邱俊菊.美国北泽西残疾人图书馆及其启示[J].图书馆杂志,1997,16(2):62-64.

[48] 董光荣.日本图书馆是怎样为残疾人服务的[J].大学图书情报学刊,1995(1):59-62.

[49] 孙慧娥.日本图书馆的视障读者服务[J].图书馆杂志,1997,16(6):32.

[50] 熊静.加拿大的图书情报工作[J].图书馆建设,1998(6):62-63.

[51] 蒋波.谈对残疾读者的特殊服务[J].图书馆学研究,1992(2):76-77.

[52] 王波.图书馆无障碍设计初探[J].图书馆建设,1992(6):60-62.

[53] 缪园,张军.中等城市残疾人图书馆发展构想[J].图书馆建设,1993(1):45-47.

[54] 徐佩芳.特种图书馆(盲图)的独有意义[J].图书与情报,1993(4):35-36.

[55] 刘日升,刁云霞.我国图书馆为残疾读者服务初探[J].图书馆学刊,1994(6):17-20.

[56] 胡叙良.公共图书馆应重视为残疾人老年人服务[J].河南图书馆学刊,1994,14(S1):156-158.

[57] 童书凯.筹建适宜残疾人利用的图书馆[J].图书馆工作与研究,1999(3):16-17.

[58] 许敏华.为盲人服务的数字式声音信息系统:DAISY在我国的发展前景展望[J].图书馆学研究,1999(6):43-44.

[59] 杜同书,张正雄.中国盲人图书馆的现状与发展[J].图书情报论坛,1996(3):12-14.

[60] 王妍,王延忠.关于建立我国盲人图书馆的设想[J].图书馆学刊,1998,20(4):11-13.

[61] 黄毅,黄友铎.建立我国残疾人图书馆理论与实践的几个问题[J].四川图书馆学报,1995(5):64-66.

[62] 张玫.ALA弱势群体政策及对我国图书馆参与建设和谐社会的启示[J].大学图书馆学报,2006,24(1):14-17.

[63] 刘玮.美国图书馆视障群体服务的法律环境研究[J].图书馆论坛,2014,34(9):98-102.

[64] 曹阳.《马拉喀什条约》与中国图书馆界的应对[J].图书情报工作,2013,57(19):50-56.

[65] 蔡琬琰.《马拉喀什条约》与视障者阅读权利的保障:兼议对图书馆的影响和对策[J].图书馆,2014(2):8-10.

[66] 杨朝晖.图书馆为残疾人服务可适用的著作权例外研究[J].图书馆建设,2014(9):22-24.

[67] 徐轩.基于《马拉喀什条约》实施视角的图书馆无障碍服务对策研究[J].图书馆,2015(4):66-70.

[68] 孙祯祥,赵洋.澳大利亚信息无障碍法规政策研究[J].图书与情报,2010(3):114-117.

[69] 肖冬梅,蒋林君.美国禁止规避技术措施例外制度评析(三):视障人士获取电子格式文字作品的立法例考察[J].图书馆论坛,2016,36(9):29-36.

[70] 赵媛,张欢,王远均,等.我国信息无障碍建设法律法规保障体系研究[J].图书馆论坛,2011,31(6):266-274.

[71] 蔺梦华.公共图书馆残疾人服务研究综述[J].图书馆建设,2007(2):69-71.

[72] 吴昌合,曹雪.谈图书为残疾人提供信息服务:IFLA第89号专业报告解读[J].大学图书情报学刊,2009,27(3):74-76.

[73] 邱奉捷,王子舟.北京市残疾人阅读及公共图书馆利用情况的调查报告[J].图书馆,2009(3):50-55.

[74] 王素芳.从物理环境无障碍到信息服务无障碍:我国公共图书馆为残疾群体服务现状调研及问题、对策分析[J].图书馆建设,2010(11):19-27.

[75] 王世伟.构建信息无障碍的图书馆服务理念和体系[J].大学图书馆学报,2003(6):38-41.

[76] 钱国富,涂颖哲.图书馆网站中的无障碍建设问题研究[J].大学图书馆学报,2004(5):56-59.

[77] 陈子健,孙祯祥.信息无障碍视角下网站的导航设计[J].图书情报工作,2008,52(9):6-8.

[78] 郭亚军,席俊红,刘燕权.信息无障碍,距离还有多远?:对146家美国城市公共图书馆的调查[J].图书馆论坛,2020,40(2):151-158.

[79] 王林军.俄罗斯盲人图书馆宣传活动的特点及启示[J].图书馆建设,2013(12):46-49.

[80] 袁丽华.我国公共图书馆无障碍阅读服务研究[J].图书馆学研究,2019(20):72-81.

[81] 李肖.我国盲人阅读资源及阅读推广现状[J].新世纪图书馆,2013(5):19-22.

[82] 刘磊,杨枫.我国公共图书馆盲人服务体系发展构想[J].图书与情报,2006(4):21-25.

[83] 张熹.中美图书馆信息无障碍服务的研究[J].图书馆,2014(3):91-94.

[84] 吴玉玲.高校图书馆残障读者阅读推广服务探析[J].图书馆工作与研究,2018(9):90-94.

[85] 赵玲玲.弱势群体的自致性努力:浅析图书馆弱势群体如何作为[J].图书馆,2012(5):21-22.

[86] 周坚宇. 视障阅览室"遇冷"现象引发的思考：基于广州市10个区级图书馆的调查分析[J]. 图书情报工作, 2014, 58(16)：83-90.

[87] 罗杏芬. 公共图书馆无障碍电影口述脚本研究：以广东省立中山图书馆"心聆感影"项目为例[J]. 图书馆学研究, 2019(17)：86-90.

[88] 刘冬梅. 高校图书馆为残疾读者服务探究[J]. 图书馆工作与研究, 2015(11)：95-96.

[89] 袁丽华. 融合教育背景下听障大学生阅读疗法干预研究[J]. 图书馆学研究, 2020(9)：72-79.

[90] 陈彤. 图书馆志愿者管理实践探索：浙江图书馆盲人图书馆志愿者服务站服务现状的分析思考[J]. 图书馆研究与工作, 2010(4)：40-42.

[91] 谢海华, 文红峰. 省级公共图书馆文化志愿服务调查分析[J]. 图书馆工作与研究, 2015(5)：92-95.

[92] 蔡灵凤. 公共图书馆视障信息无障碍服务：以浙江图书馆为例[J]. 国家图书馆学刊, 2012, 21(3)：56-59.

[93] 谢俊贵. 从社会协同学的视角看我国智障儿童教育发展的体制缺陷及其优化[J]. 学前教育研究, 2012(12)：20-26.

[94] 林英. 简论视障阅读的社会支持系统[J]. 残疾人研究, 2014(2)：12-15.

[95] 汪东芳, 曹燕. 我国省级综合性公共图书馆视障读者服务研究[J]. 图书馆学研究, 2018(24)：64-70.

[96] 袁丽华. 融合教育背景下高校图书馆视障学生支持服务研究[J]. 图书馆工作与研究, 2019(9)：29-35.

[97] 刘玮. 关于残疾人图书馆建设和发展的几点思考[J]. 图书馆学研究, 2008(2)：16-19.

[98] 金鑫. 我国图书馆残疾人公共文化服务均等化研究[D]. 大连：辽宁师范大学, 2014.

[99] 罗佳乐. 西部中小城市公共图书馆无障碍环境研究[D]. 西安：西安建筑科技大学, 2011.

[100] 汪璇. 区县公共图书馆为残疾人服务的实践与对策思考：以上海市松江区图书馆为例[J]. 图书馆杂志, 2015, 34(8)：66-69.

[101] 鄂丽君. 基于问卷调查的高校图书馆阅读推广现状分析与思考[J]. 图书馆工作与研究, 2016(2)：101-104.

[102] 沃淑萍. 简论盲人阅读方式与服务模式发展[J]. 残疾人研究, 2015(2)：39-43.

[103] 万宇, 章婕. "分众阅读"视角下的特殊儿童图书馆服务[J]. 图书馆杂志, 2019,

38(4):12-15.

[104] 夏凡.国内图书馆为残疾人服务基本现状调查[J].图书馆学刊,2008,30(1):102-104.

[105] 宋辰.省级公共图书馆残疾人服务现状调查与分析[J].国家图书馆学刊,2017(1):64-70.

[106] 樊戈,李桂华.残疾用户信息需求调查与服务对策思考[J].图书馆,2009(1):60-62.

[107] 陆俊.我国公共图书馆残疾人服务文献综述(2000—2013)[J].图书馆建设,2014(4):55-58.

[108] 王燕荣,李春明.残疾人阅读需求调研分析及公共图书馆应对策略[J].山东图书馆学刊,2016(5):23-28.

[109] 王素芳.国外公共图书馆弱势群体服务研究述评[J].中国图书馆学报,2010,36(3):95-107.

[110] 黄佩芳.国外图书馆残障人士服务规范研究:理念、内容与社会效益[J].图书馆建设,2016(11):50-55.

[111] 谢强,毛雅君,李健.图书馆残疾人服务标准规范体系研究[J].图书馆建设,2017(2):53-58.

[112] 赵晶.俄罗斯盲人图书馆建设经验对我国生态图书馆建设的启示[J].图书馆工作与研究,2017(1):33-38.

[113] 张冰梅,易红,刘晓景,等.全媒体环境下视障读者的阅读现状及应对策略研究[J].图书馆论坛,2013,33(6):127-132.

[114] 袁丽华.面向视障读者的图书馆阅读活动效果评估研究:基于南京市无障碍图书馆的调查分析[J].图书馆学研究,2016(20):96-101.

[115] 张靖,苏靖雯,吴燕芳,等.广东省公共图书馆残障用户服务调查[J].图书馆建设,2013(12):36-40.

[116] 张希.公共图书馆智障儿童群体服务模式的实践与思考[J].山东图书馆学刊,2015(2):75-77.

[117] 赵英.针对残障人士的信息无障碍影响因素研究[J].四川大学学报,2018(5):84-93.

[118] 王子舟.伟大的力量来自于哪里:解读社会力量办馆助馆[J].中国图书馆学报,2010,36(3):26-33.

[119] 于良芝,邱冠华,许晓霞.走进普遍均等服务时代:近年来我国公共图书馆服务体系构建研究[J].中国图书馆学报,2008(3):31-40.

[120] 马波.打造无障碍影视工程2.0版的设想[N].中国新闻出版广电报,2016-06-03(004).

[121] 王子舟,夏凡.图书馆如何对残疾人实施知识援助[J].图书情报知识,2007(2):5-18.

[122] 熊文靓,王素芳.公共文化服务的公众获得感测度与提升研究:以辽宁为例[J].图书馆论坛,2020(2):45-55.

[123] 张赟玥,赵英,徐恩元,等.面向视障用户信息需求的国际研究案例探析[J].图书馆建设,2009(6):66-69.

[124] 经渊,郑建明.协同理念下的城镇信息无障碍服务模式研究[J].图书馆杂志,2017,36(5):16-23.

[125] 唐思慧.阅读障碍者版权例外制度研究:基于信息公平的视角[J].湖南社会科学,2017(4):86-94.

[126] 阿马蒂亚·森.以自由看待发展[M].北京:中国人民大学出版社,2002.

第四章

图书馆残疾人无障碍阅读服务的影响因素研究

图书馆残疾人无障碍阅读服务是一项综合性系统化的工程，受到诸多因素的影响。本章将通过具体分析影响图书馆残疾人无障碍阅读服务的各种因素，深入剖析各种影响因素的作用路径，以此探索促进图书馆残疾人无障碍阅读服务发展的策略，实现服务的有序、有效、良性发展。

第一节　前期相关影响因素分析

一、国际图联制定的图书馆残疾人服务标准/指南中提到的影响因素

1.《公共图书馆服务标准：有关特殊读者群的标准》

早在1958年，国际图联就通过了《公共图书馆服务标准》，之后在1973年制定了《公共图书馆标准》，其中"有关特殊读者群的标准"[1]如下：

残疾读者，包括困居家中、住院和进了教养院的人。

通则：

所有公共图书馆服务都应尽可能地为残疾人和困居家中的读者，无论是成人还是儿童提供便利。"残疾"包括智残（智力低于正常人）、精神病人和身体残疾者。图书馆应为他们提供特殊服务，并将服务工作做到本地区的医院、居民家中和教养院中。迄今为止，这些地方的许多人还没有认识到接受公共图书馆服务的益处。

在为残疾人服务工作量很大的地方，公共图书馆内应建立一个专门的工作部门，配备一名合格的图书馆员，并按需要配备辅助人员。进馆开展此项服务可以利用包括期刊、视听资料以及各种专门资料在内的全部馆藏，但为此建立基本专用藏书也是十分必要的。这些资料包括大字印刷资料等特型资料。总馆还应提供翻书器、支书架等阅读辅助设备。

困居家中的读者：

送书上门，为居家不便外出的读者开展的服务工作发展很快。随着医疗和卫生条件的改善，人们总的倾向是宁愿住在社区中养病而不愿长期住在医院。

究竟是采用分馆、汽车图书馆为此类读者服务还是开展集中服务需根据当地的客观条件而定。

走访居家读者每3个星期至少一次,尽管水平不太高的图书馆工作人员或义务服务员可以担负这项工作,但初次走访应由合格的图书馆员承担。在最理想的情况下(此类读者分布较集中、交通又便利),一名工作人员一天可以走访20~25个家庭,为此需配备一部专用运输车。不应限制读者的借书量。有时,可以按照事先了解到的读者需求选送他们所需要的图书。

视觉障碍者,包括盲人:

大多数国家都设有独立的机构专为盲人提供图书馆服务。所有图书馆工作人员都应了解是否存在这种服务设施以便向读者提供有关情况。有些国家,公共图书馆本身就是发行有声图书和浮凸字体文献的机构。此外,公共图书馆在提供和宣传大字印刷资料,满足视觉障碍者需要方面也起着一定作用。

医院:

一个有500张床位、700~1 000名工作人员的医院需要4 000~5 000册藏书,并要定期更换和补充其他资料。最小的医院也至少需有200~250册流通图书,并且每年至少更换4次。这些图书不仅供病人使用也可供医院工作人员借阅。当然,工作人员除此之外还需拥有自己的专业图书馆和情报机构。有关医院图书馆的具体标准已由国际图联讨论通过并已出版。

医院应与公共图书馆密切配合,为开展图书馆服务提供适当的活动空间。通常需安排一间图书室以便适宜下床走动的病人和医务人员前往借阅书刊。即使规模很小的医院也应有存放图书的地方。所有医院每周至少应利用手推车到病房开展一次图书借阅服务。长期疗养院,如扩大服务范围还需增加活动空间。一般医院只要有500张床位,矫形医院、精神病院等专科医院床位不到500张就至少应配备一名专职图书馆员。随着工作的开展,还需配备相应的办事辅助人员。

养老院、老人俱乐部和日疗中心:

在这些活动站,应按照每人2~6册的标准配备流通图书,最低限度也要有200册,每年至少更换4次。应由一位合格的图书馆员每年至少到各活动站走访4次,视需要还可增加走访次数。有时可由分馆或汽车图书馆为这些活动站提供服务。

监狱与拘留所：

公共图书馆应对本地区诸如此类的机构提供图书馆服务或以图书流通站的形式开展服务。此类机构中的读者人数受许多因素的影响，如平均拘留周期、利用图书的机会和图书馆在这些机构中所起的作用等。一般来说，应为每个读者配备5～10册书。藏书每年至少更换4次，每次更换一部分。为了满足各种特定的需求，开展此项服务应能够利用全部馆藏资料。

应尽量减少对犯人利用图书馆设施的限制，应由一位合格的图书馆员定期到这些部门的图书室去开展业务辅导，每年至少4次，视需要还可增加次数。在较大的机构中需配备一名专职图书管理员。

《公共图书馆标准》（以下简称《标准》）将身体残疾者、病人以及监狱犯人都归为图书馆服务的残疾对象。在对此类残疾读者服务中，《标准》提供了专业馆员、藏书及标准（包括大字印刷资料等特型资料、按照人均配备图书数量）、设施设备（专用运输车、翻书器、支书架）、服务模式（究竟是采用分馆、汽车图书馆为此类读者服务还是开展集中服务需根据当地的客观条件而定）等等，可见当时的国际图联对图书馆服务于残疾人所需的因素做了极为细致的探索。

2. 国际图联《残疾群体利用图书馆：目录指南》[2]

为了给所有图书馆用户提供平等的机会，国际图联为图书馆服务于残疾群体提供了服务清单，从残疾读者群的角度来审视图书馆建筑物的实际状况，以及图书馆的服务和项目，其主要目的是评估现有的建筑物、服务、材料和项目的无障碍程度，并且在需要的地方提高无障碍程度。具体涉及以下方面：

经费：图书馆可访问的前提是需要经济资源。

空间环境：查阅资料和服务图书馆的所有部分均应畅通无阻。图书馆的周围、入口、洗手间、楼梯、电梯和特殊房间应为不同残疾人士开放。各类残疾人都能很容易地找到书籍和其他材料，并且与馆员交流无障碍。图书馆应配备自动开门器、坡道和电话，在图书馆入口附近设置停车位。图书馆应有清晰的标志，贴在入口附近的平面图、清晰易读的象形符号、轮椅可以到达的书架、图书馆各处不同高度的阅读和电脑桌、有坚固扶手的椅子，书架之间通道畅通，有可见和可听的火警警报，受过训练的员工在紧急情况下能够协助读者，洗手间应考虑到轮椅人士的使用，有为听障人士设计的感应回路系统等。

阅读材料：应为阅读障碍者制作阅读材料，对残疾人有用的材料格式有有声书籍、有声报纸、有声期刊、大型印刷书籍、易读书籍、盲文书籍、带字幕和／或手语的视频/DVD书籍、电子书籍、触觉图画书等。

技术设备及网络:自适应键盘或键盘覆盖物、屏幕阅读程序、放大和合成语音功能的电脑、配备拼写功能的电脑、适合有阅读障碍的人使用的其他教学软件。提供电脑的技术支持(如果可能的话),能够指导客户使用电脑的工作人员,为阅读障碍人士提供完全无障碍的访问。

服务和交流的无障碍:提供满足这些用户群体需求的服务和方案,使入馆的残疾人克服身体上和心理上的障碍,对工作人员进行培训。

特别服务:为未能前往图书馆的人士提供的送货上门服务,为院舍及护理设施内的人士提供的外展服务,为阅读有困难的读者提供的阅读服务。

合作:考虑如何与残疾人组织和个人进行合作,这些工作可以包括正式邀请合作开展各种项目,联合"头脑风暴"会议,计划在图书馆开展的活动,与组织或个人定期举行会议讨论未来的举措等。

监督与评价:建议将残疾人团体和支助组织的代表纳入评价进程。

国际图联制定的《残疾群体利用图书馆:目录指南》服务对象全面,考虑了各种不同类型的残疾人的阅读需求,服务内容详尽,列出了图书馆残疾人服务的影响因素包括经费、空间环境、设施设备、阅读资源、合作、监督评价,能够兼顾残疾人的身体与心理障碍,这些都为总结图书馆残疾人服务提供了一个重要的思路。

3. 国际图联《图书馆为阅读障碍人士服务指南》[3]

2001年,国际图联出版了《图书馆为阅读障碍人士服务指南》,这份指南的主要目的是为图书馆提供如何识别有阅读障碍的图书馆用户、如何接近他们以及如何相应地改善图书馆服务的想法、例子和建议。该指南列出了影响图书馆为阅读障碍人士服务的一系列因素,具体如下:

阅读的权利:包容、图书馆与利益相关者的合作。

图书馆经验:知识、经验和学习。

图书馆空间及展示方式:阅读材料的选择标准、阅读材料的展示、资讯科技工具、阅读网站的亲和力。

图书馆内外推广:通过在图书馆大屏幕上显示、利用图书馆参观展示相关资料、为有阅读障碍人士开设培训课程等方式传播。

图书馆工作人员:提高阅读意识和无障碍服务意识、接受专业教育和培训、终身学习、参与服务的策略性规划、服务与指导。

服务内容:印刷材料、易读出版物、有声读物、数字信息和电子书、同步文字和音频、数字多媒体(混合)书籍、使用多媒体。

阅读设备和辅助技术:移动设备、播放 DAISY 图书的设备和软件、文本到语音(TTS)或屏幕阅读软件、电子阅读器、额外的帮助。

《图书馆为阅读障碍人士服务指南》列举了对服务有重要影响的几个方面,具体概括为服务空间、服务意识、服务文献、服务设备与技术、服务内容以及与其他相关利益者的合作等。这份指南旨在帮助图书馆为阅读障碍者提供服务。残疾人是阅读障碍人群中的一部分,因此,该指南对于图书馆如何为有阅读障碍的残疾人服务提供了指导方针,可以成为图书馆工作人员服务残疾人的工具。

二、国内外图书馆残疾人服务标准/指南/规范中提到的影响因素

国内外很多国家都制定了图书馆残疾人服务的标准、指南,这里主要以中国、美国、英国、澳大利亚四个国家为例,提取这些国家的图书馆针对残疾人服务的标准、指南以及其他规范文件中所涉及的影响服务开展的主要因素。

中国于2011年8月颁布、2022年5月正式实施的《公共图书馆服务规范》规定,公共图书馆服务对象包括所有公众,努力满足残疾人的特殊需求。因此,此规范的内容适合残疾人服务对象。该规范规定了图书馆服务资源、服务效能、服务宣传、服务监督与反馈等内容,基本涵盖了服务的空间环境(含技术)、服务经费、文献资源、服务管理、服务技术、服务内容、服务宣传、服务监督反馈等方面。美国于1967年制定的《图书馆盲人及视觉残障者服务标准》对图书馆视障读者的服务进行了标准化规定,内容包括服务经费、服务人员、文献资源、服务设施设备、服务内容以及服务管理等方面。英国于2001年颁布了《公共图书馆标准》,内容面向包括残疾人在内的图书馆服务,这为图书馆"全面而有效的服务"提供了依据。此标准内容涉及图书馆的服务内容、馆藏资源、设施设备、人员培训与教育、服务推广、服务评价等。澳大利亚在2012年颁布的《公共图书馆标准与指南》,从馆藏、空间环境、设施设备、馆员培训、无障碍网站设计等方面阐明了图书馆面向残疾读者的无障碍服务规范。

可以看出,在已经出台的图书馆残疾人服务标准/指南/规范中,共有馆藏、馆员、空间环境(含设备)、服务经费、服务内容、宣传推广、合作和服务评价等8个影响因素。其中,馆藏、馆员、服务内容在每个标准/指南/规范中都出现了,说明是十分重要的影响因素,其次依次重要的分别是空间环境(含设备)、宣传

推广、服务经费、合作以及服务评价。此外,虽然文件未直接提及服务的管理,但在进行服务的过程中,服务管理无处不在,只有建立健全的管理制度,并按照既定的制度进行工作,才能确保服务工作的顺利开展。可以说,服务管理贯穿于图书馆残疾人服务的整个过程,它指引着服务的方向、规范服务的整个流程、监督服务的执行情况,因而服务管理是必不可少的一个内容。

第二节　图书馆残疾人无障碍阅读服务影响因素的实证研究

一、研究设计

(一) 研究方法

我国图书馆残疾人无障碍阅读服务理论与实践还处于起步和探索阶段,相关研究和可参考案例相对较少,并且探究服务影响因素及其作用路径要综合考虑残疾人实际体验,因此,关于图书馆残疾人无障碍阅读服务的研究不能局限于对相关文献的分析与梳理,还要进行更为深入的调查和分析。本研究选择扎根理论作为研究方法,以实际访谈材料为依据提炼服务的影响因素,并以此揭示服务的作用路径。

扎根理论是一种扎根于实证数据、归纳概括出一种理论以解释现象过程的质性研究方法[4],是由 Glaser 和 Strauss 在 1967 年提出[5]。扎根理论主张通过对相关资料的收集与编码,将其概念化和类属化,并且提炼出核心范畴与范畴之间的关系,最后分析归纳形成系统科学的概念体系和理论模型[6]。

扎根理论方法的核心流程:开放编码(构建初始概念与类属)——主轴编码(建立概念与类属间关联)——选择编码(确立最终概念与类属)。在理论模型的建立过程中,通过对原始访谈资料与原始访谈资料、范畴与更多资料、范畴与范畴的不断比较,从而不断提炼新范畴来修正理论,直至没有出现新范畴,最后达到理论饱和[7]。

(二)访谈问题设计

为了客观、全面、真实地寻找图书馆残疾人无障碍服务的关键影响因素,在开始运用扎根理论进行深度访谈之前,需要进行访谈问题的设计。访谈问题设计原则为:① 注意提出的访谈问题具有代表性和典型性,要围绕本研究的主题内容;② 注意提出的访谈问题具有开放性和多样性,尽量获取最大价值的相关研究信息[8]。访谈围绕以下问题展开但不局限于此:您希望从图书馆获取哪些信息资源?获取到自己想要的信息了吗?您觉得图书馆开展的残疾人无障碍阅读服务,哪些效果比较好,哪些还不够理想?为什么?希望图书馆通过何种方式或平台提供服务?对于图书馆开展的残疾人无障碍阅读服务,您还有哪些想法和建议?

(三)访谈样本选择

本研究选取南京特殊教育师范学院图书馆作为研究对象。该馆建有无障碍图书馆视障融合资源中心和听障融合资源中心。2014年,南京市残疾人联合会与南京特殊教育师范学院合作共建无障碍图书馆,该馆以南京特殊教育师范学院图书馆盲文阅览室为基础,依托南京特殊教育师范学院图书馆丰富的特色文献、完善的无障碍设施、先进的无障碍信息服务设备和专业的特殊教育大学生志愿者团队,在南京市残联提供部分资金、资源等方面的支持下,履行为南京市残疾读者提供书刊借阅、资料查找和终身学习的服务职能。多年来,南京特殊教育师范学院无障碍图书馆秉持为南京市残疾读者服务的理念,坚持将主动上门服务、为各种类型残疾人服务作为其工作重点,得到了南京市残联和社会各界的认可。本研究采取扎根理论的理论饱和原则,进行一对一的访谈,样本数以理论出现饱和、不再出现新范畴为止,最终样本选择23位残疾读者。样本情况见表4-1。

表4-1 样本信息一览表

分类		人数
性别	男	17
	女	6

(续表)

分类		人数
年龄	<30岁	3
	30~50岁	5
	>50岁	15
学历	初中或以下	6
	高中/中专/职校	11
	大专及以上	6
残疾类型	肢体残疾	3
	视力残疾	12
	听力残疾	8

二、编码与分析

(一) 开放式编码

开放式编码是从大量原始资料中建构概念,即把收集到的文本资料打散、分类、重组、归纳,通过分析文本资料所表达的本质含义,进而用词语标注出重要概念的过程。开放性编码的过程主要包括贴标签、概念化和范畴化。开放式编码的研究者要以开放的心态,不受研究界已有概念的束缚,在对原始数据处理的时候,可以选择逐词编码、逐句编码或者逐个事件编码[9]。本文在经过对原始资料的多次整理和分析之后,最终提炼出8个范畴,分别是服务空间(含设备)、服务内容、馆藏资源、宣传推广、馆员专业素养、社会协同、监督与评价以及制度环境。各主范畴具有的内涵及其所对应的初始编码所形成的范畴关系见表4-2。

表4-2 开放式编码形成范畴示例

范畴	概念	原始语句
服务空间（含设备）	无障碍设施	"视障、肢障:图书馆的无障碍环境比较好,出入图书馆很方便""听障:有单独的阅览空间,但最好多一些屏幕提示"
	阅读辅助设备	"视障、肢障:阅读所需的辅助设备很全面""听障:可以再增加沟通交流用的白板、屏幕显示器等"

(续表)

范畴	概念	原始语句
服务内容	内容的丰富性	"活动内容很丰富,可以兼顾到各类残疾人的阅读"
	个性化服务	"最好针对不同类型的残疾人举办特定的活动,根据我们的阅读需求制定服务内容""希望提供及时聊天式咨询平台"
馆藏资源	种类的全面性	"盲文书和大字本数量很多,更新也很快,可以获取到自己想阅读的书籍""有些书籍没有盲文版,图书馆有盲文制作服务,如果能开通网上预约制作服务就好了"
	载体的多样化	"纸本图书、电子书数量都很多,基本能满足我们的需求""每周的无障碍电影播放是对校内还是社会?如果社会残疾人士也可以,是否可以提供相关的志愿服务?"
宣传推广	持续性	"希望图书馆能持续举办残疾人阅读活动,并进行固定的持续的宣传"
	有效性	"有时候图书馆进行了宣传,但我们不知道""虽然关注到了活动的宣传信息,但没有详细的组织安排,我们不知道怎么参加"
馆员专业素养	服务意识	"图书馆工作人员态度很好,服务周到,但也有一些不了解服务情况,不知道怎么服务"
	专业技术	"视障:有专人帮助查找资料,帮助我们使用各种阅读辅助设备""听障:和馆员沟通有点问题,他们基本不会手语"
社会协同	与残联合作	"基本上每次活动都是残联、社区联系我们来参加,残联、社区联系和安排进馆,图书馆提供场地和服务,配合得很好"
	引入志愿者	"图书馆的志愿者学生很热情,服务很周到,也比较专业"
监督与评价	互动关系	"平时互动很少,只有在参加活动时可以询问交流"
	服务反馈	"活动后图书馆一般都会询问我们对此次服务的评价"
制度环境	政策引导	"国家已经出台了很多我们残疾人的文化阅读权利政策,希望接下来有更详细的政策文件,比如盲文书籍的数量和种类更多、网络平台使用更方便"
	行业规范	"图书馆服务比较规范,工作人员和志愿者学生态度好,也很专业""希望在服务细节上再提高,比如专人负责、借阅手续更便捷等"

(二)主轴编码

主轴编码是在开放式编码基础上,理清所提炼出的各个概念及其相互之间的关系,并进一步提炼、合并和归纳概念类属,通过深度挖掘各范畴之间的关系,整合出抽象层次更高的主范畴[10]。本研究通过对原始资料提炼出的 8 个范畴进一步归纳整合,并结合访谈具体语境进行提炼,最终得到 4 个主范畴,分别是用户归因、图书馆归因、政府归因、社会归因。主范畴、子范畴以及子范畴的具体内涵见表 4-3。

表 4-3 主轴编码过程

主范畴	子范畴	子范畴内涵
用户归因	阅读需求	残疾人的生理特点、阅读诉求以及心理需求
	阅读感知	残疾人对图书馆服务的认知、认可以及期望
图书馆归因	服务理念	图书馆的无障碍阅读服务理念及服务思维
	服务空间	图书馆的空间布局、环境设施以及阅读辅助设备
	服务资源	残疾人可阅读的纸质文献以及可访问的数据库、电子资源等
	服务活动	图书馆为残疾人提供的无障碍阅读服务活动
	服务反馈	残疾人对图书馆无障碍阅读服务的评价
政府归因	政府重视	国家在图书馆残疾人无障碍阅读服务方面给予的重视程度
	制度完善	国家出台图书馆残疾人服务的相关政策法规
社会归因	社会氛围	社会公众对残疾人无障碍阅读的普遍认知与支持
	组织支持	社会组织在图书馆残疾人无障碍阅读服务上的协同合作

(三) 选择性编码

选择性编码是在主轴编码的基础上深度挖掘主范畴,通过归纳和提炼形成核心范畴。在归纳总结分析中发现图书馆残疾人无障碍阅读服务的影响因素主要有"用户归因""图书馆归因""政府归因""社会归因",选择性编码形成主范畴的典型关系结构如表 4-4 所示。

表 4-4 选择性编码——典型关系结构

典型关系结构	关系结构的内涵
用户归因	残疾人的阅读需求、阅读感知是图书馆残疾人无障碍阅读服务开展的直接影响因素
图书馆归因	图书馆的服务理念、空间环境、馆藏资源、阅读活动等是图书馆残疾人无障碍阅读服务开展的关键性因素

(续表)

典型关系结构	关系结构的内涵
政府归因	国家的重视程度、政策法规等是图书馆残疾人无障碍阅读服务开展的保障性因素
社会归因	社会氛围、组织支持是图书馆残疾人无障碍阅读服务开展的外部驱动因素

(四) 理论饱和度检验

扎根理论的理论饱和度检验主要包括两个方面：一方面是对新收集的资料进行分析与提炼，根据提炼的关键词进行归纳，观察其是否产生新的范畴。另一方面是对新收集的资料进行语义分析，观察范畴间是否产生新的关系。如果没有发现新的范畴，也没有新的关系产生，则表明理论饱和度通过检验。因此，本研究将预留的5份访谈资料进行分析，发现并未产生新的概念与关系结构，表明理论饱和度验证通过。

三、模型阐释与研究发现

笔者基于扎根编码分析的结果，构建了图书馆残疾人无障碍阅读服务的研究模型，如图4-1所示。

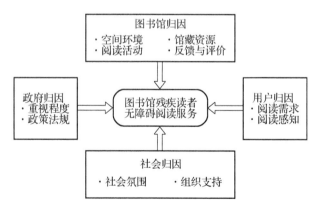

图4-1　图书馆残疾人无障碍阅读服务影响因素模型

(一) 用户归因

残疾人归因是图书馆残疾人无障碍阅读服务开展的直接影响因素,主要通过以下2条影响路径发挥作用:

1. 残疾人的阅读需求正向影响图书馆残疾人无障碍阅读服务

早在19世纪至20世纪,美国普尔·克特提出了读者"需要论",认为图书的选择不在于好或者不好,而应以读者需要为宗旨,读者需要的图书就是最好的图书,这种理论与目前图书馆遵循的"以读者为中心"的观念如出一辙。于鸣镝也指出"切合读者所需者,虽锱铢不遗,不合读者所需者,虽泰山不顾",表达了读者的需求是图书馆一切服务的中心的观点。

同时,我们还应看到,图书馆读者的需求并不是单一的、静态的,而是复杂的、动态的,并且在不同的时期或不同的情况下呈现出不一样的特点。俞国琴认为,读者需求分为基本需求、内在需求和未界定需求[11]。基本需求是读者在利用图书馆时明确的有意识的目标信息,是读者利用图书馆的目的,这种需求是图书馆在服务中需要及时满足读者的。而读者在利用图书馆的过程中,会产生一些潜意识或无意识的需求,这是读者的内在需求。可以说,读者需求的复杂化、动态化、多重化需要图书馆在服务读者时要综合判断考虑,既要分清主次,也要兼顾所有。

对于图书馆服务来说,读者的阅读需求是指读者对服务可以满足其阅读需求的期待,也即读者的阅读期望。读者利用图书馆进行阅读都是带着一定的主观期望,希望能获取到自己所需的信息,满足自己的阅读需求,残疾人亦如此。残疾人是图书馆服务的对象,图书馆服务开展中的资源、活动都围绕残疾人而创设,要想使图书馆的服务达到预期的效果,就必须以残疾人的阅读需求为目标,通过调查分析残疾人的残疾类型、残疾人的心理诉求和阅读倾向等来探索他们的阅读需求,从而使服务能够顺利开展并获得目标价值。

与健全读者一样,残疾人的阅读不仅仅在于借阅,还有更多的知识需求、创新需求等;也不仅仅在于最基本的阅读需求,还有内在的阅读需求。残疾人的生理特点也决定了他们阅读需求的多样性和复杂性,因此,图书馆在服务残疾人时,应满足于他们的基本阅读需求,同时挖掘他们内在的阅读需求,以使残疾人获取到更多的信息,更快地提升他们的知识水平。

2. 残疾人的阅读感知正向影响图书馆残疾人无障碍阅读服务

关于感知价值的研究始于20世纪80年代中期。1988年,营销学家Zeithaml从用户角度提出了感知的价值理论,她将感知价值定义为"基于对所得到的利益和所付出的成本的两方面的感知而对某一产品或服务效用的整体评价"[12]。Zeithaml认为感知价值是"得到"与"付出"两者之间的权衡,这一定义得到了社会的普遍认可,此后,感知价值理论的概念、内涵得到进一步深化。

目前,图书馆学界检验图书馆服务是否有成效的标准主要是读者的满意度评价。感知价值与满意度虽有诸多相似之处,但两者存在很大区别。感知价值是用户对感知收获和感知付出做出比较后对产品或服务的总体评价,偏重于认知;而满意度是用户对产品或服务价值所产生的积极或消极的情感反应[13]。可以认为,感知价值是用户满意的重要前因[14]。因此,在图书馆残疾人无障碍阅读服务中,分析残疾人阅读感知的结构维度更为重要。

在图书馆服务中,服务质量是一种由读者从主观上加以认可的质量,服务质量的好坏是由读者界定的[15]。读者在接受服务的过程中,通过自身对服务的体验与感受,包括服务环境、服务内容、服务方式等带来的信息获取便捷程度、阅读体验的无障碍程度,以此感知图书馆服务的实际水平和质量。读者对图书馆服务质量的感知是多方面的,有主观因素、客观因素,有硬件因素、软件因素,需要经过调查分析进行综合性地判断研究。

Zeithaml认为,用户对价值的感受与感知利得呈正相关关系,感知价值与使用意愿呈正相关关系,因此,残疾人的感知价值与阅读意愿也呈正相关关系,正面的、积极的感知价值往往是残疾人愿意阅读以及愿意利用图书馆服务的主要动因之一。目前,图书馆界对于读者服务感知的研究并不多见,尤其在残疾人无障碍阅读服务方面。要想真正满足残疾人的阅读需求,提升图书馆服务的全面性和创新性,针对残疾人的图书馆无障碍阅读服务研究不能只局限于对服务现状的分析、相关服务对策的探讨,也不应只是理论的堆砌,而应对残疾人的阅读感知及其结构维度进行具体分析。从残疾人阅读心理与阅读需求角度,可以将残疾人的阅读感知价值归纳为内容价值、社会价值、情感价值和知识价值。内容价值是指残疾人对图书馆在无障碍阅读服务内容提供方面的感知效用,社会价值是指图书馆无障碍阅读服务强化社会自我观念的能力所带来的效用[16],情感价值是指残疾人利用图书馆进行阅读所引起的情感上的抒发与共鸣,知识价值是指残疾人通过图书馆阅读所获得的自身知识结构与知识能力的提升。

一个有价值的图书馆服务应该是不仅能满足残疾人的基本阅读需求,而且应满足残疾人的心理和精神需求。

(二) 图书馆归因

图书馆归因是图书馆残疾人无障碍阅读服务开展的关键性因素,主要通过以下4条影响路径发挥作用:

1. 服务理念正向影响图书馆残疾人无障碍阅读服务

理念是行动的先导。理念决定着组织或个人的行为,也影响着一个组织或机构工作目标的拟定、规章制度的制定以及具体工作的实施,图书馆残疾人无障碍阅读服务工作也不例外。在图书馆事业发展过程中,服务理念的更新与变革推动图书馆体制的改革、机制的创新、活动的开展[17]。而残疾人的弱势,主要在于社会权利弱势导致的社会地位弱势,这与社会对他们的排斥以及对他们信息获取和使用的排斥密切相关。因此,为残疾人服务,首先要解决服务的思想意识问题,纠正长期以来在服务工作中存在的有意识或无意识的排斥思想,倡导服务的均等化和包容性。

《公共图书馆法》明确提出公共图书馆服务的原则,在第四章"服务"第三十三条强调各级公共图书馆"应当按照平等、开放、共享的要求向社会公众提供服务",为保障残疾人在内的所有人平等地享受图书馆服务,《公共图书馆法》第三十四条特别强调服务向残疾人等弱势群体倾斜,并要求公共图书馆为残疾人等社会弱势群体提供专门的服务。平等理念所提倡的图书馆服务,是一种全面性、包容性服务,但是受限于客观条件的限制,部分图书馆服务对残疾人设有一定的"门槛"或者没法提供相应的服务,致使残疾人不能享受到与健全读者一样的常规服务。而图书馆残疾人无障碍阅读服务意识的缺乏以及服务观念的偏颇将会导致系统有效的图书馆残疾人服务机制和方案的缺失,使得图书馆残疾人无障碍阅读服务工作难以开展,图书馆无法实现向社会全体公众服务的目标。因此,图书馆需要树立"以读者为中心"的平等包容的服务理念,将残疾读者服务作为常规工作任务,将无障碍服务贯彻到图书馆工作的每一个环节中,以残疾人的阅读需求为根本,只有这样,才能真正实现图书馆无障碍服务。

2. 空间环境正向影响图书馆残疾人无障碍阅读服务

依据布朗芬布伦纳(Bronfenbrenner)的人类发展生态学理论,环境对于个体行为、心理发展有着非常重要的影响[18],Donovan明确指出图书馆空间环境具有促进读者阅读体验的功能[19],艾登·钱伯斯的"阅读循环圈"理论也同样表达了阅读环境对阅读意愿和阅读习惯的重要性[20]。从宏观角度考虑,图书馆残疾人无障碍阅读服务环境需要实现物理环境、信息与交流环境的融合。图书馆物理环境包括馆舍建筑、馆内空间、服务设备,面对不同类型、不同阅读需求的读者,图书馆应通过合理配置物理环境的各种要素,形成一种既不相互干扰又能和谐共处的激励性环境和氛围,比如:通过空间功能分区,有效隔绝各个楼层声音的传播;通过设置馆藏和阅读功能齐全的特色阅读空间,为残疾读者提供一个独立又易阅读的环境;通过在馆内设置无障碍设施设备,吸引更多的残疾读者入馆与借阅。总之,面对多样化的服务对象,图书馆的馆舍建筑、空间布局、内部陈设、技术设施等应呈现多样性、复杂性和灵活性的特征[21],真正体现图书馆环境的融合与共享。

信息与交流环境主要是从读者获取信息、交流信息角度而言。根据相关研究与政策,图书馆信息与交流环境可以理解为:在物理环境实现的基础上,图书馆运用资源、技术、人员、网络等相关条件,为读者提供获取信息、利用信息、交流信息的环境。图书馆信息与交流环境中最为关键的因素是人,无论是资源、技术、组织、管理的统筹,还是和谐人文氛围的塑造,都离不开图书馆管理者以及馆员的组织与协调。图书馆人员的职业素养、专业水平是残疾读者愿意进入图书馆阅读、参与阅读活动的主要动力。布劳(Blau)在其社会交往研究中认为,"如果双方建立起跨群体的社会交往网络,彼此密切接触而不是'形式、表面'的互动,将促使彼此接纳对方,进而发生社会融合。"[22]由此而论,图书馆馆员应深入到残疾人群体中,深层次地了解他们的知识结构、心理特点、信息需求,及时调整、完善服务策略,为残疾人入馆阅读创造无障碍信息与交流环境。

3. 馆藏资源正向影响图书馆残疾人无障碍阅读服务

馆藏资源是图书馆建设的重要组成部分,馆藏特殊文献资源也是图书馆开展无障碍阅读服务的基础。为解决视障者阅读资源的短缺,世界知识产权组织于2013年6月27日通过了《马拉喀什条约》,要求缔约国在国内法中增加规定,对权利人的版权进行适当限制和例外,允许复制、发行和提供已出版作品的无障碍格式版,以此增加无障碍格式版作品的数量,为视障者提供更多可阅读的文献资源。2020年11月,我国人民代表大会常务委员会通过了《关于修改〈中华人民共和国著作权法〉的决定》,决定将其中的第一款第十二项内容修改为"以阅读障碍者能够感知的无障碍方式向其提供已经发表的作品",以此保障残疾人等阅读障碍者阅读文献作品的权利。在所有残疾人中,视障者的阅读资源、阅读方式受到的限制最多,《马拉喀什条约》的缔结和《中华人民共和国著作权法》的修订改善了视障者阅读资源匮乏的现状,也为图书馆服务残疾人提供了更多的法律保障。

图书馆特殊文献资源是否能够满足残疾读者的阅读直接影响着残疾读者是否继续使用图书馆,也影响着图书馆开展无障碍阅读服务的质量。目前,很多公共图书馆的特殊文献资源存在着数量短缺、内容老旧的现象,而特殊教育高校图书馆虽拥有一定数量的特殊文献资源,但对社会残疾人开放程度不够,导致出现以下两种残疾人阅读的现状:一种是有阅读需求的残疾人求"书"难,阅读渠道波折;另一种是一部分残疾人因接触不到"书"而没有阅读需求,无法提升自身的文化水平,也无法跻身"主流"社会。

党的十八大提出,建立以权利公平、机会公平、规则公平为主要内容的社会公平保障体系,努力营造公平的社会环境,保证人民平等参与、平等发展权利。全面建成小康社会,就必须坚持维护社会公平正义,合理配置各种社会资源,重点向弱势群体倾斜,实现共同富裕。党的十九大增加了"幼有所育""弱有所扶"的重要思想,更精准、全面地补齐了民生"短板",对保障和改善残疾人民生,帮助残疾人共享发展成果、同奔小康做出部署。要实现社会公平,促进残健融合,就必须从根本上解决残疾人的问题,即提高残疾人的文化素养,增强他们立足社会的能力。而图书馆担负着实现全民文化素质提高的重大使命,为残疾人提供他们所需要的文献资源是其服务的关键环节,因此,图书馆必须积极寻求拓宽特殊文献资源的路径,通过购买、制作、合作等多种方式收集特殊文献资源,达到资源配置的最优化。图书馆还应兼顾纸质资源与数字资源的协调与互补,达到资源配置的合理化。

4. 阅读活动正向影响图书馆残疾人无障碍阅读服务

阅读是社会公民最基本的文化权利,也是最为普遍、最为持久的文化需求。阅读是传承文明、更新知识、开启民智的重要方式,也是提高民族素质与国家文化软实力的重要途径。1972年,联合国教科文组织向全世界发出了"走向阅读社会"的号召,要求社会成员人人读书,让读书成为人们日常生活中不可或缺的部分。自此,"全民阅读"成为很多国家和地区重要的文化发展战略。自党的十八大以来,"开展全民阅读活动"已经成为我国党中央的一项重要战略部署,"全民阅读"是我国全面建成小康社会、促进社会公平正义的必然要求,是提升残疾人文化权利保障的重要举措,也是我国构建社会主义和谐社会的重要保证。为此,我国从2014年起连续九年将"全民阅读"写入政府工作报告,并要求持续深入推进。全民阅读离不开残疾人的阅读,只有残疾人参与的阅读才是真正意义上的全民阅读。

图书馆针对残疾人开展无障碍阅读活动,对于残疾人阅读习惯的养成、文化素养的提升以及图书馆残疾人服务工作的成效具有十分重要的意义。据调查,目前我国图书馆的残疾人无障碍阅读活动存在着一些问题,主要表现在定位不够准确、精准度不高、推广不力以及活动持续性不强等问题,以致活动效果不理想。因此,图书馆应积极提升阅读活动的效果,在活动定位、活动推广、活动内容等方面下功夫。具体表现为:一是确保阅读活动定位的准确性。图书馆应摒弃服务健全读者的思维惯式,对残疾读者的情况进行具体分析,精准定位服务目标。二是宣传推广模式的创新性。图书馆应注重宣传推广模式的创新,围绕无障碍阅读主题制定完善的活动方案,打造立体化推广模式。多方位、多渠道进行阅读推广宣传,吸引更多的残疾人参与到图书馆的阅读活动中来。信息时代为全面进行阅读推广提供了便利条件,新媒体让宣传成效有了质的飞跃,通过微信、微博、抖音等新媒体平台宣传图书馆无障碍阅读活动,可以让宣传更为高效快捷。同时,图书馆还应利用电视、报纸、广播等传统媒介进行宣传,以吸引无法利用或不善于利用新媒体的残疾人参与到无障碍阅读活动中。此外,图书馆还应积极与残联、社会公益组织联系与合作,更广泛地将活动推广到残疾群体中去。三是阅读活动内容的针对性。图书馆阅读活动的目的是让残疾人无障碍地阅读,获取需要的资源,而不是为了活动而活动。因此,图书馆不能抱着完成任务的心态开展阅读活动,而要以无障碍阅读服务成效为目标,从残疾人的角度出发制定无障碍阅读活动方案,针对残疾人的兴趣、需求、认知等因人而异地开展活动,使残疾人在无障碍阅读活动中有所获、有所得、有所感,从而激发残疾人阅读的兴趣与激情,使他们爱上阅读,养成良好的阅读习惯。

(三)政府归因

政府归因是图书馆残疾人无障碍阅读服务开展的保障性因素,主要通过以下2条影响路径发挥作用:

1. 政府重视正向影响图书馆残疾人无障碍阅读服务

政府及其相关部门的认知态度和重视程度是图书馆残疾人无障碍阅读服务的重要推力与支撑,他们的决策直接决定着此项工作的推进力度和执行效力。政府对图书馆残疾人无障碍阅读服务工作的重视,主要表现为:一是政府提供的服务经费支持。2015年1月14日,中共中央办公厅、国务院办公厅印发了《关于加快构建现代公共文化服务体系的意见》,强调各地应落实资金,建立健全财务保障机制,为公共文化服务体系建设提供必需的保障。服务经费的落实能够让图书馆有财力去购置与残疾人无障碍阅读服务相关的服务资源,能够为服务的顺利推进提供强有力的经济保障。二是政府推动图书馆与社会各界的协同合作。2017年1月23日,国务院印发了《"十三五"推进基本公共服务均等化规划》,提出政府加大向社会力量购买公共文化服务力度,实现公共文化服务资源整合和互联互通。图书馆的公共文化服务使命是由各文化机构、社会各界力量通过优势互补、协同合作共同完成的,政府作为决策层能够在图书馆与其他文化机构之间、图书馆与社会力量之间发挥良好的协调支持作用,政府在此项合作中参与的越多、提供的保障越多,落实成效就越明显。

2. 政策法规正向影响图书馆残疾人无障碍阅读服务

政策工具是由政府以政策目标为导向,以达成政策效果为标准而采用的系列措施,具体体现为法律、行政、财政等强制性、激励性相结合的多种举措[23]。政府是政策的制定者,政府在图书馆残疾人服务事业发展中的重要作用就是制定保障图书馆残疾人服务事业发展的政策法规,并实施科学、合理的产业政策更好地引导图书馆的外源动力机制与内源动力机制相配合[24]。政府出台图书馆残疾人无障碍阅读服务相关政策,决定着图书馆开展此项服务的方向。在政策法规的指导下,图书馆自发地产生自我发展的内在需求以及寻求残疾人服务事业发展的内在力量,同时,图书馆在与社会各界的交互合作中感知到自我的社会责任而产生促进社会融合的责任担当。此外,政府对图书馆残疾人无障碍阅读服务相关政策的制定、优化与完善,对此项服务制度的推进与监督,影响着残疾人对阅读的认知与需求,也影响着残疾人对图书馆无障碍阅读服务的认知与参与。

政府的政策法规对图书馆残疾人无障碍阅读服务的影响主要体现在国家法律、行业规范和图书馆内部规章制度三个层面。从国家层面上,政府应建立完善的无障碍阅读服务政策法规,内容涵盖经费投入、无障碍设施设备、特殊文献资源、专业馆员、社会协作等。从全局观角度为图书馆残疾人无障碍阅读服务提供政策性支持,为图书馆真正落实服务指明方向。从行业发展层面上,文化主管部门应建立残疾读者工作委员会、残疾读者图书馆支持中心等相关组织,统筹各级各类图书馆的无障碍阅读服务,通过构建残疾人公共文化服务体系、制定服务相关规范和标准等文件来推进服务的开展。同时,政府的政策法规对图书馆服务工作流程及规章制度进行监督与规范,也直接影响图书馆残疾人无障碍阅读服务工作的规范化,间接影响残疾人利用图书馆进行无障碍阅读的效果。

(四) 社会归因

社会归因是图书馆残疾人无障碍阅读服务开展的外部驱动因素,主要通过以下 2 条影响路径发挥作用:

1. 社会氛围正向影响图书馆残疾人无障碍阅读服务

良好的社会环境氛围能对图书馆残疾人无障碍阅读服务起到极大的推动作用。有关社会环境氛围的研究最早可追溯到 20 世纪 30 年代德国心理学家库尔特·勒温(K. Lewin)对人类行为与其环境之间的关系研究[25]。社会中的每一个人或者每一个组织都不是一个完全独立的个体,都是依附于一定的环境而存在,并与所处环境中的其他个人与组织存在着各种交织。同样,作为公共文化组织机构的图书馆及其行为也不能脱离于社会环境而正常进行,社会环境氛围影响着图书馆服务工作的开展。

这里的社会环境氛围主要包括社会阅读氛围和社会大众对图书馆残疾人无障碍阅读服务的认知。社会阅读氛围的营造是图书馆残疾人无障碍阅读服务得以开展的重要支撑。阅读是传承人类文明、启迪人类智慧的行为,一个人的知识与见识,离不开阅读的行为,只有在不断阅读中,人才能成为一个高尚的智慧的人。新教育实验发起人朱永新曾说"一个人的精神发育史就是一个人的阅读史",显然,只有当社会大众意识到阅读对他们生活的各个方面所起到的重要作用时,图书馆的阅读服务才有意义。无障碍阅读服务指的是什么?图书馆残疾人无障碍阅读服务有哪些?服务有什么作用?这些问题应该是盘旋在社会大众脑海中的疑问。只有弄清了这些问题,图书馆针对残疾人的服务才能顺利开展并持续下去。因此,作为公共文化机构的图书馆需要承担起营造全民阅读、书香社会的社会文化氛围,更要树立良好的无障碍阅读服务形象,通过各种媒体宣传和有形展示来宣传全民阅读和图书馆残疾人无障碍阅读服务，以引起社会公众对阅读的关注与热情，也才能吸引更多的残疾人进馆阅读。

2. 社会支持正向影响图书馆残疾人无障碍阅读服务

社会支持产生于心理学，最初是指"提供支持的人与接受支持的人所能感觉到的资源交换"[26]。到20世纪70年代，精神病学将社会支持引入学科发展中，主要研究人对人的社会支持。20世纪末期，研究者开始将社会支持融入社会网络，研究社会资源在社会网络中的流动、交换问题。目前，社会支持这一概念广泛运用于与弱势群体相关的理念体系，社会支持的本质是"连接"，图书馆残疾人无障碍阅读服务社会支持指的是图书馆在为残疾人服务过程中的一切社会连接，这些社会连接可以为图书馆提供服务所需要的社会资源。社会连接分为"强连接"和"弱连接"，形式有客观的物质支持和主观的精神支持，这些社会连接的存在可以为图书馆服务于残疾人扫除物质上和精神上的障碍。

狭义的社会支持是指社会力量利用自身力量对图书馆提供的客观与主观上的支持。要把握社会支持的内涵与本质，就需要科学地把握社会支持的主体、客体、内容和手段。在图书馆残疾人无障碍阅读服务中，社会支持的客体是图书馆残疾人无障碍阅读服务，社会支持的主体即社会力量，主要包括个人、群体或国家。据调查，图书馆残疾人无障碍阅读服务建设中存在着经费不足、资源短缺、专业人才缺乏等问题，严重影响了图书馆无障碍阅读服务的可持续性发展。要改变这些情况，图书馆需要强有力的资金、资源、技术、人才支持。而政府、社会组织的支持可以弥补这些问题，使其在资金投入、资源供给、项目基金、人才培养等方面给予积极的帮助与支持。社会支持中的个人支持主要指和残疾人关系密切的亲人、朋友、老师以及同事等，他们是残疾人生活中的重要他人。由于生理的某种缺陷，残疾人在生活、学习、工作中都离不开他们的帮助与支持，因此，图书馆残疾人无障碍阅读服务只有在获得残疾人重要他人认可的情况下，才能更好地将服务开展并持续下去。

社会支持的内容和手段是社会支持的介体，他们是连接社会支持主体与客体的纽带，也是架设在社会支持主体与客体之间的桥梁。陈成文认为，社会支持的内容和手段是由社会支持的客体决定的，也就是由社会支持客体的需要决定的，更是由社会支持客体需要结构中的优势需要决定的[27]。在图书馆残疾人无障碍阅读服务建设中，社会支持的内容和手段主要取决于残疾人的阅读需求，因此，让社会力量参与到图书馆服务中来是图书馆吸引社会支持参与的必要举措,只有让社会力量了解图书馆残疾人无障碍阅读服务的实质、过程以及现状,了解残疾人的心理特点与阅读需求,了解服务中存在的问题,才能让社会力量制定针对性的支持方案,采取科学合理的支持措施,有效发挥图书馆残疾人无障碍阅读服务社会支持的积极作用。

第三节　本章小结

图书馆残疾人无障碍阅读服务不是一个孤立的个体,它是一个综合性、复杂化、系统化的工程,在这个服务建设过程中,涉及服务的方方面面,这些方方面面影响着图书馆服务的质量和效率,影响着图书馆服务的进程与发展。可以说,对图书馆残疾人无障碍阅读服务影响因素的研究是整个服务工作的灵魂与关键,它主导着服务建设的成效,决定着服务建设的未来走向。

从服务的主客体来说,图书馆是服务的主体,是施予者;残疾人是服务的客体,是受予者。图书馆与残疾读者之间存在着施予和受予关系,图书馆是服务的输出者,残疾人是服务的接受者。然而,残疾人并不是被动地接受服务,在服务过程中,它可以感知服务的价值,通过对服务内容、服务方式、服务资源、专业人员的价值评价促使图书馆对服务进行调整与完善,直至达到他们的阅读需求。图书馆残疾人无障碍阅读服务中主体与客体之间的这种能量转换是循环往复、周而复始的,他们通过施与、受予、反馈、修正,然后继续施与的循环过程不断推动服务的发展。

从服务的介体来说,服务的内容和手段是服务的媒介,是服务主体与客体之间传递信息的介质。对于残疾人来说,服务内容是满足其阅读需求的最关键因素,它影响着残疾人使用图书馆,是图书馆服务质量的直接体现。而目前我国很多图书馆存在着残疾人使用率低的问题,其原因主要在于图书馆服务内容存在不符合残疾人阅读需求的情况,主要表现在两方面:一种是图书馆未提供或提供较少的服务无法满足残疾人的阅读需要;另一种是图书馆提供了尽可能多的服务,但这些服务并没有使残疾人满意。因此,图书馆必须重视对残疾人无障碍阅读服务内容的管理,制定切实可行的管理策略,对服务内容进行精细化分类,根据残疾人的不同特点与不同需求进行内容输送,以提高残疾读者的阅读满意度,从而提高残疾读者黏性。服务手段是图书馆进行残疾人无障碍阅读服务时使用的方式方法。长期以来,我国图书馆对待残疾读者都是以文献借阅的传统方式为主,服务工作只局限在图书馆内,服务方式单一。然而残疾人生理的特殊性导致的进馆难、阅读难问题使图书馆传统服务对残疾人而言存在很多障碍。新媒体时代的到来为不能进行传统阅读者提供了多种阅读途径,图书馆需要改变服务思路,以残疾人为中心,探究图书馆服务模式的多种路径,实现真正的残疾人无障碍阅读。

从动态结构而言,图书馆残疾人无障碍阅读服务可以看作是一个动态、开放的系统,其不仅受到内部双方的共同影响,同时还与外部环境相互影响、相互作用。在图书馆残疾人无障碍阅读服务中,主体、客体、介体等都属于服务的内部影响因素,是图书馆服务中的直接影响因素,这些因素是图书馆在残疾人服务中必不可少的要素,缺少了这些要素,图书馆残疾人无障碍阅读服务就无法进行。与图书馆残疾人无障碍阅读服务相关的制度规范、社会支持等要素是服务的外部影响因素,他们能够影响服务的效率与进程,但同时这种影响也是相互的,图书馆服务的现状和效果也影响着外部环境,促使相关政策规范的完善,促进社会力量支持内容与方式的调整,直至达到最佳。

参考文献:

[1] 文化部图书馆事业管理局科教处.世界图书馆事业资料汇编[M].北京:书目文献出版社,1990:100-101.

[2] Irvall B, Nielsen G S. Access to libraries for persons with disabilities:Checklist[R]. The Hague:IFLA Headquarters, 2005.

[3] Library I F O. About ifla[M]//The International Federation of Library Associations and Institutions. Berlin, Boston: De Gruyter, 1977.

[4] 单轸,陈雅,邵波.云环境下我国高校图书馆业务流程重组机制分析:基于扎根理论的质性研究[J].大学图书馆学报,2022,40(3):48-55.

[5] Glaser B G, Strauss A L. The discovery of grounded theory: strategies for qualitative research[M]. New York: Transaction Publishers, 1999.

[6] 陈茫,张庆普,郑作龙.面向高校科研的微信知识服务影响因素与作用路径探析:基于扎根理论的探索性研究[J].情报学报,2017,36(1):49-60.

[7] 张晓娜.扎根理论视角下的公共图书馆健康信息服务满意度影响因素[J].图书馆论坛,2019,39(7):91-98.

[8] 陈茫,唐家玉.图书馆移动知识服务的影响因素探析[J].图书馆,2017(9):25-30.

[9] 柯平,张文亮,李西宁,等.基于扎根理论的馆员对公共图书馆组织文化感知研究[J].中国图书馆学报,2014,40(3):37-49.

[10] 曹国凤,贾晓彦,张丽.高校图书馆参与公共文化服务体系影响因素研究[J].图书情报工作,2019,63(6):35-40.

[11] 俞国琴.图书馆数字资源服务下的读者价值需求研究[J].图书馆理论与实践,2017(11):80-85.

[12] 菲利普·科特勒.市场营销管理[M].北京:中国人民大学出版社,1998:102.

[13] 李武.感知价值对电子书阅读客户端用户满意度和忠诚度的影响研究[J].中国图书馆学报,2017,43(6):35-49.

[14] 赵文军,谢守美.大学生移动阅读感知价值、满意度与行为意向的关系:以超星移动阅读App平台为例[J].图书情报工作,2019(3):98-107.

[15] 周波兰.图书馆读者服务质量感知和期望剖析[J].情报探索,2011(8):26-28.

[16] Sweeney J C, et al. Consumer perceived value: The development of a multiple item scale[J]. Journal of Retailing, 2001, 77(2): 203-220.

[17] 王宏鑫,陶书志.图书馆观念在图书馆发展中的地位、作用与实现[J].图书馆建设,2011(2):6-9.

[18] Bronfenbrenner U. The Ecology of Human Development: Experiments by Nature and Design[M]. Cambridge, Mass.: Harvard University Press, 1979.

[19] Donovan J M. Keep the books on the shelves: library space as intrinsic facilitator of the reading experience [J]. The Journal of academic librarianship, 2020, 46(2):102104.

[20] 钱伯斯.打造儿童阅读环境[M].许慧贞,蔡宜容,译.北京:北京联合出版公司,2016.

[21] 杨文建,邓李君.人工智能与智慧图书馆空间变革[J].图书馆工作与研究,2020(8):5-12.

[22] 彼得·布劳.不平等和异质性[M]王春光,谢圣赞,译.北京:中国社会科学出版社,1991:394-395.

[23] 薛二勇,周秀平.中国教育脱贫的政策设计与制度创新[J].教育研究,2017,38(12):29-37.

[24] 赵晖.图书馆服务创新动力机制研究[J].图书馆学研究,2009(2):77-79.

[25] Lewin K, Lippitt R, White R K. Patterns of aggressive behavior in experimentally created "social climates"[J]. The Journal of Social Psychology, 1939, 10(2): 269-299.
[26] Shumaker S A, Brownell A. Toward a theory of social support: Closing conceptual gaps[J]. Journal of Social Issues, 1984, 40(4): 11-36.
[27] 陈成文. 社会弱者论[M]. 北京: 时事出版社, 2000: 142.

第五章

图书馆残疾人无障碍阅读服务与管理体系建设

我国残疾人享有文化和教育机会平等，平等地享有参与文化生活的一系列法律规定的权利。同时，随着时代的进步与社会的发展，残疾人在基本的生理和安全需求得到满足之后，对文化信息需求变得更为迫切，急于通过文化阅读实现自己的人生价值，融入主流社会。公共图书馆作为保障全体公民基本文化权益的重要阵地，有责任有义务承担起残疾人的文化阅读服务重任。而在融合教育背景下，如何为残疾学生提供无障碍阅读服务以及进行学业支持，已经成为高校图书馆迫切需要解决的问题。

图书馆服务与管理是图书馆残疾人无障碍阅读服务的内部影响因素，它是服务的具体实施方，直接面对残疾人、服务于残疾人，承担着残疾人阅读无障碍的重任，对图书馆残疾人服务事业和残疾人无障碍阅读起着关键性的作用。因此，探索图书馆残疾人无障碍阅读服务与管理体系是图书馆残疾人无障碍阅读服务得以落实的关键。

第一节 图书馆残疾人无障碍阅读服务与管理体系的特征

图书馆残疾人无障碍阅读服务与管理体系建设是图书馆为残疾人服务中关键性的一个环节，它与残疾人的信息获取、文化水平提升、融入社会有着直接的关系。为更好地促进体系的构建，我们首先应了解图书馆残疾人无障碍阅读服务与管理体系的特征。

一、人本化

"人本化"表达的是以人作为目的，把人的价值作为社会终极价值的思想倾向，其实质便是"以人为本"，即尊重人的价值，满足人的需要，促进人的发展。在图书馆服务与管理中，人本化便是"以读者为本"，体现的是对读者的关爱尊重，以读者为中心，围绕读者的需求开展工作，从服务的思想、制度、内容、方法等全方面贯彻实施以读者为中心的理念。图书馆残疾人无障碍阅读服务与管理体系的人本化具体体现在以下三个方面：

（一）平等对待读者

以人为本就是以所有读者为中心，全体公民的阅读需求和价值提升是图书馆的责任与宗旨，同时，图书馆本身所具有的公益性和开放精神又赋予了它对所有读者一视同仁的态度。印度图书馆学家阮冈纳赞的《图书馆五定律》第二条法则"书是供所有人使用的"正是对图书馆服务人本化思想的经典表述。因此，无论是健全读者，还是残疾读者，只要是图书馆的读者，图书馆都有义务对他们一视同仁。

（二）尊重读者

尊重读者，主要从精神层面揭示图书馆服务与管理的本质特征，图书馆对读者的尊重体现在对读者人权的尊重，包括对读者法律人格、制度人格以及心灵和情感的尊重[1]。残疾读者由于生理的缺陷在社会中处于相对弱势地位，其生存、文化以及其他权利得不到重视。2019年7月25日，我国《平等、参与、共享：新中国残疾人权益保障70年》白皮书发布，指出残疾人生活状况与残疾人对美好生活的期待相比依然存在较大差距，基于残疾的歧视依然存在。进而对促进和保护残疾人权利和尊严，保障残疾人平等参与政治、经济、社会和文化生活提出了进一步的要求。在大力提倡平等服务的图书馆领域，其服务基本还是以普通读者为主，忽视了残疾人的阅读权利、阅读需求以及心灵情感的需求。因此，"人本化"服务应更加注重处于社会边缘的残疾读者的阅读权利、阅读需求、情感需求，真正做到尊重残疾人的价值，满足残疾人的需要，促进残疾人的发展。

（三）关爱读者

图书馆作为公益性机构，在服务与管理中体现人文关怀是其应有之举。而对于获取信息和阅读困难的残疾读者，图书馆更应体现其人文关怀。2008年我国图书馆学会审议通过的《图书馆服务宣言》强调，图书馆应致力于消除弱势群体利用图书馆的困难，为全体读者提供人性化、便利化的服务。对残疾读者的关爱，应从服务权利的保障、服务资源的配置、服务氛围的营造着手，根据残疾读者的需求制定人性化的服务准则，根据残疾人的个体性和差异性设计和提供多样化的无障碍阅读服务，在资源配置中体现公平原则，尽可能将资源向处于弱势的残疾读者倾斜,在服务过程中营造自然、温馨、舒适的阅读氛围。

二、均等化

无论是世界性的权利文件,如《人权和公民权宣言》(简称《人权宣言》)(1789年)中"法律之前人人平等,并有权享受法律的平等保护,不受任何歧视"、《残疾人权利宣言》(1975年)中"残疾人享有的公民权利和政治权利与其他人一样",以及《残疾人权利》"机会均等"的一般原则等规定,还是国家性的宪法和法律文件,如我国《中华人民共和国宪法》(1954年)关于"中华人民共和国公民在法律面前一律平等""国家尊重和保障人权",《中华人民共和国残疾人保障法》(2008年)关于"残疾人在政治、经济、文化、社会和家庭生活等方面享有同其他公民平等的权利"的规定,无一不彰显所有人同等享受国家和社会赋予的一切权利的精神实质。文化服务领域的《图书馆服务宣言》(2008年)也首先指出"图书馆要向全体社会成员提供平等的服务"。因此,均等化已成为现代社会人权的基石,也是现代公共文化服务的基本要求。

图书馆通过以普遍均等、惠及全民为目标,以全体公民需求为导向,最终促成社会制度公平、社会和谐发展、全民整体素质提升的信息文化阅读服务,是图书馆均等化服务的内涵所在。图书馆均等化服务具体体现在三个方面:一是政策制定、政府投入的均等化。政府主导下的图书馆服务首先需要服务政策上的公平,能以全体公民文化素质提升为目标,将特殊人群的文化需求提高到与健全人同样的位置。二是图书馆服务的全民无障碍化。面向全民服务的图书馆首先应解决的是全体读者的阅读权利与阅读便利,为此,图书馆应为所有人创造无障碍的阅读环境,包括服务理念、氛围以及阅读服务所需的一切资源。三是包容残疾的存在与发展,通过图书馆无障碍阅读服务的实现促使残疾人与健全人一样平等参与社会,实现社会融合。

三、共享性

图书馆资源的公共性决定了每个公民享有图书馆资源的权力。图书馆资源是一种共有资源,其公共性决定了图书馆公共服务的价值取向——"普遍平等、惠及全民"[2],这种价值思想包括"服务起点公平、服务过程公平及服务结果公平"[3]。具体体现在：

（一）基于图书馆服务的共享

残疾人的特殊情况在一定程度上限制了利用图书馆阅读的机会，久而久之使得图书馆在服务中忽略了这个特殊群体的存在与需求。然而，残疾人也是图书馆公益服务对象中的一分子，是多样性读者中的一部分，他们有权利与普通读者共同享用图书馆的一切服务与资源。因而图书馆应在服务目标、服务决策、服务过程以及服务结果等各个环节中始终贯彻"全民共享"的服务追求。

（二）基于特殊资源的共享

因特殊资源的有限，不同层级不同类型的图书馆之间，包括同类型各级别的图书馆之间，公共图书馆与高校图书馆之间，应实现服务资源与服务模式的共享。特殊教育高校图书馆资源的相对丰富，除了满足本校残疾学生的阅读需求外，也可以走入社区，为社区残疾人带去无障碍阅读服务。此外，图书馆应联合起来进行资源整合，构建特殊资源共享平台，让每个地区的残疾人都能获取到图书馆的资源。

（三）基于服务模式的共享

我国图书馆残疾人服务历程较短、经验有限，尤其是中小型公共图书馆，缺乏残疾人无障碍服务的理论与实践经验，而一些省级、市级公共图书馆和特殊教育高校图书馆在多年的服务中对残疾读者的心理特征、信息需求和阅读期望有一定的了解，也积累了相对成功的无障碍阅读服务经验，可以为其他图书馆提供相对成熟的服务模式，为其他图书馆节省探索的时间。

四、参与性

图书馆服务是一项公益性、公共性、服务性的事业，需要全社会的关注与支持。我国也一向重视社会力量参与图书馆服务与管理，鼓励社会各界无论是团体还是个人积极参与到图书馆服务与管理中来，在经费投入、管理运营、读者服务方面为图书馆的建设与发展提供补充性资源。为此，国家出台的相关政策中都提出指导社会力量参与，例如：2007年8月颁布的《关于加强公共文化服务体系建设的若干意见》要求公共文化服务体系建设"坚持以政府为主导、鼓励社会力量积极参与";2016年12月通过的《中华人民共和国公共文化服务保障法》提出"鼓励和支持公民、法人和其他组织参与公共文化服务""鼓励经营性文化单位提供免费或者优惠的公共文化产品和文化活动";2017年11月通过的《中华人民共和国公共图书馆法》规定"县级以上人民政府应当积极调动社会力量参与公共图书馆建设";2008年10月中国图书馆学会发布的《图书馆服务宣言》中也明确表示"图书馆欢迎社会各界通过资助、捐赠、媒体宣传、志愿者行动等各种方式,参与图书馆建设"。

在图书馆服务对象中,残疾人这一特殊群体成为文化部门以及社会其他群体特别关注的对象,残疾人对阅读的日益重视与图书馆阅读资源的匮乏形成了鲜明的对比,在此情况下,图书馆残疾人无障碍阅读服务亟待全社会的支持与参与。第一,基金会、企业和非政府组织等通过资金投入的形式为服务提供经费支持,主要以项目资助的方式帮助图书馆完善残疾人无障碍阅读服务;第二,企业和个人通过提供无障碍服务基础设施、阅读设备等赞助形式来保障图书馆残疾人无障碍阅读服务的持续性开展;第三,通过加大宣传力度、营造扶残助残的优良社会环境,引导社会人士参与图书馆残疾人无障碍阅读服务的具体实践,规范和发展志愿者队伍。

第二节　图书馆残疾人无障碍阅读服务与管理体系的内容

建立和完善图书馆残疾人无障碍阅读服务与管理体系是提升残疾人教育文化水平、改善残疾人生活质量、实现社会大融合的基本任务。本研究主要从图书馆层面上,探索图书馆如何通过创新机制研究,围绕服务环境、服务资源、服务活动和服务评价等方面,促进图书馆残疾人无障碍阅读服务与管理体系的完善与发展。

一、无障碍服务环境

从宏观角度考虑,环境包括物理环境、信息环境、人文环境以及人文环境下的人们的精神内涵。依据布朗芬布伦纳(Bronfenbrenner)的人类发展生态学理论,环境对于个体行为、心理发展有着非常重要的影响[4]。

(一) 无障碍物理环境

基于残疾人的生理特殊性,图书馆的物理环境是他们走入其中进行阅读的先决条件。面向残疾人的图书馆物理环境,主要包括图书馆建筑设计和无障碍设施设备。无障碍物理环境以方便残疾人入馆为目的,将无障碍停车位、图书馆入口、图书馆内的各个区域都纳入考虑范围,具体包括:针对视障读者的有盲道、盲文标志、音声诱导装置以及听书机、助视器、读屏软件、盲文打字机、盲文扫描仪、盲文学习机、录音笔、点字辞典、专用电脑等设备;针对肢残读者的有无障碍停车位、坡道、扶手、自动门、专用洗手间以及低位借阅台、可调节阅览桌椅等;针对听障读者的有白板、字幕显示器、指示牌等。

从国际图联《残障人士访问图书馆:目录指南》到各国制定的图书馆无障碍设计规范,都普遍强调"合理便利"和"通用设计"的原则。合理便利是联合国残疾人权利公约中的一个关键概念,指的是根据具体需要,在不造成过度或不当负担的情况下,进行必要和适当的修改和调整,以确保残疾人在与其他人平等的基础上享有或行使一切人权和基本自由。因而,图书馆无障碍物理环境的建设或改造,应考虑残疾人的阅读权利,同时不造成过度或不当负担,也就是做到要必要、有效和适当。通用设计综合考虑所有人所具有的各种不同的认知能力与体能特征,构筑具有多种选择方式的使用条件[5],从而提供让所有人可以使用的图书馆的建筑和设施,如图书馆的自动门设置、借阅台有高低之分、书架间隔足够容纳轮椅转弯等。总而言之,图书馆无障碍物理环境在考虑合理便利的同时还要兼顾实用性和可持续性的特点。

(二) 无障碍信息环境

图书馆无障碍信息环境是将公共设施建设无障碍、信息无障碍理念运用到图书馆服务体系中而形成的一个新概念[6],其目标是使残疾人在信息获取和使用上与健全人享有均等机会,提升残疾人的文化教育水平,促进残疾人和主流社会的融合。借鉴中国互联网协会对信息无障碍的定义,图书馆无障碍信息环境主要指任何人无论健全人还是残疾人,在任何情况下都能平等地、方便地、无障碍地获取和利用图书馆信息服务,以实现信息面前人人平等的目标。从广义上来说,残疾人在图书馆无障碍地进行信息获取和交流的环境都是无障碍信息环境的范畴。从狭义上讲,无障碍信息环境主要指信息技术相关软硬件本身的无障碍设计,包括网络无障碍以及数字资源无障碍。本研究探讨狭义范畴,其他内容将在文化助残部分涉及。

图书馆网站的无障碍需要遵循一定的设计标准,如可访问性、可操作性、可理解性、可兼容性,实现网站结构无障碍和辅助技术无障碍。做到网站栏目清晰,导航明确;确保键盘可控制,键击时间合理;网页文字可转换与替代,并能以不同方式呈现;网页内容可读易懂,网页能正常运作;网页显示比例科学,栏目切换自如;具有良好的兼容性,能兼顾不同读者的需要等。

(三) 无障碍人文环境

物理环境所赋予人的价值需要在人文氛围的推动下才能体现其价值,图书馆人文精神的实质,就是以"读者的发展"为中心,尊重读者的认知与感受,通过图书馆的服务,来满足人的需求,实现人的价值,促进人的发展。图书馆空间环境设计的重心已从单纯的效率性的物用功能逐渐转向调节与启迪读者的情绪与心理需求为主的阶段[7]。可见,环境的构建离不开人的因素,图书馆应加快构建"需要为本"的残疾读者无障碍人文阅读环境。

1. 建立"馆员专业化服务标准"

首先,通过培训、考试,对服务残疾读者的专业馆员进行常规资格考核,包括馆员服务素质和专业素质;其次,对通过考核的专业馆员再进行专业服务分类培训,主要涉及无障碍服务中的各个环节工作,如文献资料(包括纸质盲文、数字资源等)的建设、无障碍阅读推广活动(包括各种培训、讲座、人文阅读活动等)、无障碍影视制作与播放等,目的在于提高图书馆残疾人无障碍阅读服务质量,营造一个专业化的阅读服务环境。

2. 建立"志愿者服务专业团队"

为残疾读者服务的志愿者,需要专业培训、考核、上岗一系列程序,除了志愿者服务精神外,志愿者更需要专业的服务理念、服务技能。对志愿者进行服务类型划分更有助于提高服务的质量,可分为陪伴阅读团队、无障碍影视团队、残疾人阅读辅助器具培训团队等。图书馆必须充分考虑志愿者、服务对象和服务内容三者的契合度,必要时可开展具有针对性的调查统计,不断提高服务的精准度,让志愿者之所长满足读者之所需[8]。检验服务是否科学合理需要对服务质量进行评估,图书馆可以通过构建"残疾读者专业化服务评估体系",设立服务评估标准,为专业馆员与志愿者的服务进行考核评估。当然,评估内容不仅包括上面提到的环境资源,它涉及图书馆为残疾读者服务的方方面面。

3. 创设情感服务氛围

西方学者索茨(Thoits)、考伯(Cobb)、韦尔曼(Wellman)以及罗素等[9]都提出了"情感"在服务中的重要性。情感关系在残疾人生活、学习、工作中有着相当重要的作用,它是残疾群体与健全群体彼此接纳、相互理解沟通,进而进行社会融合的桥梁与纽带。对于图书馆残疾人无障碍阅读服务而言,情感服务的主要提供主体是图书馆馆员、志愿者以及服务中涉及的所有组织者、参与者,包括残联、社区等非政府组织以及健全读者等。图书馆馆员尤其是专业馆员的职业素养、专业服务水平是残疾人愿意进入图书馆学习、参与阅读活动的主要动力。布劳(Blau)[10]在其社会交往研究中认为:"如果双方建立起跨群体的社会交往网络,彼此密切接触而不是'形式、表面'的互动,将促使彼此接纳对方,进而发生社会融合。"馆员以及志愿者需要与残疾读者深层次的接触、互动,深入了解他们的知识结构、心理特点、心理倾向、获取信息的习惯与行为,真正为他们所想,及他们所需,才能得到他们的信任,增进与他们的情感交流与互动。

据调查,残疾人之间的联系非常紧密、相互支撑力度大,他们之间高亲密感的强连接模式影响了他们与健全人的联系与交往,也影响了他们的社会融合,导致残疾人群体的高"内卷化"。去"内卷化"的实现需要图书馆为残疾读者与健全读者之间的互动创造各种条件,通过策划和实施多种公益服务、阅读活动、社会活动等,增进残疾读者与健全读者以及其他社会成员的交流互动,从而引起残疾读者情感上的共鸣,提升残疾读者的社会归属感,提高他们的人际交往能力,进而引导他们主动融入社会主流文化。残疾读者的身心健康也是情感服务的一个方面,对于他们人生观、价值观、世界观的形成至关重要。图书馆应积极整合资源,组建阅读疗法团队,根据残疾读者的心理特点和阅读需求制订个性化的无障碍阅读服务方案,保障他们的情绪得以调节和慰藉、身心得到健康发展。

二、无障碍文献资源服务

文献资源是图书馆服务以及读者阅读的物质基础。对残疾人来说,特殊文献资源建设是他们进行无障碍阅读、获取信息与知识的最基本条件。因而,残疾人文献资源服务体系建设是图书馆残疾人无障碍阅读服务的重中之重。残疾人的无障碍阅读资源包括特殊纸质文献资源和数字文献资源。针对不同的残疾读者,各类型的文献资源具有不同的作用。

(一) 特殊纸质文献资源

在人权思想及福利、服务理念的影响下,近代以来,我国社会对于残疾人的救助模式开始从传统的"养"转变为近代的"教",由消极的救济、帮助转为积极的辅导、教育,让他们逐渐获得自力更生的能力。对于残疾人而言,信息资源建设及其围绕信息资源进行的服务活动直接关系到残疾读者知识结构的完善、精神素养的提升、自身价值的实现以及就业创业的社会竞争力。王子舟也认为特殊文献资源建设是图书馆对残疾读者进行知识援助的重要方式之一。

目前,我国出版的特殊纸质资源相对匮乏,以 2017 年纸质阅读资源为例,作为全国唯一盲文制作与出版的中国盲文出版社每年出版盲文书刊约 1 000 种[11],复本量每种不超过 200 册,而明眼人每年可阅读的纸质出版物有 524 501 种,出版的总数量可达 479.86 亿册(份)[12],相比之下,盲文出版物的数量严重匮乏。因此,如何解决盲文纸质资源较少的问题成为摆在图书馆面前的重要问题。图书馆特殊文献资源的收集与获取有两个途径:一是加强图书馆特殊文献资源建设,提高特殊文献制作水平;二是通过纵横交错方式整合各图书馆的文献资源,实现资源优势互补。

1. 组建"特殊文献建设专业团队"

有条件的图书馆可以建设一支"特殊文献建设专业团队",自己制作特殊文献。盲文书籍的制作需遵循一定的要求与流程,第一是盲文书刊的选择,书刊的内容与残障读者的需求直接相关,需建立"特殊文献书目选择小组",通过对残疾读者阅读心理与阅读需求的调研,定期进行书目选择。第二是需要组建一支特殊文献志愿者制作队伍,由专业馆员负责管理,定期进行特殊文献制作培训,保证制作团队的专业化水平。第三,进行规范的特殊文献制作。其制作流程为:①word 文档的明文制作。扫描要制作的明文文献制作成 word 文档,按照盲文翻译的格式进行校对。②明盲文翻译。运用"阳光盲文编辑软件"进行从明文到盲文的文体转换。③盲文文献的排版、校对、修改。明盲文的分词连写规则不同,加上软件识别能力的原因,导致一些生僻字、多音字、专业术语等词语的翻译精准率不高,因此明盲文转换过程中需要校对修改的地方很多。④打印校正。用盲文打印机打印盲文,再次进行校正,最好请盲人朗读校正。剪裁、装订成书后盲文文献便制作完成。

2. 建立无障碍资源建设共同体

为弥补单一图书馆的资源局限性,方便残疾读者就近借阅文献资源,同一地区、城市的公共图书馆之间、高校图书馆之间以及公共图书馆与高校图书馆之间可以建立特殊资源共享联盟,构建通借通还系统。目前的图书馆资源通借通还服务主要采用以下两种模式:一是资源共建模式。各成员馆之间相对独立,保持各自的传统特色和服务体系,在牵头馆的协调指导下,组成一个专门的通借通还服务组织,共同投入人力、物力、财力,建设专门的馆藏用于通借通还服务。例如,南京城东五校——南京理工大学、南京航空航天大学、南京农业大学、南京林业大学、南京体育学院等五所高校图书馆依据地域和学科互补优势,成立了"南京城东高校图书馆文献资源共享联合体",通过图书馆联合体形式,进行中外文纸质书刊、电子书刊以及专题数据库的通借通还服务。二是中心馆—分馆模式。在该地区设立其中一个馆为中心馆,将该区的其他图书馆作为分馆,分馆由中心馆垂直管理,统一经费的使用、统一文献采编配送、统一图书管理系统,各分馆分别负责不同片区的图书馆服务,在所有馆统一管理的环境下,开展通借通还服务。例如:2003年厦门大学图书馆的多校区通借通还服务;广州图书馆自2010年开始的与各区县图书馆的中文图书通借通还,读者可以在任一通借通还成员馆借阅和归还图书;天津市市、区两级公共图书馆于2014年开始实施的纸质资源和数字资源的通借通还服务。然而,目前的通借通还服务只局限于中外文图书,还未将特殊文献资源纳入其中。

基于特殊文献资源的稀少以及残疾读者就近入馆的需要,无障碍资源建设共同体可以从横向和纵向两个方面来建立。横向的资源共同体是指图书馆之间打破系统、行业、区域界线,形成公共图书馆、残联、特殊学校、高校、社会团体等之间资源互补,实现各类型图书馆之间的阅读终端设备的互联互通、共建共享[13]。纵向的资源共同体是指公共图书馆向上充分利用国家、省级公共图书馆的思想指导优势、人才优势、技术教育优势来促进特殊文献资源建设,向下充分利用区县级基层图书馆的地方资源,或者利用高校图书馆总分馆之间的资源互补,拓展其自身特殊文献资源建设的范围[14],发挥好资源的整合和调配功能,实现文献信息资源、设备资源和人力资源共享[15]。

3. 构建学科资源平台

对于高校图书馆而言,因其服务的读者大多数是大学生,他们的无障碍阅读主要基于专业学习需要,供应给一般视障人群(文化层次相对比较低)阅读的文献内容很多并不适合残疾大学生学习提升之用。因此,除了上述提到的建立无障碍资源共同体,与其他高校图书馆建立资源优势互补,还需另辟蹊径,通过与二级学院形成资源对接,为他们制作专业教材与试题、学习辅助文献等盲文学习资料。高校图书馆残疾学生服务需要运用"以满足个性化需求为目标"的精准服务理念与方法,在精确掌握残疾学生具体情况和服务需求的基础上,通过精准化需求分析(如生理特点、心理特点、专业特色等),建立残疾学生学习情况跟踪服务档案,根据他们的知识需求变化及时调整服务策略。在进行精准施策的过程中,注意残疾学生满意度反馈,及时进行反馈数据搜集与分析,对服务效果进行精准评估,以需求满足程度、服务适合度、服务满意度作为图书馆无障碍阅读服务质量评价指标,在此基础上建立满足残疾大学生知识需求的个性化信息资源建设与服务模式。

(二)无障碍数字资源建设

随着信息技术的快速发展,数字资源已经成为残疾人阅读与知识获取的主要渠道,图书馆应进行共享数字资源与自建数字资源建设,为残疾读者网络阅读提供更为丰富、快捷的服务模式。

1. 建立网络共享数字资源

建立网络共享数字资源,可以有效弥补图书馆自身资源的不足。可以通过两种途径:一是与其他网络平台合作资源整合形式;二是自主采购网络数字资源平台并实现共享。目前中国盲文出版社与国家图书馆共建的盲人读物融合出版与传播平台已经启动,它拥有约 4 亿字的电子盲文阅读材料、长达 4.5 万小时的 1.3 万余种有声读物[16]。图书馆可以通过与其合作的形式,利用数字出版传播平台和盲用阅读设备,加快资源供给与更新。此外,图书馆还可以自主采购网络数字资源平台形式,并与当地其他图书馆建立资源共享机制,为当地的残疾读者提供数字资源。

2. 自建数字资源数据库

部分市级或以上的公共图书馆和高校图书馆拥有先进的信息技术和人才优势,有能力自建数字资源数据库。因此,他们可以利用自身的资源优势,对馆藏文献进行加工整合,建设无障碍(有声)电子资源数据库。目前,一些公共图书馆开始建设自己的无障碍网站,如上海图书馆的"无障碍数字图书馆"、重庆图书馆的"重庆图书馆盲人语音平台"、山东省图书馆的"光明之家数字图书馆"、南京特殊教育师范学院图书馆的"特殊教育专题数据库平台"等,极大地方便了残疾读者的数字资源阅读。

3. 打造无障碍资源共同体

为避免资源建设重复,图书馆无障碍数字资源应纳入无障碍资源建设共同体,集中各图书馆的优势,共同打造无障碍资源服务联盟。2018年,金陵图书馆、南京图书馆、浙江图书馆、上海图书馆、安徽省图书馆联合成立"长三角地区图书馆视障服务联盟",其宗旨是实现长三角地区图书馆视障文化服务的资源共享、优势互补,更好地满足长三角地区视障读者的文化阅读需求。该联盟将数字出版传播平台和盲人阅读设备建设作为联盟的重要目标,通过开展"声音献爱"有声读物联合录制等文化助盲阅读活动,实现区域间视障文化服务资源共享,保障残疾人的基本文化权益。我国公共图书馆可借鉴"长三角地区图书馆视障服务联盟"的服务模式,建立区域性甚至是全国性的残疾读者服务联盟,实现特殊资源的最大化共享与利用。高校图书馆尤其是融合教育高校图书馆,也应建立"高校图书馆信息服务无障碍联盟",通过资源共享、优势互补的形式为残疾学生提供更多信息资源,更好地满足高校残疾学生的文化阅读需求。

4. 建设图书馆"无障碍"网站

图书馆的无障碍网站要贯彻"无障碍"这一理念,提供简洁、清晰的无障碍阅读环境,让残疾读者真正能够无障碍地体验、访问、阅读。对于视障读者来说,要减少表格、表单及框架给视障读者带来的困惑,使表格、各单元格在内容上的逻辑顺序必须同读屏软件的朗读顺序(线性顺序)保持一致[17]。利用读屏软件和键盘的配合远程访问图书馆网站时,要避免噪音信息的干扰[18]。对于听障读者而言,网站的建设应注重网站内容的纯文本形式,保证音视频的替代文本。对于智障读者来说,网站内容的简明、清晰、易懂尤为重要。

三、无障碍阅读活动

无障碍阅读活动是图书馆利用各种阅读辅助设施设备,运用多种阅读资源,使残疾读者能够无障碍地进行信息阅读的服务过程。无障碍阅读活动的开展是响应联合国教科文组织"走向阅读社会"的号召精神,也是贯彻我国"全民阅读活动"政策的具体体现。全民阅读,顾名思义,社会中每一个成员都参与到阅读活动中,以此提升全体社会成员的思想道德素质和科学文化素质,推动社会文化的进步与发展。而在全民阅读的过程中,残疾人的特殊性决定了其阅读的独特性,因而要求图书馆在开展无障碍阅读服务活动时,应充分考虑残疾人的生理、心理和阅读需求,制定个性化的无障碍阅读服务方案,促进残疾人无障碍地阅读。图书馆残疾人无障碍阅读服务主要通过基础服务和延伸服务两种形式为残疾读者提供服务。

(一)基础服务

图书馆的基础服务就是图书馆为了保障图书馆基本功能的实现,长期形成的和图书馆职责要求的常规性服务[19]。当前图书馆的残疾读者基础服务包括:文献借阅、提供阅读空间、馆际互借等。

文献借阅是图书馆读者服务中最基本的常规服务。根据对公共图书馆残疾读者文献借阅的调查,残疾读者的文献借阅一方面与特殊文献馆藏的种类、数量相关,例如,为视障读者提供的盲文资源、音频资源,为听障读者提供的视频资源,为特殊儿童提供的绘本,以及针对残疾读者心理问题、就业问题等提供的信息资源。残疾读者的文献借阅还与是否配备相应的借阅空间及其开放程度相关。目前省级公共图书馆以及很多地市级公共图书馆都为残疾读者开辟了独立的借阅空间,除了文献资源,还配备供残疾读者阅读的辅助设施设备,如盲用电脑、智能听书机、助视器、有声读书机、盲文打印机、盲文学习机、导盲眼镜、投影仪、白板等等。

借阅空间的开放时间反映了图书馆残疾人无障碍阅读服务的程度,一个日常处于关闭状态的无障碍借阅空间等同于虚设,很大程度上阻止了残疾读者自由入馆阅读的步伐,因而特殊文献、无障碍辅助设备的配备以及无障碍借阅空间的开放是保障残疾读者实现无障碍阅读的必不可少的条件。

馆际互借、通借通还是解决文献资源短缺、提高文献资源利用率、避免资源重复建设的有效举措。为此,很多图书馆开展了各种形式的馆际互借工作,但调查发现,图书馆特殊文献资源并未纳入常规文献资源的馆际互借工作中,从而使得残疾人文献借阅出现资源少、距离远、无法就近借阅等诸多问题,因此应引起图书馆的重视。

（二）延伸服务

图书馆的延伸服务起源于公共图书馆对一些由于各种原因无法进入图书馆的读者提供的主动"递送式"服务[20]，是指图书馆在实现基本知识服务功能的基础之上，利用本馆的文献、馆员、设备、馆舍、品牌影响力等各种优势资源，为读者提供外延性服务。1993年，韦斯特布鲁克和沃尔德曼将图书馆延伸服务解释为图书馆在馆舍之外提供的一切服务[21]。Scherrer和Jacobson认为，图书馆延伸服务是在为图书馆原有的固定读者提供更多的服务的同时，为那些没有使用过图书馆传统服务的用户提供服务[22]。图书馆的残疾人延伸服务是图书馆由被动服务向主动服务、由单一服务向多样化服务转变的过程，其服务的广度、深度都得到了拓展，主要表现在服务的时间、空间、内容等方面的延伸。

1. 时间延伸服务

时间延伸服务是指图书馆在基础服务时间之外，利用各种方式延长为残疾读者提供服务的时间。一般主要以延长开放时间为主，以节假日和休息日照常开馆、24小时自助服务等来满足残疾读者对图书馆服务的需求。此外，还可以利用网络对残疾读者提供无限时的数字图书馆服务，使他们可以随时获取和使用图书馆资源。

2. 空间延伸服务

空间延伸服务是指图书馆在馆舍之外为残疾读者提供的各种无障碍阅读服务。具体有以下三种延伸服务模式：第一，图书流通点模式。图书流通点模式指的是图书馆将特殊文献送至某特定地点供残疾读者阅读，方便他们随时取阅的模式。图书流通点一般是残疾人托养中心、特殊教育中心、特殊学校以及社区等，例如：辽宁省图书馆在沈阳市盲校建立盲文图书流动站；河北省图书馆在长安区残疾人日间照料中心建立服务店，定期送期刊；湖北省图书馆2018年与残疾人阳光家园签订了"馆外图书流通点共建协议"等。第二，上门服务模式。上门服务模式是指图书馆将文献资料、服务送到残疾人身边的服务模式，这种模式与图书流通点模式有相似之处，都是主动服务，但两者的侧重点有所不同，图书流通点模式侧重于图书借还，上门服务模式侧重于阅读指导。例如：山东省图书馆先后在济南特殊教育中心、济南星神特殊儿童关爱中心设立阅读推广基地及志愿服务基地；黑龙江省图书馆开展"心幕影院——为盲人讲电影"巡讲活动，上门为市、区县图书馆的盲人读者播放无障碍电影；辽宁省图书馆举办"书香进盲校"活动,为沈阳市盲校的盲人学生进行对面朗读服务;湖北省图书馆举办的"书香伴读 聆听你我"无障碍阅读服务,图书馆志愿者定期走进残疾人阳光家园,为残疾人进行面对面朗读服务;广东省图书馆定期为广州市启明学校的盲童举办的"听·爱"故事会活动等等。第三,虚拟空间模式。虚拟空间模式是指图书馆利用网络空间建造的具有实体图书馆服务功能的网络图书馆,一般我们称之为图书馆主页站点,或者成为虚拟图书馆,这是一种图书馆由物理空间延伸至网络空间的服务模式。例如,2011年4月23日正式开通的由国家图书馆、中国残疾人联合会信息中心、中国盲文出版社共同建设的中国残疾人数字图书馆,可以使残疾人足不出户,通过网络就能获取图书馆的信息资源,进行无障碍阅读。

3. 内容延伸服务

内容延伸服务是指图书馆在常规服务之外为残疾读者提供的各种附加服务。目前图书馆针对残疾人开展的延伸服务包括各种专题阅读服务、资源使用的培训、就业创业培训、心理辅导、社区服务等等。图书馆通过开展各种专题阅读活动,多渠道传输信息知识,如座谈会、读书会、讲座、讲故事、音乐欣赏、"看"无障碍电影等;为提高残疾读者的信息技术能力,图书馆广泛开展各类资源使用的培训,如盲用电脑及其专用软件培训(点显器、读屏软件应用等)、盲文培训、盲用阅读设备(打字机、阅读机等)的使用培训、移动数字图书馆使用培训等;为使残疾人能够顺利参与社会生活,提高生活质量,图书馆举办各种"适用性"活动,如就业指导、社会交往沟通技巧、阅读与写作等培训;基于残疾人的弱势生存状态和特殊心理,图书馆还可开展心理咨询辅导培训,对他们进行正向的心理引导,消减残疾人的"心理贫困",提升他们融入社会的资本。

(1) 社区服务

社区服务是社会延伸服务的主要方式,随着城市化进程的加速,我国的社区治理模式成为国家普遍性的社会管理方式,社区也成为残疾人聚集的主要场所。为社区残疾群体提供各种无障碍阅读服务,是公共图书馆作为社会公益性组织的必要举措。对于高校图书馆而言,作为本校的信息资源中心,在满足学校师生教学科研需求的同时,立足于社会效益,积极拓展服务对象的范围,创新服务方式和服务内容,满足更多残疾人的需求。社区服务是高校图书馆充分发挥社会服务功能的一种重要体现,社区服务的形式包括请进来和走出去,其服务内容涵盖各种资源培训、专题讲座与培训、朗读活动等等,图书馆应根据社区残疾读者的阅读需求和实际情况,开展针对性的无障碍阅读服务。

(2)高校图书馆学科支持服务

高校图书馆可以利用自身的学科优势,为社区残疾读者开展健康信息、康复医疗、心理健康等方面的延伸服务。此外,随着残疾人大学生的日益增多,高校图书馆为满足残疾大学生的阅读需求,为他们开展无障碍学科支持服务。学科支持服务是高校图书馆一项开拓性的主动参与式的创新服务,是高校图书馆有计划有组织开展的,旨在帮助教师和学生改善教学与学习的方式,提高教学与学习的质量,实现教学目标,发挥图书馆教育职能的一种服务模式[23]。学科支持服务由英国开放大学著名学者大卫·西沃(Sewart)的远程教育服务理念发展演变而来,其宗旨是高校图书馆通过提供各种形式和途径的服务来实现学习者的学习目标。高校图书馆面向残疾学生的无障碍学科支持服务主要体现为在信息素养教育、教学服务、无障碍学习空间建设等方面提供持续学习支持,满足残疾学生的学习需求。

首先是信息素养教育。信息技术的快速发展使信息能力成为高校大学生能力的重要构成部分,残疾学生的信息素养教育成为高校图书馆残疾人无障碍延伸服务的关键领域。残疾学生信息素养教育主要有基本技能培训、新生入馆培训、心理健康培训等,通过培训提高残疾学生的资源检索与利用能力,激活他们参与学校生活、融入集体学习的信心。例如,南京特殊教育师范学院图书馆为强化残疾学生的学习与实践能力,提高他们的心理抗压能力,整合校外资源(省残联、市残联、盲校等),为他们提供一个与社会接触交流的平台,通过与残联、社区、公共图书馆的合作(口述影像服务、计算机电脑培训、励志讲座、就业讲座等),为视障大学生提供心理疏导、就业指导等服务。

其次是教学参考服务。资源和服务支持是高校图书馆教学服务支持的重要部分,高校图书馆可以利用自身的资源优势,紧密联系各教学单位,为残疾学生的学习提供资源和服务。具体表现在:一是培养残疾学生的信息检索能力。通过定期开展信息检索课程,使他们了解图书馆的资源信息并熟练查找利用。二是进行课堂教学跟踪服务,解决各类残疾学生的资源获取困难。针对视障学生的视力障碍,进行盲文以及音频格式转换。例如,南京特殊教育师范学院图书馆为学院教学提供"特殊教育清单式服务",负责学习资源的转换项目,包括译制盲文版教材与试题。针对听障学生的语言障碍,图书馆可定期开展手语培训,并联合学院录制课堂教学视频,以供听障学生学习与复习。同时,图书馆还应积极组建学科馆员队伍，构建特殊教育网络平台，进行特殊资源数据库建设，为残疾学生的学习储备丰富的无障碍资源。除了自身建设，图书馆还需利用馆内人员、技术、资源优势，为残疾学生的课程网络平台、教学网络设计平台、考试数据库等网络平台建设提供支持。

最后是无障碍学习空间建设。无障碍学习空间是一种新型的教学支持服务模式，它集图书馆空间、资源、服务于一体，是图书馆综合运用学习辅助设施设备、专业馆员、图书馆助残志愿者，为残疾学生以及社会残障人士打造的学习与交流的无障碍学习场所。无障碍学习空间突破了以资源支持为主的单一服务模式，将服务内容扩展到残疾学生在校学习与生活的各个方面，为他们进行无障碍学习和全面融入集体生活创造良好的环境。南京特殊教育师范学院图书馆（南京市无障碍图书馆）在新馆建设中充分考虑到残疾读者的学习需求，将无障碍学习空间建设纳入规划建设中，与南京市残联合作建立南京市无障碍图书馆，通过物理环境与信息环境的打造，为视障学生构建满足其需要的无障碍学习支持环境。首先，配合学校融合教育的物理环境，实现了图书馆无障碍硬件环境的全覆盖。自2011年建立新馆以来，图书馆严格遵守《无障碍环境建设条例》《无障碍设计规范》的标准，注重学习空间设施的无障碍，具体有：在入门处设置自动门；通向学习空间的通道设置盲道、扶手和无障碍电梯，电梯内升降开关与楼层按钮均设置盲文，并有语音提示；阅览区桌椅、书架都用圆形木质材质等。其次，学习空间配置了视障读者所需学习和交流的资源：盲文图书、盲文期刊以及大字本近1万册，保证了视障学生的纸质文献需求；盲用电脑、点显器、盲文打字机、读屏软件等满足了视障学生的网络信息需求；一键式阅读机、光播有声点字仪、助视器等设备为视障学生的顺畅阅读提供了保障；盲用象棋、纸牌、模型等娱乐器具为视障学生的业余生活增添了色彩。另外，无障碍空间还定期举办信息技术培训、无障碍电影、各种技能培训，成为残疾读者学习、互动交流、融入集体的最佳场所。

相比于基础服务，图书馆的残疾读者延伸服务具有主动性、针对性、个性化的特点，是图书馆拓展服务范围、创新服务模式的体现。图书馆的延伸服务并不是固定不变的，它虽然由基础服务演化而来，但经过一定的积累与沉淀，延伸服务可以转化为基础服务，成为图书馆的日常服务项目之一。延伸服务向基础服务的转化，也表明了图书馆服务范围的扩大和服务能力的提高。

四、无障碍阅读服务评价

图书馆残疾人无障碍阅读服务评价关系到残疾人文化均等服务的实际成效,也关乎残疾人机会均等这一无障碍基本理念的真正落实。图书馆残疾人无障碍阅读服务评价体系是构建图书馆残疾人无障碍阅读服务体系的核心,是检验其服务质量与效果的标尺。

(一)服务评价的原则

评价指标体系对于图书馆残疾人无障碍阅读服务具有总揽全局的作用,因此,构建科学合理的评价指标体系至关重要,它决定着服务的实际质量和效果。建立图书馆残疾人无障碍阅读服务评价指标时要遵循一定的原则,只有遵循一定的原则才能保证评价过程的科学合理,才能从根本上助推服务的顺利进行。图书馆残疾人无障碍阅读服务评价指标的构建一般遵循如下原则:

1. 科学性原则

科学性原则是图书馆残疾人无障碍阅读服务评价最根本的原则,应该贯穿于服务评价过程的始终,在整个研究过程中要遵守科学准则,保证评价过程、评价标准、评价数据、评价信息处理以及评价结果等各方面都遵循科学标准和科学的解读。具体包括:一是评价指标的选择与设计应具有科学性,能够客观真实地反映残疾读者的阅读需要和图书馆服务的发展状况;二是评价数据的搜集、分析与整理应科学、真实、规范,能真实反映图书馆残疾人无障碍阅读服务的现状,以方便图书馆及时改进服务;三是评价过程应具备科学严谨的态度,客观、公正地对待评价过程的每一个环节。总之,图书馆残疾人无障碍阅读服务评价应始终坚持理论与实际相结合的标准,科学、客观地体现服务的现状与问题。

2. 全面性原则

全面性原则是图书馆残疾人无障碍阅读服务评价客观公正的保证,只有做到评价的全面性,才能真实反映服务的实际情况。在图书馆残疾人无障碍阅读服务评价中,要重点关注评价主体、评价客体以及评价方法的全面性。具体表现在:一是保证评价主体即相关利益群体的全面、真实、有效。相比于国外图书馆评价的自主性,我国主要由政府指导的服务评价较为单一,应扩大评估主体的范围,建立由图书馆、图书馆上级组织、独立于政府相关部门和图书馆及其利益方之外的外部机构、社会个人(包括读者在内)组成的评价主体。由于图书馆残疾人无障碍阅读服务实施对象的独特性,评价主体中必须加入残疾读者,这样才能真实反映读者需求,为改进服务质量提供客观有益的建议。二是评价客体即评价内容的全面性。图书馆残疾人无障碍阅读服务评价内容包括显性与隐性两方面内容,除了注重评价指标中的各项内容,还需要密切关注残疾读者的主观感受,包括未在评估指标中体现的对每一项服务内容的感受与建议。三是评价方法的全面性。图书馆残疾人无障碍阅读服务是一个复杂的过程,因此其服务评价方法应多元化、多维度,坚持宏观评价与微观评价相结合、定量与定性相结合、单一性评价与综合性评价相结合的方法。

3. 导向性原则

图书馆残疾人无障碍阅读服务评价指标体系的构建需坚持读者导向性原则,以残疾读者需求为中心,解决服务中最为关键的问题,以此作为评价指标的构成要素。应根据残疾读者的具体情况和需求变化适时调整服务评价指标,同时评价指标的构建应具有前瞻性,能根据服务的规划制定较为合理、长远的评价指标,可以为残疾读者的无障碍阅读以及图书馆残疾人无障碍阅读服务的发展提供客观合理的导向作用。

4. 可操作性原则

图书馆残疾人无障碍阅读服务评价指标是为残疾读者阅读服务的,因此,要注重指标体系的可操作性、数据的可获得性。首先,评价指标体系的构建不可过于复杂烦琐,做到指标体系的全面且层次清晰,从而有助于实际操作的进行。其次,评价指标的构建应保证评价数据的可获得性,因此指标体系应建立在能够量化的基础上。再次,图书馆残疾人无障碍阅读服务评价是一个主观与客观相融合的过程,要兼顾定量与定性相结合的原则,因此要在实践中具体情况具体分析,不能过分强调指标数据的量化,从而忽视评价体系的动态性[24]。

(二)图书馆残疾人无障碍阅读服务的评价维度

面向残疾人的图书馆无障碍阅读服务的评价涉及服务的主体、服务的客体、服务的目的,这三个方面是密切联系、不可分割的,共同构成了服务的基本要素,也成为服务评价的主要内容。也就是说,服务的主体通过提供有质量、有价值的服务,来满足服务的客体对服务的需求,从而达到服务的目的,最终使得残疾读者实现无障碍阅读。因此,图书馆残疾人无障碍阅读服务需要强化"为残疾读者服务""对残疾读者负责"的价值导向,及时了解残疾人的需求及其变化,充分尊重他们的知情权、选择权和参与权,有效回应他们的阅读需求。基于此,"以残疾读者需要为本"的图书馆残疾人无障碍阅读服务质量评价需具体落实质量和价值两个维度。

1. 服务质量评价

根据格罗鲁斯的服务质量模型,在图书馆残疾人无障碍阅读服务评价中,必须把握服务过程质量和服务结果质量两个关键要素。服务过程质量反映的是残疾读者对图书馆服务提供过程的评价,即服务质量的功能维度;服务结果评价反映的是服务给残疾读者带来的根本利益,即服务质量的技术维度[25]。服务质量是满足残疾读者需求的"复合型与适用性"的特性的总和,也是反映图书馆界满足残疾读者明确和隐含需要的能力的特性总和[26]。明确需要主要指服务的法律、法规以及服务标准、技术规范中明确规定的,通过政府规章、管理文件等形式体现出来的必须满足读者需要的服务。隐含需要主要指规章制度中虽未明确表明,但从同理心角度,符合残疾读者内心需要、能增加他们满意度的服务。

根据服务质量差距理论,服务的质量水平主要取决于读者实际感知的服务质量与其期望的服务质量之间的差距。差距越小,说明服务质量水平越高;反之,则说明服务质量水平越低。这种差距分析方法为图书馆提高服务质量管理提供了方法和依据,图书馆可以通过了解残疾读者对服务的感知及满意度,及时调整或采取有效措施消除这种质量差距,提高图书馆残疾人无障碍阅读服务的质量。

2. 社会价值评价

图书馆的社会价值功能是图书馆与外界环境相互作用的产物,它是由图书馆本质决定的基本功能的社会表现形式[27]。图书馆的本质是由资源、人员、设施、设备等组成的资源服务体系,主要为有资源需求的读者提供资源的服务机构。图书馆通过向社会读者提供服务,来满足社会读者自由平等地获取和利用信息与知识,从而维护社会所有成员信息获取的公正与平等,促进社会的和谐与进步。

图书馆的核心社会价值体现在对社会成员提供的服务以及由此产生的社

会服务效益，这种社会服务效益的主要标志是作为被服务对象的读者服务效益的实现，即读者服务需求的满足及其产生的社会价值。陈长华在关于图书馆"需要价值论"的论述中，认为社会的需要只是图书馆价值形成的先决条件，满足社会的需要须受图书馆客观条件的制约，不仅要顾及社会需要，还要考虑图书馆是否有能力满足社会需要[28]。这就涉及图书馆社会价值如何实现的问题，包括图书馆构成要素的价值、这些构成要素的整合与统一、如何作用于服务对象，以及服务对象的满意度等。正如于良芝所提出的图书馆的职业价值在于"促进社会和谐、平等、包容"[29]，图书馆的社会核心价值是图书馆对于自身社会责任或使命的确认，是对社会平等公正价值观的一种宣扬，是对社会和谐价值观的重要诠释。

（三）图书馆残疾人无障碍阅读服务评价指标体系的构建

图书馆残疾人无障碍阅读服务体系是反映和贯彻文化均等服务理念、实现社会平等和谐的重要一环。一方面，图书馆残疾人无障碍阅读服务体系是满足残疾人多样化的特殊文化需求的载体；另一方面，残疾人文化需求的特殊性、多样性促使图书馆不断调整无障碍服务的方式、方法，构建以残疾人阅读需求为中心的无障碍服务体系。而图书馆残疾人无障碍阅读服务评价指标体系为图书馆残疾人无障碍阅读服务提供了价值与成效标准，反映了服务的实现情况与满意程度。

我国自1994年开始文化部组织实施全国县以上公共图书馆评估定级工作，从1994年到2017年，前后共经历了六次评估定级工作。随着国内外平等共享理念的加强，在2003年的公共图书馆第三次评估中，开始将以残疾人为主的弱势群体纳入评估指标体系中，设置了"为弱势人群服务"的具体指标。在第六次评估定级中，除了设置"为残疾人服务"的指标，还设置了"建筑设施保障"的评估指标，下设建筑面积、功能适用型、阅览座席数量。功能适用型指标内容主要包括无障碍设施健全，具体包括无障碍机动车位、建筑主要出入口有坡道入口、无障碍楼梯、无障碍台阶、无障碍电梯、无障碍卫生间等，并将"可供无障碍服务的阅览座位"作为加分项，这些从一定程度上反映了政策层面对文化均等服务的认识逐步走向深入。然而，公共图书馆无障碍服务的评估标准虽有深化的趋势，但至今仍未有详细的可指导实践工作的分类评估指标。

1. 图书馆残疾人无障碍阅读服务评价指标

图书馆残疾人无障碍阅读服务评价指标体系的构建是一个多层次系统化的过程,它以残疾人的阅读需求为根本出发点,以残疾人的满意度作为评价体系的目标价值,通过对服务的主体、客体以及服务三方面的相互作用所产生的服务质量和服务效果,作为服务实现程度的评价标准。本研究中的图书馆残疾人无障碍阅读服务评价体系借鉴我国公共图书馆评估指标体系"评估维度—基本指标—指标要素"的逻辑结构[30],从评价对象(即评价主体)等评价维度入手,进行评价指标的设计。例如,政府层面,主要涉及政策的制定、经费的保障以及社会氛围等;图书馆层面,主要将服务规定、服务环境、文献资源建设、服务活动、人员培训等纳入评估范畴;读者层面,主要是各类残疾读者的服务感知与服务满意度、服务建议的处理情况等。本研究根据《第六次县以上公共图书馆评估定级工作评估标准》的指标设置,将保障条件、业务建设和服务效能设置为图书馆残疾人无障碍阅读服务的一级指标,同时对三个基本指标进行要素细分,具体见表 5-1。

图书馆残疾人无障碍阅读服务评价指标体系由保障条件、业务建设和服务效能三部分构成。其中:保障条件的指标要素指政府制定的图书馆残疾人无障碍阅读服务相关的法律政策、经费投入以及无障碍服务规定;业务建设的指标要素指图书馆残疾人无障碍阅读服务的环境建设与资源建设,包括图书馆进行残疾人无障碍阅读服务所需要具备的环境、文献、人员、技术等条件;服务效能的指标要素指图书馆残疾人无障碍阅读服务的服务对象、服务内容、服务方式以及服务效果反馈。

表 5-1 图书馆残疾人无障碍阅读服务评价指标构成

条件保障	政策与规定	图书馆残疾人无障碍阅读服务的发展指南及服务条例
		图书馆残疾人无障碍阅读服务的服务与技术标准规范
		图书馆制订的残疾人无障碍阅读服务的具体规定
	经费保障	图书馆残疾人无障碍阅读服务环境建设的专项资金
		图书馆残疾人无障碍阅读服务资源建设的专项资金
		图书馆残疾人无障碍阅读服务活动的专项资金

(续表)

业务建设	环境建设	无障碍物理环境：残疾人无障碍设施设备
		无障碍网络环境：残疾人无障碍网络平台
		无障碍人文环境：残疾人无障碍服务理念、活动推广宣传、服务组织、人员培训、社会合作等
	资源建设	特殊文献资源：纸质文献（盲文、大字本等）、网络电子文献（视听文献、字幕影像、有声读物等）
		人力资源：专业馆员配备与培养、志愿者队伍建设与培训
		社会资源：与残联、社会力量等合作开展活动
服务效能	服务对象	视障、听障、肢障、智障、言语障碍、精神障碍以及自闭症
	服务内容	基础服务：资源借阅、馆内导引、馆际互借
		延伸服务：时间延伸（开放时间）、空间延伸（图书流通点、上门服务、虚拟空间）、内容延伸（资源使用培训、技能培训、个性化阅读活动、社会/社区服务、心理辅导、学科支持服务）
	服务反馈	服务感知与服务满意度：通过对服务的体验与感受，对服务实际水平和质量的总体评价，以及对服务价值所产生的情感反应
		读者服务建议：及时收集、分析、处理残疾读者阅读需求及改进意见

2. 图书馆残疾人无障碍阅读服务评价的主体

图书馆残疾人无障碍阅读服务评价是一个价值判断过程，根据残疾人服务的相关标准，在结合图书馆实际的基础上，对图书馆服务残疾人的运行效率和效果进行评价，以此衡量图书馆服务对残疾人信息文化素养提升的作用和对社会整体文化水平提升的贡献，从而促进图书馆服务事业的发展。评价主体是基于一定目的主动实施评价行为的实体[31]，是图书馆服务评价体系的重要组成部分。图书馆残疾人无障碍阅读服务的评价主体呈现出多样性的特点，根据评价的目的和性质，可以将评价主体分为四类，即管理评价（政府、图书馆行业协/学会）、图书馆自评、用户评价以及第三方评价。

（1）管理评价

政府管理部门作为图书馆的行政主管部门，通过开展各类评价活动掌握图书馆事业的发展现状，以及所带来的社会效益，进而对图书馆进行监督管理。政府部门主要通过制定图书馆残疾人服务相关的政策法规和标准规范、提供服务发展经费和开展大范围统计等方式，来管理图书馆服务项目。例如：美国联邦政府制定的《政府绩效法案》（Government Performance Act）是美国图书馆进行绩效评估的主要参考；美国的联邦博物馆和图书馆服务机构（MLS），在政府管理部门的经费支持下通过各州协作系统（FSCS）来收集各州公共图书馆统计数据，为公共图书馆网络统计和绩效评估提供创新的国家数据的收集、分析、报导模式[32]。英国联合信息系统委员会（JISC）资助用以评价 e-learning 的 e-Assessment 项目，通过对评估活动的支持和管理，促进图书馆服务的开展[33]。

图书馆行业协/学会的主要职责是引导图书馆事业的发展，为提高图书馆的社会认可与知名度，需要针对图书馆残疾人无障碍阅读服务开展评价活动，以此证明其对社会进步与社会和谐的贡献。图书馆行业协/学会主要通过组织开展评价项目的研究、提供服务评价的培训和咨询等服务、收集整理各图书馆服务的统计数据、对各馆评价结果进行分析和横向对比等方式，掌握各图书馆服务残疾人的情况，发现服务中的问题与残疾人的需求，从而提出有针对性的服务规范与服务策略。例如，美国研究图书馆协会（ARL）从 1999 年开始资助"图书馆评价新工具"项目，先后研发了 LibQUAL+、MINES for LibrariesTM、DigiQUAL、ClimateQUALTM 等系列评价工具，其目的是以用户为中心，通过用户的满意度评价来提高图书馆的服务，提升图书馆的价值[34]。

（2）图书馆自评

图书馆的自我评价是图书馆强化管理的有效措施，是图书馆增强服务能力的重要手段。在残疾人无障碍阅读服务中，图书馆自评主要是立足本馆实际，对本馆服务残疾人的工作流程、组织环境、资源、服务、工具等进行的评价。图书馆通过这种自评方式进行自我检验、自我分析，再进行自我调整、自我提高。将评价管理纳入图书馆的组织框架中，将有助于提高图书馆残疾人无障碍阅读服务的质量，提升图书馆服务的价值。首先，图书馆需要设置馆内评价机构，成立专门的图书馆残疾人无障碍阅读服务评价机构或评价管理委员会，由专职人员负责图书馆残疾人无障碍阅读服务评价。其次，图书馆需要定期开展全面深入的馆内评价活动，评价的内容应包括基础服务和延伸服务，并且根据项目的不同特点和不同目的，进行分层次评价。

图书馆残疾人无障碍阅读服务评价的目的主要是满足残疾人的阅读需求，提升残疾人的信息文化素养，促进图书馆残疾人服务事业的发展。针对此目的，在评价工具的使用上，可以借鉴相对成熟的 LibQUAl+系统。LibQUAl+系统是美国研究图书馆协会（ARL）为美国及国际图书馆界提供的统计与评价图书馆服务质量的一套在线服务系统,利用该工具,图书馆可以通过征求、跟踪、了解残疾读者对图书馆无障碍阅读服务质量的满意度进行自我评价,进而改善服务质量。

总之,图书馆通过自我评价可以加强对残疾人阅读特点与阅读需求的了解、认识到图书馆在残疾人服务方面的问题与不足,从而有针对性地予以改正与提高。同时,图书馆通过自我评价活动的开展,增强图书馆员工的残疾人服务意识,激发他们随时随地服务残疾人的热情,提升他们服务残疾人的专业素养和技能,加快图书馆残疾人服务事业发展的步伐。

(3) 用户评价

图书馆服务的质量与效果如何,图书馆服务是否具有社会价值,其重要标准是能否得到读者的肯定,因此,由读者参与的评价才是建立在"以读者为中心"服务基础上的评价。在图书馆残疾人无障碍阅读服务中,根据评价内容和方法的不同,用户对图书馆的评价可分为残疾读者对图书馆系统的评价和残疾读者使用感知的评价[35]。用户对图书馆系统的评价主要包括图书馆为残疾人提供的无障碍阅读设施设备、特殊文献资源以及图书馆开展的相关服务,也就是从图书馆服务角度,残疾读者对图书馆为其提供的服务的评价。评价侧重点在于图书馆资源的可用性和可操作性。用户使用感知的评价主要指残疾读者对图书馆服务活动的实际感知,由于阅读特点、阅读需求以及阅读行为的不同,不同残疾读者对图书馆服务的感知存在差异,这就需要图书馆通过残疾读者评价来掌握残疾读者的不同阅读情况,从而了解产生此种服务感知背后的原因,采取针对性的服务策略。

(4) 第三方评价

为保证服务评价的客观和公正,在图书馆服务开展过程中,图书馆一般邀请与服务相关的第三方机构参与服务的评价,第三方机构一般在某一领域有着自身的优势和专业特色,能够为图书馆开展读者服务工作提供一定的标准,或为图书馆服务评价提供创新性方法。国外发达国家比较重视第三方评价,英美较早建立了独立的第三方评估制度,以监督图书馆服务工作,促进图书馆服务的发展。在图书馆残疾人无障碍阅读服务评价中,第三方评价机构一般可以通过以下方式参与服务评价:一是独立的审计机构对服务资金的利用情况进行审计,确保服务资金的有效利用。目前,图书馆在残疾人服务中很少有专项资金支持,部分有专项资金的也存在经费不足问题。第三方的参与,一方面可以改变图书馆经营不善的问题，使残疾人服务资金做到专款专用、有效利用，另一方面可以增强图书馆资金使用的透明度，让政府以及社会公众了解到图书馆在残疾人无障碍阅读服务中的困难，意识到残疾人信息获取的现实状况，进而获得政府的重视和社会各界的资金支持，使图书馆残疾人无障碍阅读服务具有稳定、持续的资金来源。二是通过专业的统计机构或咨询公司，定期搜集、分析、发布与图书馆服务相关的统计数据，向社会公布评价结果，供社会公众查询[36]。社会公众根据评价结果可以了解到其中对自己有益的方面，意识到图书馆残疾人无障碍服务的社会价值以及为自己带来的利益，从而对其给予关注和支持。

在评价主体中，第三方机构评价追求的是评价过程和评价结果的独立性、客观性和公正性，同时，第三方机构评价因其职业化和专业化能够为图书馆残疾人无障碍阅读服务进行更为深入细致的调查与分析，挖掘现象背后的本质，从而为图书馆提供更优质的服务建议，更好地推动服务的进程。

第三节　本章小结

对于图书馆而言，服务与管理是不可分割的一个整体，看上去是两个部分，其实质是相互交融的，服务中处处有管理的影子，管理中又体现服务思想。总而言之，图书馆服务残疾人的过程也是图书馆自我管理与管理读者的过程。首先，"人"是图书馆残疾人服务中的关键，没有了"人"这个因素，服务也就不存在。这里的"人"，从图书馆角度来说，指的是图书馆馆长、图书馆馆员以及参与图书馆残疾人无障碍服务支持的人或组织，图书馆是否执行上级下达的服务政策，是否开展残疾人无障碍服务，是否履行服务职责，图书馆服务中是否具有沟通与协作，这些都需要有严格的管理制度，按照服务管理制度，图书馆人才能做好残疾人服务工作；图书馆人是否具有残疾人无障碍服务意识和服务素养，是否具有专业的服务技能和服务水平，这些都离不开图书馆人的自我知识管理，需要通过对残疾人无障碍服务相关知识的学习，提高服务素养和水平，如此才能更好地服务残疾人。这里的"人"，还指残疾读者，从服务主旨而言，残疾读者是图书馆服务的对象，残疾读者的阅读需求是图书馆服务工作的中心，但这并不表示残疾读者在图书馆是不受管理的。相反,图书馆服务残疾读者的过程也正是残疾读者接受图书馆管理的过程,图书馆的服务方针、服务内容、服务模式等都是在满足残疾读者的阅读需求基础上的,是科学合理的安排。为了达到这一目标,残疾读者必须履行自己作为读者的职责,听从图书馆的安排与建议,遵守图书馆的规章制度,只有这样,残疾读者的阅读目标才能实现。其次,在图书馆服务与管理体系中,除了管理"人",还需对服务的方案、服务的过程、服务的效能等进行管理,对残疾人无障碍阅读服务中所涉及的一切事物和联系进行管理。服务方案决定了服务的走向,服务过程指向服务的结果,而服务效能直接决定服务的成败。在图书馆残疾人无障碍服务中,管理无处不在,残疾读者的阅读环境需要管理与设计,残疾人阅读所需的设施设备以及文献资源需要科学化专业化管理,残疾人无障碍阅读中出现的问题也需要进行分析与决策,可以说,图书馆残疾人无障碍阅读服务的过程就是管理的过程。

图书馆残疾人无障碍阅读服务与管理的人本化、均等化、共享性、参与性等特征决定了图书馆在服务残疾人过程中必须遵循以下原则,即图书馆必须以残疾人为中心,将残疾人的阅读需求和信息获取作为图书馆服务的目标,确保残疾人和健全人一样享有图书馆的服务,无论是在阅读资源的供给上还是在阅读环境的创设上,都确保残疾人能够公平公正地获得,从而使残疾人通过图书馆的无障碍阅读服务实现文化知识的提升和精神世界的富足。

图书馆残疾人无障碍阅读服务与管理体系的构建离不开服务环境、服务资源、服务活动和服务评价四要素。这里的无障碍服务环境指的是宏观意义上的环境,它不仅包括通常意义上的设施设备等物理环境,还包括信息获取和交流的环境,即残疾人利用计算机和网络获取资源的信息技术相关软硬件条件,同时还包括残疾人接受图书馆服务的人文环境,即图书馆的"人"的因素,具体指图书馆人员和志愿者的服务态度、服务素养、无障碍服务技能等。服务资源指的是图书馆服务残疾人的无障碍文献资源,主要包括无障碍纸质文献资源和无障碍数字资源。不同的资源形态适用于不同类型的残疾人,对于视障者而言,盲文书刊、大字本以及音频资源是其阅读的主要渠道;对于听障者而言,普通纸质书刊和视频资源是其获取信息的主要渠道。除了资源形态的差异,在残疾人服务中,图书馆还需关注服务资源的内容,从心理疗愈的角度选择能够对残疾人起到精神慰藉作用的资源。服务活动是图书馆利用各种资源向残疾人提供文献和信息的一系列活动,通过服务活动,图书馆才能更有效地将文献与信息传输给残疾人,残疾人也才能真正享受到图书馆的无障碍阅读服务。服务评价一般指的是对图书馆残疾人无障碍阅读服务质量和效果的评价,通过服务评价,一方面可以检验图书馆服务的成效,另一方面可以督促图书馆提升残疾人无障碍阅读服务的质量,提升服务的价值,因此,服务评价必不可少。

参考文献:

[1] 瞿喜保.解读图书馆"以人为本"[J].图书馆,2007(4):43-45.

[2] 郭海明."普遍平等、惠及全民"的公共图书馆服务[J].图书馆理论与实践,2009(3):74-77.

[3] 李平.教育公平与教育效率关系探析[J].前沿,2007(7):65-67.

[4] Bronfenbrenner U. The Ecology of Human Development:Experiments by Nature and Design[M]. Cambridge,Mass.:Harvard University Press,1979.

[5] 单瑞芳.构建公共图书馆无障碍建筑环境研究[J].图书馆建设,2011(11):92-94.

[6] 全国图书馆共建信息服务无障碍联盟[EB/OL].[2021-11-04].http://www.lsc.org.cn/contents/1347/7374.html.

[7] 吴稌年.简论生态图书馆[J].晋图学刊,2003(1):18-20.

[8] 李能.公共图书馆有声阅读志愿服务探析[J].图书馆工作与研究,2018(6):95-99,105.

[9] 马宇.我国残疾人高等融合教育支持体系研究[D].南京:南京师范大学,2014.

[10] 彼得·布劳.不平等和异质性[M].王春光,谢圣赞,译.北京:中国社会科学出版社,1991:394-395.

[11] 盲文读物[EB/OL].[2021-07-04].http://www.cbph.org.cn/ArticleContent.aspx?ID=7&CategoryID=269.

[12] 2017年全国新闻出版业基本情况[EB/OL].[2021-11-04].http://media.people.com.cn/n1/2018/0806/c14677-30212071.html.

[13] 刘博涵,张琛.南京市公共图书馆残疾人服务调研与思考[J].国家图书馆学刊,2016(4):29-35.

[14] 李彬彬,刘灿姣.东部地区地市级公共图书馆数字资源建设调查分析[J].图书馆,2013(2):38-42.

[15] 于良芝,李晓新,朱艳华,等.公共图书馆的使命与服务:基于内容分析法的国内外比较研究[J].图书馆论坛,2007(6):21-28.

[16] "盲人数字阅读推广工程":用书香点亮人生[EB/OL].[2022-02-04].https://mp.weixin.qq.com/s?__biz=MzI2MTAxOTU1Mg%3D%3D&idx=2&mid=2649504796&sn=0686c0dcd3300222a009efb642cd79e4.

[17] 王子舟,夏凡.图书馆如何对残疾人实施知识援助[J].图书情报知识,2007(2):5-18.

[18] 张冰梅,易红,刘晓景,等.全媒体环境下视障读者的阅读现状及应对策略研究[J].图书馆论坛,2013,33(6):127-132.

[19] 吴汉华.图书馆延伸服务的含义与边界[J].大学图书馆学报,2010,28(6):21-26.

[20] 罗亚泓.牛津大学博德莱图书馆的延伸服务探析[J].大学图书馆学报,2016,34(2):47-54.

[21] Westbrook L,Waldman R. Qutreach in Academic Libraries:Principle into Practice[J]. Rsearch Strategies,1993(11):60-65.

[22] Scherrer C S,Jacobson S. New measures for new roles:Defining and measuring the current practices of health sciences librarians[J]. Journal of the Medical Library Association,2002(2):164.

[23] 薛调.北美研究型大学图书馆教学支持服务研究[J].图书馆理论与实践,2011(6):97-99.

[24] 许健.基于Altmetrics的高校图书馆服务能力评价指标体系构建研究[D].南昌:南昌大学,2018:18.

[25] 董丽.基本公共服务质量评价问题研究[D].长春:吉林大学,2015:12.

[26] 王志晖.顾客满意度质量管理理念在服务型政府中的运用[J].质量探索,2011,8(S1):32-33.

[27] 陈希,彭一中.图书馆的功能、价值与构建和谐社会的关系[J].中国图书馆学报,2007,33(1):105-107.

[28] 陈长华.评几种图书馆价值论[J].图书情报知识,2002(2):31-32.

[29] 于良芝.图书馆学导论[M].北京:科学出版社,2003:189.

[30] 柯平,宫平.公共图书馆服务绩效评估模型探索[J].国家图书馆学刊,2016,25(6):3-8.

[31] 刘炜,楼向英,张春景.数字图书馆评估研究[J].图书情报工作,2007,51(5):21-24,69.

[32] President Requests $265,556,000 for IMLS[EB/OL].[2022-3-12].http://www.imls.Gov/news/2009/050709.shtm.

[33] JISCe - Assessment [EB/OL]. [2022-03-12]. http://www.jisc.ac.uk/assessment.html.

[34] ARL StatsQUAL! [EB/OL]. [2010-03-12]. http://www.arl.org/stats/initiatives/index.shtml.

[35] 黄如花,宋琳琳. 论图书馆评价的主体[J]. 中国图书馆学报,2010,36(3):34-44.

[36] 段海艳. 论公共图书馆绩效评价的主体、内容与方法[J]. 图书馆学研究,2008(10):12-16.

第六章

图书馆残疾人无障碍阅读服务制度保障体系建设

2017年10月18日,习近平同志在十九大报告中强调:中国特色社会主义进入新时代,我国社会主要矛盾已经转化为人民日益增长的美好生活需要和不平衡不充分的发展之间的矛盾。并且提出,要坚定文化自信,建设社会主义文化强国。要解决好发展不平衡不充分问题,满足全体公民日益增长的文化、教育需要便是其中重要的一方面。残疾人是社会文化知识资源链中最薄弱的一环,他们的文化信息获取程度,一定程度上代表着社会的文明程度,也影响着社会主要矛盾的解决,甚至影响整个社会的全面、和谐发展。而提高残疾人的文化知识,离不开强有力的制度保障,需要发挥好制度的引导、约束和规范作用。

从系统动力学来看,我国图书馆残疾人无障碍阅读服务发展的驱动力量主要有三方面:一是内部驱动力,即服务系统内部自身变革所需,指的是图书馆残疾人无障碍阅读服务与管理;二是政策驱动力,即政府通过各类型政策工具推动服务的发展,指的是图书馆残疾人无障碍阅读服务制度保障;三是社会驱动力,即社会发展引发的培养目标与方式的革新,指的是图书馆残疾人无障碍阅读服务社会支持。内部驱动力和社会驱动力要想在整个图书馆残疾人无障碍阅读服务系统中获得广泛的传播力和影响力,必须通过合法化过程,借助政策驱动力予以实现。

图书馆残疾人无障碍阅读服务制度建设是图书馆科学管理与公正服务的重要内容,是保障社会所有成员权利的平等、机会的均等、规则的公平的必要保证。当前随着我国经济体制改革的不断深化,文化服务业正处于转型期和深化期,为推动图书馆残疾人无障碍服务的持续良性发展,制度建设是根本。

服务制度是图书馆残疾人无障碍阅读服务的外部影响因素,它能够引导服务的正确方向,保障服务的顺利开展,协调、平衡图书馆在残疾人无障碍阅读服务中与其他利益相关方的关系,同时保障残疾人在无障碍阅读服务方面的权利,因此,探索图书馆残疾人无障碍阅读服务制度保障体系是图书馆残疾人无障碍阅读服务规范化有序化进行的重要保证。

第一节　图书馆残疾人无障碍阅读服务制度的内涵

一、制度的定义

关于制度,《辞海》对其做了定义:①要求成员共同遵守的、按一定程序办事的规程或行动准则;②在一定的历史条件下形成的政治、经济、文化等方面的体系;③政治上的规模法度[1]。相对于人的自律而言,制度是一种社会规范与约束,制度也是某一领域、某一行业建设规范化的必然要求。对于制度的解释,制度经济学家勃伦最早给制度下了定义,认为"制度实质上就是个人或社会对有关的某些关系或某些作用的一般思想习惯"。这里的"一般思想习惯"指的是约束人们行为的道德观念、风俗习惯、意识形态等非正式规则。随后,康芒斯将制度解释为各类组织制定的用以激励或约束人的行为的正式规则。诺思认为,"制度是一系列被制定出来的规则、守法秩序和行为道德、伦理规范,它旨在约束主体福利或效用最大化利益的个人行为"[2]。无论何种定义,都将制度指向为要求社会成员共同遵守的办事规程或行动准则,并决定着社会成员的行为方式和社会特征。正如美国政治学家安德森所说的一种制度"是指一套长期存在的,人类行为的规范模式",是国家或社会政治组织根据一定的目标、按照特定的标准制定的,用以规范和约束人们组织行为的政策体系和运行机制。而制度安排是制度的具体化形式,制度安排可以是正规的,亦可以是非正规的,制度安排与人和人之间的"契约关系"有一定的内在联系[3]。

二、图书馆残疾人无障碍阅读服务制度的定义

关于图书馆制度,我国学者提出了不同的见解。范并思认为,图书馆制度是指"能够保障社会成员获取信息机会的平等、保障公民求知的自由与求知的权利,从知识、信息的角度维护社会公正"的行为准则[4]。蒋永福认为图书馆制

度是"民主社会以自由教育、社会教育和终身教育的形式保障公民求知权利的制度安排"[5]。黄宗忠认为图书馆制度是随图书馆存在而存在的,是要求大家共同遵守的某些办事规程或行动准则[6]。王株梅认为图书馆制度有广义和狭义之分,广义的图书馆制度是国家制订的为满足公民的社会权利而建立的一种信息保障制度,体现了权利的公平;狭义的图书馆制度是指图书馆等机构制订的以一定的信息行为和信息经济关系为规范对象的各种规则、规定、章程、守则等的总和[7]。杨雅认为图书馆服务制度是图书馆对服务理念、服务内容、服务细则以及服务提供方式所制定的一系列条例和准则,通常分为内部服务制度和外部服务制度[8]。

由此可见,图书馆制度是为了保障所有成员的知识权利而进行的制度安排,制度保障的是社会成员的知识自由、平等以及共享的权利。而残疾人作为社会弱势群体,在文化阅读权利的获取方面存在着一定程度的劣势。残疾人阅读权利存在弱势的根源一方面是由于自身的生理原因,导致其无法参与社会活动或参与社会的能力弱化;另一方面又与所处的社会环境分不开,主要归结于社会主流文化的排斥,缺少社会政治、经济和文化政策的支持,这些都导致残疾人处在社会的边缘状态,无法分享社会利益的果实。因此,国家必须运用政策保障措施,通过制度安排将残疾人在权利、发展等方面的弱势处境消减到最低限度。图书馆残疾人无障碍阅读服务制度正是为解决残疾群体的文化阅读弱势而进行的一种制度安排,是知识平等与公正的集中体现,是实现文化均等、社会和谐的必要步骤。

第二节 图书馆残疾人无障碍阅读服务制度构建的理论基石

启蒙思想家卢梭说过:"如果我们探讨,应该成为一切立法体系最终目的的全体最大的幸福究竟是什么,我们便会发现它可以归结为两大主要的目标:即自由与平等"[9]。自由、平等、公正是社会法制体系建构的出发点,也是一切社会政策制定的理论基石与根源,而自由平等的最终目标的实现应建立在社会大融合的环境之中。

一、自由理论

自由是社会主义核心价值观的重要组成部分，也是社会和谐的理论基础。自由作为一种意识活动，是人们在实践活动中所形成的价值观念和价值追求[10]。自由是个人以及人类社会发展的首要前提，从人类社会发展趋势来看，马克思、恩格斯认为，人类社会将由必然王国向自由王国迈进，实现"每个人的自由发展是一切人自由发展的条件"[11]。阿玛蒂亚·森认为，因为可行能力的贫乏或可行能力的剥夺导致了人们实质性自由的缺失，从而阻碍了人们的发展以及人类社会的发展进程[12]。因此，他要求消除束缚实质性自由实现的各种阻碍因素，国家应重视发展人的可行能力，从而减少贫困、消灭剥夺现象。为了提高人们的可行能力，就必须发挥自由的构建性和工具性作用，通过政策的设计，使社会每一个人充分享受物质、经济、政治、文化等方面的机会和保障。人的自由发展是人类社会发展的最终目标和必然趋势，这种自由是一种实现自我价值的、促进自我发展和社会发展的自由，也是一种消除歧视和不公平现象、强化社会保障、实现公平与正义的自由。

当然，这里所说的自由并不是绝对意义上的自由，它是在社会政治保障下所实现的人的意志自由、存在和发展的自由，这与社会主义核心价值观中的自由理念是完全一致的，它是人类社会的美好向往。在这里，制度政策的作用是保障社会中每一个人享有同等的权利和自由，在文化保障领域，自由解释为信息获取、文化阅读的权利与自由，即社会中的每一个人，不论是残疾人还是健全人，都享有社会文化果实，都可以共同参与文化生活。社会保障赋予每一个人获取信息文化的权利，并消除其参与过程中的各种阻碍因素，充分保障他们无障碍地获取信息，提高他们的文化素养，实现每一个人的个人价值与社会价值，即社会总体价值目标的实现。

二、公平正义理论

公平正义并不是抽象的价值理念和价值标准，而是对现实社会制度的关注和评价[13]。著名学者约翰·罗尔斯认为，"正义是社会制度首要的德行，正像真理是思想体系的首要德行一样"[14]。罗尔斯提出的公平正义理论可概括为两个方面,一是平等自由原则,即社会中的每一个人都应当完全平等地享有社会基本权利。二是在效率和福利面前,公平正义具有优先权。我国学者夏文斌也认为,"公平是社会关系的一种特有属性,是对某种社会关系进行规范和评价的基本尺度"[15]。吴忠民强调,"公正是人类社会具有永恒价值的基本理念和基本行为规则"[16]。这些观点都揭示了公平正义是社会结构、社会制度的主要思想,是国家在制定政策时必须首要考虑的关键点。

社会公平正义是构建和谐社会的一个核心问题,因为它直接触及社会各种矛盾的焦点,影响社会的和谐与稳定。文化是社会和谐构建中的基本要素之一,因而文化公平是社会公平的重要内容之一,是社会公平在文化领域的延伸与体现。社会公民的文化发展水平是社会文化发展的基本指标,也是衡量社会和谐的重要指标。

追求公平正义也是社会主义本质的必然要求。2007年3月16日,在两会的记者会上,温家宝总理提出,"要让正义成为社会主义国家制度的首要价值","公平正义就是要尊重每一个人,维护每一个人的合法权益,在自由平等的条件下,为每一个人创造全面发展的机会"。在2008年3月的两会记者招待会上,温家宝总理再次明确指出,"公平正义是社会主义制度追求的首要价值"。党的十七大报告进一步强调了公平的重要性,指出"实现社会公平正义是中国共产党的一贯主张,是发展中国特色社会主义的重大任务"。党的十八大报告明确指出"公平正义是中国特色社会主义的内在要求""要在全体人民共同奋斗、经济社会发展的基础上,加紧建设对保障社会公平正义具有重大作用的制度,逐步建立以权力公平、机会公平、规则公平为主要内容的社会公平保障体系"。党的十九大报告继续将社会公平正义提高到"谋民生之利、解民生之忧"之重要地位。习近平同志强调,"公平正义是我们党追求的一个非常崇高的价值,全心全意为人民服务的宗旨决定了我们必须追求公平正义"。

文化公平是社会公平正义的主要内容,它对于提高公民的文化素养,协调社会关系以及社会环境和谐等方面发挥着重要作用。文化公平是指每一位社会成员在享受文化资源时受到公正平等的待遇,主要表现为社会每一个人获取信息资源的公平。具体到实际操作中,就是社会成员在获取信息的起点、过程以及结果上都要公平。起点公平是指每个社会成员接收信息资源的机会是同等的,即无论是残疾人还是健全人都有机会获取信息文化、进行阅读;过程公平是指每个成员在享受信息资源过程中待遇的公平性,表现为信息服务过程中的一视同仁,能够根据每个成员的实际情况进行服务;结果公平是指每个成员都能获取到信息资源,进而内化为自身的价值。相比较而言,结果公平的实现有一定的难度,这就需要国家以及相关部门制定公平有效的制度保障措施,一方面通过满足社会成员的基本信息、文化需求,来保障社会成员不因各种原因而丧失基本信息权利、文化权利和教育权利;另一方面通过保障残疾人信息获取的技能,使他们获得自主学习的能力,不断完善自我,实现群体生存能力的提升,最终实现人的全面发展和社会的全面进步。

三、社会融合理论

社会融合理论起源于欧洲对社会排斥概念的密切关注,是由"平等"概念逐渐演化而来,因此它是以公平正义作为其伦理的哲学基础的。社会融合理论要求确保社会中不会有某些人或群体因为某些方面的特征而遭受来自正式或非正式制度的系统性排斥[17],社会融合强调的是对残疾人等社会弱势群体的包容和接纳。社会融合关注的焦点是平等与融合,即国家通过建立以权力平等、机会平等、规则平等为主要内容的社会制度保障体系,来营造公平的社会环境,保证社会所有公民都能平等参与、公平发展,最终实现团结与融合的社会美好环境。社会融合的实现需要扩大社会包容程度,最大限度地增加社会制度的可及性、包容性,为社会每一个人提供独特的个性化的发展空间。这种发展空间具体体现在社会每一个成员平等地参与政治、经济、文化、教育等活动,公平地享有各种资源与信息。

社会融合理论应用到文化中,便是强调残疾人等社会弱势群体的参与,减少残疾人的社会排斥,让社会每个人都享有平等的文化权益。以文化融合、全纳社会为目标,追求的是在文化领域,所有残疾人和健全人处于同等的地位,享有同等的权利,在享有文化权利的过程中,任何人都不会受到歧视和排斥,每个人都可以在和谐的环境中学习、阅读。社会融合的理念就是创设一种全新的人文环境,以确保每个人都是平等的、公平的,共同享有社会文化成果,拥有各种信息文化的物质基础、技术条件、资源设备以及阅读环境,使得每个人都能获取所需的资源信息,从而提升社会生存的资本,在和谐平等的环境中共建美好家园。

第三节　图书馆残疾人无障碍阅读服务制度保障体系构建的原则

图书馆残疾人无障碍阅读服务制度保障体系的构建应体现以下基本原则：系统性原则、与时俱进原则和循序渐进原则。

一、系统性原则

图书馆残疾人无障碍阅读服务制度保障体系是图书馆服务制度体系的一个重要组成部分，它的构建涉及图书馆事业发展的方方面面。作为图书馆服务制度体系的子系统，图书馆残疾人无障碍阅读服务制度的构建要兼顾图书馆服务的整体制度环境，以图书馆辅助整体目标的优化为准绳，协调与其他子系统的相关关系，使整个服务系统完整、协调、平衡发展。因此，在图书馆残疾人无障碍阅读服务制度体系构建时，应将自身放到大系统的整体中去考虑、权衡，推进图书馆整体服务的进展。从政策的完整性考虑，图书馆残疾人无障碍阅读服务制度体系的构建包含法律法规、行业规范、技术标准等多种政策类型[18]，涉及宏观、中观、微观等三个层面的政策制定，必须统筹全局，进行系统性规划。另外，图书馆残疾人无障碍阅读服务并不是孤立发生作用的，除了直接的相关方残疾读者和图书馆外，还关乎国家、相关部门、各类社会组织、社会公众等多方利益，因此图书馆残疾人无障碍阅读服务制度体系的构建应从全局考虑，协调各方利益。总之，图书馆残疾人无障碍阅读服务制度体系的构建是一个复杂又系统的工程，既要重视纵向的衔接和一致性，还要注重横向的联系与协调，使整个政策体系成为一个内容全面、结构合理的有机整体。

二、与时俱进原则

任何事物都是变化发展的。首先，随着经济、技术的发展，社会环境的变化推动着文化领域的不断创新发展，图书馆残疾人无障碍阅读服务的理念、软硬件设施设备、技术条件、无障碍服务环境、服务人员的水平与素养等等都在逐步提高,这就迫切要求更新原有的政策规范,使之与图书馆残疾人服务事业发展的实际情况相适应。其次,随着残疾人自身文化水平的提高,其对信息的需求也在不断发展,这就要求相关服务政策的制定也应适应残疾人的需要,从而真正促进残疾人文化素质的提高。

与时俱进原则在图书馆残疾人无障碍阅读服务制度体系中的运用不仅体现在要着眼于现实发展,还要发挥开拓创新精神,探索潜在发展与未来发展的趋势,在政策框架和内容的设计中预留足够的发展空间。在科学分析与估计社会发展形势、及时了解残疾人阅读水平和信息需求的基础上,对图书馆残疾人无障碍阅读服务做前瞻性分析与思考,用发展的眼光分析问题、制定政策,从而能够在各种情况下应对服务中出现的问题,更好地指导实践。

三、循序渐进原则

图书馆残疾人无障碍阅读服务制度保障体系的构建是一个从宏观到微观极其复杂的过程,大到国家法律政策,小到图书馆规章制度,而且这些政策之间有一个紧密的衔接关系,其制定不可能一次性完成。同时,图书馆残疾人无障碍阅读服务制度保障体系本身是一个不断发展与完善的有机生长体,在制定的过程中会遇到各种新问题、新情况,需要不断地更新完善。因此,图书馆残疾人无障碍阅读服务制度保障体系的制定应该遵循循序渐进的原则,自上而下、由易到难,并且突出重点,优先突破服务中出现的主要问题。此外,由于服务对象存在的残疾类型、文化水平以及阅读需求不一样,各级各类图书馆的内在和外在的服务环境、服务条件的差异,在制定服务制度中,应根据实际情况采取因人制宜、因馆制宜的方针,以保证服务政策的可及性和可操作性,避免产生形式主义和不符合实际的情况。

第四节 图书馆残疾人无障碍阅读服务制度保障体系的内容

一、图书馆残疾人无障碍阅读服务制度存在的问题

自新中国成立以来,我国图书馆残疾人无障碍阅读服务政策建设取得了一定的成绩,也基本形成了一套相对完备的图书馆残疾人无障碍阅读服务政策体系,但仍存在一些不足,主要表现在立法不全、执行不力、专业性缺失等方面。

(一) 立法不全

立法不全是长期以来制约图书馆残疾人无障碍阅读服务发展的瓶颈。这种立法的不全面主要体现在以下三个方面:

1. 缺乏独立的图书馆残疾人无障碍阅读服务法

我国的图书馆残疾人无障碍阅读服务政策依附于图书馆服务制度,而没有独立的全国性的图书馆残疾人无障碍阅读服务法。目前国家级行政法规中,有11条法规条例中涉及与残疾人无障碍服务保障相关的内容,如《中华人民共和国残疾人保障法》(1990年)、《残疾人教育条例》(1994年)、《国务院批转中国残疾人事业"九五"计划纲要的通知》(1996年)、《国家"十一五"时期文化发展规划纲要》(2006年)、《信息网络传播权保护条例》(2006年)、《中共中央国务院关于促进残疾人事业发展的意见》(2008年)、《无障碍环境建设条例》(2012年)、《关于加快构建现代公共文化服务体系的意见》(2015年)、《国务院关于加快推进残疾人小康进程的意见》(2015年)、《中华人民共和国公共文化服务保障法》(2016年)、《"十三五"推进基本公共服务均等化规划》(2017年),这些法律法规虽然都对残疾人文化保障做出了规定,但没有全面完整的阐述。

2. 地方政府有关残疾人无障碍阅读服务的法规条例不完整

国家文化部于1982年12月颁布了《省(自治区、市)图书馆工作条例》,但条例中未提到有关图书馆残疾人服务规定,使得各省、市、县等地方性无障碍阅

读服务法规没有可依循的标准。一部分省（自治区、市）根据现实需要在图书馆服务条例中增加了残疾人服务相关的内容，如《湖北省公共图书馆条例》（2001年）、《河南省公共图书馆管理办法》（2002年）、《北京市图书馆条例》（2003年）、《浙江省公共图书馆管理办法》（2003年）、《山东省公共图书馆管理办法》（2009年）、《江苏省公共图书馆管理办法》（2009年）等，但内容不够全面，完整性的图书馆残疾人阅读服务保障条例依然缺少。

3. 图书馆行业服务规范的保障体系不够健全

中国图书馆学会2008年通过的《图书馆服务宣言》确立了图书馆"平等服务""以人为本"的基本原则，明确图书馆的目标是"向读者提供平等服务""保障全体社会成员普遍均等地享有图书馆服务"，但在随后的图书馆行业服务规范中，却缺少对"平等服务"原则的具体阐述与落实。无论在图书馆残疾人无障碍阅读服务的空间环境与设施设备建设方面，还是在图书馆残疾人无障碍阅读服务中的组织、资源、人员、评估、监督等各项指标方面，都未有完整性的规定。另外，对于不同类别等级的图书馆在残疾人无障碍阅读服务中的定位与作用也未做详细部署，导致图书馆残疾人无障碍阅读服务的盲目性。在针对不同类型的残疾人服务规范方面，2019年中国盲文图书馆牵头联合多家图书馆实施了《图书馆视障人士服务规范》，全方位地规定了图书馆面向视障群体的服务资源、服务内容与形式、服务要求、服务宣传、服务监督与评价等标准，为视障读者无障碍阅读提供了政策性保障，而对于其他类型的残疾读者无障碍服务，还没有制定具体的服务标准与措施。

（二）执行不力

图书馆残疾人无障碍阅读服务制度执行中存在的问题主要在于执行不力，具体表现为规章制度执行流于形式，或表面上执行实际上未有具体行动，或未被执行，或没有被全面执行，这些都会导致图书馆残疾人无障碍阅读服务规章制度失去应有的效力。其原因有三：一是大多数图书馆将主要服务对象定位于健全读者这一主流群体，认为健全读者数量多，信息需求相对一致，残疾读者进馆较少且阅读需求不高，如果大力进行无障碍服务建设，会造成一定的资源浪费，也会影响图书馆对主流读者群体的服务质量。二是图书馆追求效益的最大化与无障碍阅读服务的矛盾问题。图书馆的效益主要体现在对现有服务能力、服务绩效的考核，而从社会现实的市场价值取向上，公正与效率在很大程度上是难以兼得的,也就是说,如果我们充分体现了公正原则,就要在较大程度上牺牲效率,反之如果充分考虑了效率,那就不可避免地会牺牲一定程度的公正[19]。三是残疾人群体本身存在的各种障碍性因素增加了图书馆残疾人无障碍阅读服务的困难,例如,残疾人生理障碍、心理障碍、经济障碍、技术障碍等对图书馆提出了在服务设施设备、服务人员、阅读资源等方面的特殊要求,致使图书馆需要花费更多的财力、物力、人力资源去应对,而对目前经费、人员等紧张的图书馆而言不啻是个重要问题。

(三)专业性缺失

图书馆残疾人无障碍阅读服务制度的设计应体现专业性、先进性、协调性、完整性、可操作性等特点。然而,目前我国在图书馆无障碍残疾人阅读服务制度设计上还存在着以下问题:一是没有完整的制度体系设计,缺乏可操作性。以服务经费投入为例,在有限的政策规范中,服务经费的投入、使用以及经费增长等都没有专列项目,没有设置其在图书馆总经费投入中的合理比例。另外,除财政经费外,对于如何建立多元的经费投入机制以及多元经费投入如何进入制度层面,制度如何保障和监督经费的使用[20],这些都存在缺失,导致服务经费捉襟见肘。二是图书馆残疾人无障碍阅读服务制度缺少对服务目标与服务效果的前瞻性规划。这种前瞻性体现在对服务效果的关注与重视。"这种效果不仅是单方面的,更应该是多元的;不仅是短期的,更应该是远期的;不仅是堵漏型的,更应该是开拓型的;不仅是回顾性的,更应该是预见性的"[21]。因此,图书馆残疾人无障碍阅读服务制度的设计不仅要关注现时需要,还应具有科学的预见性。三是图书馆残疾人无障碍阅读服务制度之间存在一定的冲突,缺少协调统一。这种不协调主要体现在图书馆新旧制度或图书馆不同部门、不同层级的权力机构所制定的制度都对同一类活动有约束效力,而这些制度相互之间却存在矛盾和冲突,使相关行为按此制度衡量是合法的,而按彼制度衡量又不合法[22]。例如,著作权保护与图书馆资源合理使用之间的冲突成为残疾人资源获取的关键问题。

二、图书馆残疾人无障碍阅读服务制度保障体系的内容

图书馆服务制度建设是图书馆科学管理的重要内容,也是图书馆服务价值

实现的根本保障。在欧美国家,图书馆服务制度被定义为"一套用来设计、建设、传递用户需求的可靠的系统、程序及方法",并且"将服务创新传递给用户的基础手段"[23]。根据木桶理论,该桶能装多少水取决于最短的那块木块,而图书馆残疾人无障碍阅读服务制度恰恰就是图书馆服务制度中最短的也是最能决定图书馆服务制度质量与成效的那块板。图书馆残疾人无障碍阅读服务制度的基本内涵是以规则和管制形式对图书馆员服务行为和残疾读者行为施加的一系列约束、检验图书馆员或残疾读者行为的程序及相关的道德和伦理行为规范[24],是控制服务质量、取得服务成效的必不可少的手段。其内容涉及范围非常广泛,包含服务的各个方面,具体包括服务的组织管理、经费、资源、环境、技术、队伍、监督以及评估等方面。

(一) 图书馆残疾人无障碍阅读服务制度保障体系框架

图书馆残疾人无障碍阅读服务制度保障体系是一个将资源、技术、管理、监督以及评估等内容规范化整合之后向图书馆服务人员和残疾读者传递,实现图书馆残疾人无障碍服务增值和残疾读者信息获取的平台。其作用在于营造理想化的服务环境、明确图书馆服务人员和残疾读者的行为界限、形成一定的服务规范、引导科学合理的知识传递方式。这种制度体系不仅对服务人员、残疾读者以及其他相关人员确定了行为规范,保障他们在服务活动中的利益和价值体现,同时也在图书馆服务人员之间、残疾读者之间、服务人员与残疾读者之间形成一种稳定、持续的沟通交流与知识传递模式,通过以满足残疾读者阅读需求为导向的行为机制,实现图书馆残疾人无障碍阅读服务的目标与价值。同时,图书馆残疾人无障碍阅读服务制度体系是一种作用于服务人员和残疾读者双方的政策框架,服务人员的理念、能力、行为直接影响残疾读者阅读的质量与效果,而残疾读者无障碍阅读的效果又是对服务人员服务情况的反馈。因此,在制定图书馆残疾人无障碍阅读服务制度体系过程中,要充分考虑到图书馆服务人员、残疾读者以及其他利益相关者等各个方面的情况,最终实现整体目标的一致。另外,图书馆残疾人无障碍阅读服务制度体系的构建不应只采取"自上而下"式高处指挥模式,而应在充分了解残疾读者阅读需要、图书馆服务的实际情况以及社会环境的基础上,通过"自下而上"式的调研分析拟定相关政策与规则,保证制度体系的科学性、合理性、公正性、协调性。

根据残疾人无障碍阅读的实际需求,结合目前我国图书馆残疾人服务政策存在的问题,同时借鉴我国相关法律法规条例以及国外图书馆残疾人服务建设经验,本文尝试构建面向残疾人的图书馆无障碍阅读服务制度保障体系的基本框架,具体见图6-1。

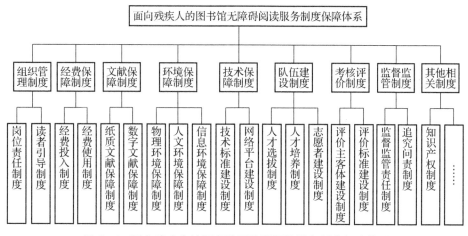

图6-1 面向残疾人的图书馆无障碍阅读服务制度保障体系

(二)图书馆残疾人无障碍阅读服务制度保障体系的主要内容

1. 组织管理制度

组织管理制度是图书馆残疾人无障碍阅读服务的组织机制。"组织管理之父"马克斯·韦伯(Max Weber)认为,任何组织都是以一定的目标为前提,以某种形式的权力作为基础,根据合法程序确定,并靠着一套完整的法规制度,组织与规范成员的行为,以期有效地追求与达到组织的目标。组织管理模式是推动图书馆残疾人无障碍阅读服务规范化和制度化的有效手段。

(1)进行以职能为导向的组织机构建设

组织机构从政策决策角度为图书馆确立了残疾人无障碍阅读服务的职责、使命和任务,并将组织内各部分进行分工协调,构建起协调统一的职能管理体系。组织机构设置是图书馆科学管理和服务正常运行的前提,与图书馆的其他服务一样,图书馆残疾人无障碍阅读服务组织机构由业务部门和行政部门两大部分组成,其中,业务部门负责残疾读者的无障碍阅读服务,行政部门为业务工作提供相应保障[25],两者都必须按照一定的规范与标准进行。业务部门应依据图书馆残疾人无障碍阅读服务的业务流程,对各工作环节的内容和指标进行质量规定,以此指导具体的服务工作。行政部门作为管理与保障部门,应对图书馆残疾人无障碍阅读服务中涉及的服务环境、服务设施设备、特殊文献、服务人员、经费投入与支出、服务过程与质量等环节进行规范与约束。

(2) 进行以能力为本的岗位责任制建设

以能力为本的岗位责任制建设的基本原则是根据岗位的职责、特点、性质以及服务人员的能力、水平,建立起人尽其才,各尽其责的岗位责任制[26]。馆员的岗位责任制由职业道德建设和服务行为规范建设两部分组成。馆员的职业道德规范对引导价值观念、规范服务行为起了重要作用,应建立馆员职业道德建设机制,确立图书馆的价值观、道德观和行为准则,通过教育培训,将这些理念与准则固化为馆员自身的服务观和价值观,以此引导自身的服务行为。馆员服务行为的规范化更离不开图书馆的规范化管理,图书馆需要为馆员确定服务行为界限,对馆员的服务内容、服务方法、服务态度等进行科学的规范管理,以完善图书馆残疾人无障碍阅读服务。

(3) 进行以目标为导向的读者引导机制建设

一个完善的服务体系除了要有科学合理的馆员服务制度,还应有读者规章制度和服务介绍来对读者进行指导。图书馆残疾人无障碍阅读服务制度的目标是提高图书馆残疾人无障碍服务质量,使残疾人无障碍地获取信息,那么在制度制定中对残疾读者进行阅读引导是关键所在。以目标为导向,就必须在制度设计中以为残疾读者提供优质的服务为核心。为给残疾读者创设良好的图书馆阅读环境,应制定读者行为规范,如遵守图书馆管理制度、爱护图书馆文献资源和设备设施等。从道德、礼仪角度对残疾读者进行阅读行为引导,帮助他们真正进行无障碍阅读。

2. 经费保障制度

经费保障是图书馆残疾人无障碍阅读服务体系能否构建、服务能否持续进行的财力支撑。为切实保障残疾人的阅读权利,必须通过立法来保证服务的经费投入与使用。

经费的投入涉及投入主体、经费投入额度以及占财政预算的比例、投入增长机制、经费结构。具体来讲,就是要建立图书馆残疾人无障碍阅读服务经费保障机制,实现经费来源的多元化,明确各级政府为经费投入的主体,同时鼓励社会力量投资[27]。第一,图书馆残疾人无障碍阅读服务经费应纳入财政预算,设置专项经费,确定经费金额,保证服务的各种基本经费需求,并随着国家财政收入的增长逐年增加经费。第二,建立合理的经费结构。经费投入的结构与比例应科学合理,应详细规定图书馆残疾人无障碍阅读服务的经费分配方式,同时对账目审查做出相关规定。从服务的各项内容来看,其经费可划分为设施设备经费、文献资源经费、项目经费、组织与管理经费等,应根据实际情况进行合理的经费分配,保证服务的持续稳定开展。经费投入应考虑地区性差异,尽量向经济欠发达地区、贫困地区倾斜,并重点关注直接面向残疾人的基层图书馆、社区图书馆的经费投入。第三,积极争取社会力量的参与与支持。国外图书馆经费除政府税收拨款外,有很大一部分来自社会慈善机构的捐助。因此,我们应通过宣传图书馆残疾人无障碍阅读服务推动社会和谐、社会进步的重要作用,增强社会组织以及个人的社会参与度,吸引更多的社会力量以各种方式支持服务的发展。第四,在经费的使用上,应规定专款专用的原则,避免各种形式的挪用、乱用现象,使服务的各部分项目都能正常开展,不至于因经费问题而顾此失彼。

3. 文献保障制度

文献资源是图书馆残疾人无障碍阅读服务的物质基础。文献资源建设直接关系到图书馆残疾人无障碍阅读服务的质量,更关系到残疾人无障碍阅读的成效。然而,面向残疾人的文献资源是特殊文献资源,并且不同类型的残疾读者对阅读资源的要求不一样。例如:视障读者由于视力低下或全盲,所需的阅读资源载体形式为大字本、盲文资源、音频资源等;听障读者因听力低下或听力全无,其所需的阅读资源载体形式除了普通文字版文献,还需要视频资源;对于自闭症等特殊儿童,图书馆需要提供适合他们阅读并能启迪心智的绘本读物等。因此,必须自上而下构建面向残疾人的图书馆文献资源保障制度,从政策上保证残疾人阅读资源的有效提供与落实,文献资源保障制度应从宏观、中观、微观三个层面进行政策设计。

(1) 政府层面的宏观管理

国家应对残疾人特殊文献资源进行整体规划与宏观管理,以统筹图书馆的残疾人阅读资源的整体建设。具体政策有:制定短期、中期、长期图书馆特殊文献资源建设规划与目标,并定期进行监督与检查,建立监督反馈机制,跟踪建设进度,把握特殊文献资源的总体发展方向和发展趋势;根据残疾人阅读需要,国家组织和扶持特殊文献资源的编写、出版、发行,从根源上保障特殊资源的有效供给和渠道畅通;规划建立特殊文献资源保障体系,对全国性的特殊文献资源进行规划与分工，促进图书馆之间的分工与协调，建设各有特色各有侧重点的特殊文献资源，形成特殊文献资源共享机制；构建地区性特殊文献资源一体化建设机制，明确中心馆的位置与责任，实现地区特殊资源的协调统一发展；对图书馆数字资源平台进行组织、管理、规范与监督，确保数字资源的共享与长期保存。

(2) 图书馆行业组织的规范管理

图书馆行业组织是图书馆行业各项服务开展的组织者与代表者，它代表着图书馆的利益，也监督制约着图书馆的服务行为。因此，图书馆行业组织应承担起制定特殊文献资源建设规范的职责，组织制定图书馆残疾人无障碍阅读服务文献资源建设规范，对特殊文献资源建设的各个工作环节的工作内容和业务指标进行质量规定。具体有：组织开展残疾人阅读需求调研，在此基础上确定资源建设目标；建立一套有组织章程、建设标准、规范流程、操作规程的特殊文献资源行业制度，指导图书馆无障碍资源建设，包括特殊文献采选规范、编目与组织规范、保存与保护规范等；对各种不同类型不同层级的图书馆进行分工协调，组织落实特殊资源一体化建设和特殊资源共建共享平台。

(3) 图书馆的具体化管理

各实体图书馆应在国家法律和行业标准规定的范围内，根据本馆情况制定图书馆残疾人无障碍文献资源建设制度。这些规章制度是对国家相关政策和行业规定的细化与落实，其内容包括特殊文献资源的采访、加工以及资源的服务输出与管理等工作，具体涉及以下这些：特殊文献资源的年购置量和增长量、特殊文献的加工标准及书目建设规范、盲文专业馆员队伍的建设与培训、数字资源(音频、视频)的采集与组织、自建特殊文献资源专业化建设等。当然，图书馆政策的制定一定是在了解本地区、本馆残疾人阅读特点、阅读需求的基础上进行的，因此，对各类型的残疾人进行调查访问与分析，是制定图书馆残疾人无障碍资源建设政策的前提。

4. 环境保障制度

图书馆环境保障主要指图书馆为残疾人阅读提供的无障碍物理环境与人文环境，包括对图书馆无障碍设施、阅读辅助设备、导引标识、无障碍阅读服务氛围的营造等。我国已经颁布了《无障碍设计规范》(2012年)、《公共图书馆服务规范》(2012年)、《公共图书馆建设标准》(2008年)等制度标准，但对于图书馆残疾人无障碍阅读服务来说，这些政策存在以下问题：一是只针对公共图书馆的残疾人服务,而并未把其他类型图书馆残疾人服务纳入其中。二是只涉及图书馆残疾人无障碍阅读服务的一部分内容,如图书馆无障碍设施建设,而未涉及无障碍阅读辅助设备。三是图书馆服务不等同于图书馆残疾人无障碍阅读服务,政策中涉及图书馆残疾人无障碍阅读服务的规范内容不够具体细致。基于此,图书馆环境保障制度应通过制度的内容安排和充分展示,营造一种倡导尊重残疾人、服务残疾人的环境,潜移默化地将逐步确立起来的做法演变成习俗惯例,自然而然地改变组织文化[28]。

(1) 无障碍物理环境制度建设

为了更好地进行图书馆残疾人无障碍阅读服务,有关部门应在借鉴《无障碍设计规范》《公共图书馆服务规范》《公共图书馆建设标准》等规范标准的基础上,对图书馆残疾人无障碍阅读服务的硬环境进行制度设计,将所涉及的各部分规范内容细化,具体包括:对图书馆残疾人阅读空间进行无障碍建设规范,包括图书馆标引标识、停车位、入口、通道、电梯、卫生间,同时规范残疾人阅读活动区域、阅览空间等;针对各类残疾读者的实际情况,对书架、阅览桌、座椅等进行无障碍规定,并配备轮椅、拐杖等辅助设备;针对残疾人阅读所需的辅助设备进行具体化规定,包括视障读者阅读使用的听书机、盲用电脑、助视器、录音笔、有声读书机、盲文打印机、盲文扫描仪、盲文学习机等,听障读者阅读使用的视频投影仪、白板等。同时,根据图书馆的类型、级别以及服务侧重点规定无障碍设施设备的标准与数量,防止一刀切现象。

(2) 无障碍信息环境制度建设

《美国残疾人保障法》的起草人、美国残联主席弗瑞登先生认为,在信息时代和网络社会中,就残疾人的生存和发展而言,信息无障碍较之城市设施无障碍具有同等甚至更加重要的意义[29]。残疾人行动的不便、纸质资源的缺乏、信息技术的迅猛发展以及数字资源的日益增多都要求图书馆在对残疾人进行阅读服务时,更多地考虑如何进行无障碍信息资源服务,以使残疾人无论何时何地都能获取信息。而实现无障碍信息资源阅读,就必须对信息无障碍阅读环境进行无障碍规范化制度化设计,为残疾人提供一个无障碍的信息阅读环境。信息环境无障碍涉及网络无障碍与网络资源的无障碍,因此,我们应对网络本身和网络资源进行制度化规范,具体包括:网页本身信息获取和操作的无障碍、以网页为平台提供的各种资源形式的无障碍、辅助残疾读者进行无障碍阅读的各种辅助设备的无障碍等[30]。无障碍信息环境制度建设需要在遵循国际相关标准（如 W3C 组织的 HTML 语言规范以网站无障碍建设指南等）的前提下，制定符合残疾读者阅读需求的无障碍网站制度，确保网络、应用软件、操作系统以及辅助设备的无障碍，包括网站内容和结构的清晰无误，网页的替代文本、背景、配色、文字、排版等适应残疾人的阅读习惯，网站的超链接、导航栏指向明确、简洁易用等；建立网站易访问、易操作评价标准制度，设置评价标准指标，对网站界面、应用软件、操作系统、网站数字资源等与残疾读者阅读相关的无障碍信息环境进行整体评估。

（3）无障碍人文环境制度建设

物理环境政策为残疾人进馆阅读提供了必要的设施设备保障，而图书馆所营造的温馨舒适的人文环境则提高了残疾人进馆阅读的积极性。因此，对图书馆残疾人无障碍阅读服务的软环境进行政策规范，将极大程度地推动残疾人阅读进程，促进图书馆残疾人无障碍阅读服务的效率。无障碍人文环境政策的制定主要围绕图书馆服务理念、人员服务素质方面展开。

图书馆理念是图书馆从业者应该秉持的价值取向与职业"意识形态"[31]。一所图书馆秉持着什么样的服务理念决定了它的服务实践，同时又反过来指引着制度变革与前进方向。因此，我们应通过制度化设计，来提高图书馆的无障碍服务理念和馆员、志愿者的服务素养。在讨论图书馆服务理念中，"以人为本"作为一个图书馆的文化价值观已经深入人心，那么如何真正贯彻以人为本、以残疾人为本的服务理念，并不只是形式化的宣传口号而已，需要进行图书馆制度化建设。

首先，加强图书馆文化建设，提高图书馆服务的思想内涵，通过对思想教育、培训的制度化来提高图书馆的人文素养，使图书馆秉持均等服务、以人为本、专业化服务等服务思想内涵。

其次，对图书馆服务人员进行价值定位，通过组织定位、机构设置、职能效度评估等环节，明确服务人员的工作职责，提升他们的职业素养。同时将服务理念纳入图书馆职业培训制度范畴，彰显无障碍阅读服务理念与文化精神。

最后，将志愿服务精神融入图书馆残疾人无障碍服务理念中，从某种意义上来说，图书馆精神与志愿服务精神是相通且相辅相成的。无论是徐引篪的"任何人在任何地方能够以合理的方式和公平的标准获得图书馆服务"[32]思想，吴慰慈的"追求社会和谐、包容、平等"思想，还是程焕文的"平等、自由、免费"以及"爱国、爱馆、爱书、爱人"精神，范并思、蒋永福等的"信息自由、公平"等观点，都蕴含着图书馆人对读者的奉献、友爱精神,目的都是通过这种公正平等的服务,促进社会和谐与进步,这与志愿者服务的实质是一致的。

5. 技术保障制度

无障碍技术是图书馆残疾人无障碍阅读服务的重要技术力量。无障碍技术一般包括物理无障碍技术与信息无障碍技术,物理无障碍技术一般指的是无障碍设施,目前国家和相关部门已经出台了较为全面的关于建筑物和道路无障碍设施方面的建设标准。而信息无障碍是最近十年才开始兴起的,信息技术的快速发展和残疾人阅读需求的提高,促使信息无障碍技术不断更新换代,因此无障碍技术保障制度也应随之更新发展。

(1) 推进图书馆无障碍技术标准的规范化建设

标准是指具有共同使用和重复使用特点的,目的是在一定范围内获得最佳秩序,经过协商一致制定,并经过规范化的程序,由公认的标准机构批准的技术类的规范性文件[33]。图书馆无障碍技术标准是对图书馆残疾人服务所涉及的资源、平台,设备的类型、数量、组织、功能、技术参数、质量指标等进行的规定。一般包括残疾人服务所涉及的数字资源对象数据、元数据标准,有声读物、易读文献等特殊类型文献标准,服务平台基本功能规范,辅助技术的参数指标和设备的质量参数标准等[34]。与其他行业技术标准一样,图书馆残疾人无障碍阅读服务技术标准也分为国家标准和行业标准两类。

在图书馆残疾人无障碍阅读服务建设过程中,技术标准规范化建设需要进一步加强。一方面应借鉴国际先进的无障碍信息技术和无障碍标准,在考虑资源、设备、平台等相互兼容的基础上,制定相关法案与标准,推动我国图书馆无障碍技术的标准化进程,规范信息无障碍的设备及市场;另一方面应着眼于如何形成有效的服务覆盖,制定支持服务体系内各图书馆之间实现资源共享、服务共享、技术共享的基础工作标准、管理标准和技术标准[35],例如,不同类型不同层级图书馆相关设施的建设标准、服务标准、文献建设加工标准、组织与流转的业务标准,对残疾人服务工作者的培训标准等。此外,还应在无障碍技术标准规范制度中建立科学有效的标准规范修订机制,以便应对图书馆残疾人无障碍阅读服务中出现的各种情况,及时对有关标准做出相应的调整,使无障碍技术标准规范与无障碍服务建设的发展保持高度的一致。

(2) 政府对与无障碍服务相关的技术与科研给予支持和鼓励

技术是实现无障碍服务的关键,因此,政府应在图书馆残疾人无障碍阅读服务经费投入中划拨用以研究无障碍技术研究、发展与保障的专项经费。同时，还应设立无障碍技术科研激励机制，鼓励专业技术人员不断开拓创新，在研究国内外无障碍技术的基础上，不断研究新理论、新方法、新技术。为保证无障碍技术的顺利进行，还需建立图书馆技术保障机制，对无障碍技术服务、技术保障的各个环节进行监督、评估。

(3) 残疾人无障碍数字资源平台制度化建设

对残疾人无障碍数字资源平台进行制度化建设，保障残疾人所用软硬件技术的科学化、标准化，有效规范盲人计算机系统、触摸屏幕、声控手机、智能听书机、盲人学习机、盲人读书机等技术设备的操作程序与技术，进一步开拓在线音频、视频服务功能，对语音识别、语音合成、音视频转换等技术进行科学规范与技术开发。

(4) 无障碍技术共建共享机制建设

建立图书馆之间无障碍技术共建共享机制，鼓励图书馆与其他图书馆、科研机构等建立无障碍技术研究合作机制。支持残联、其他企事业单位等各方力量参与信息化、数字化建设，共建信息服务平台以及残疾人资源数据库，如语音电子书库、盲文点字书库等，通过不断采取新科技、新手段辅助残疾人提高阅读水平。

6. 队伍建设制度

队伍建设是服务的人才基础。面向残疾人服务的图书馆队伍建设制度应重视人才的选拔聘用、馆员的培训发展、人才的评价激励、志愿者的管理培育等，为建设一支服务素养高、服务能力强的图书馆残疾人无障碍阅读服务人才队伍提供保障。

(1) 人才选拔机制

相对而言，图书馆残疾人无障碍阅读服务具有一定的特殊性，需要一支懂残疾人心理、具有阅读学知识和图书馆学专业知识的专业人才服务队伍，也就是需要具备图书馆学、阅读学、心理学以及相关专业知识的综合性人才队伍。因此，在图书馆残疾人无障碍阅读服务人才的选拔任用上，应从政策上明确选拔的原则，制定人才筛选的标准，完善专业人才选拔聘用的工作机制与流程，建立常态化、规范化的人才引进与选拔机制。

(2) 人才培养机制

人才培养是图书馆残疾人无障碍阅读服务人才队伍建设的重点，人才培养的质量直接影响到服务的质量。因此,应建立健全人才培养机制,对人才培养工作进行整体规划,确定人才培养的目标、要求与培养模式,使人才培养工作符合图书馆残疾人无障碍阅读服务的需要、图书馆自身发展的需要和馆员成长规律。人才培养制度涉及的主要内容有:制定馆员在职接受培训和继续教育的权利与义务;明确馆员培训的负责主体及其职责;建立完善的在职人员培训和继续教育体系,将专业教育、在职培训和实践相结合[27];建立人才培养的长效机制,保障人才培养工作的长效性、可持续性;建立与完善人才培训的考核、激励、评估机制,坚持多元化的人才培训模式,促进人才培训的良性发展。

(3) 志愿者队伍建设机制

志愿者服务团队是图书馆残疾人无障碍阅读服务中不可或缺的支持力量。要充分发挥志愿者的无障碍服务优势,挖掘其服务价值,就必须在制度建设中纳入志愿者管理与培训机制。首先,应建立图书馆残疾人无障碍阅读服务志愿者管理机制。设置管理机构,明确志愿者选用标准,制定志愿者管理章程,包括志愿者服务的宗旨、服务守则、服务规范与标准、奖罚条例、活动经费以及对志愿者服务中可能出现的侵权行为的处理办法等。其次,建立图书馆残疾人无障碍阅读服务志愿者服务培训机制。应制定志愿者培训培养计划,明确培训目标、培训模式,设置培训专项基金。

7. 考核评价制度

考核评价是检验图书馆服务质量的重要手段。图书馆残疾人无障碍阅读服务考核评价制度的核心是对服务的实施程度、质量、效果进行评价,合理的考核评价机制能有效促进图书馆残疾人服务的效率,激发图书馆服务人员的主动性和创造性,实现个人价值与图书馆价值的提升。因此,应制定图书馆残疾人无障碍阅读服务考核评价政策,具体涉及以下几个方面的内容:

(1) 注重评价主体的全面性

图书馆残疾人无障碍阅读服务考核评价主体的选取是检验服务质量与效果是否科学、公正的前提。因此,对于考核主体的选择,应综合采取上级主管部门、同行评议、自我考核、读者满意度评价以及社会中介机构评价等方式。由于中介评价机构与图书馆、残疾读者均不存在行政上的隶属关系及经济上的利益关系,不会受到一些外在因素的干预,评价结果更为客观、公正[36]。在国外,社会中介机构评价是图书馆服务考核评价体系中的一项常规内容,我国图书馆服务评价体系中也应重视。读者满意度评价是考核评价制度中的重要一环,作为图书馆残疾人无障碍阅读服务的直接体验者,残疾读者对服务的感受最深,最能反映服务的质量。因此,读者满意度考核机制的设置尤为关键,政策中应对读者满意度考核的内容、形式、评价指标等做出详细的规定。

(2)明确考核评价的内容

考核评价内容是检验图书馆残疾人无障碍阅读服务质量与效果的关键因素。首先,应制定详细的考核评价方案与标准,包括考核内容、考核流程、考核方式、考核规则。评估标准的建立是考核评价的首要条件,我们应以"达到服务目标的程度""服务过程中的科学性合理性""服务后的社会效益"作为考核评价标准。建立考核评价的指标体系,细化每一项考核内容,将考核结果与个人奖励、晋升、评优甚至职称评审挂钩[37]。其次,政策制定中应确定考核内容范围,将与图书馆残疾读者无障碍阅读服务相关的内容都纳入考核内容,包括服务的硬件条件与软件条件、宏观环境与微观环境,并将服务过程、服务质量、服务预期目标的实现等进行全面、系统的考核评定。最后,注重考核评价过程的完整性。评估包括制定评估标准、收集评估信息、进行测算分析、做出评估结论和提出评估建议等具体环节[38]。图书馆残疾人无障碍阅读服务政策的考核评价,主要是围绕图书馆残疾人无障碍服务政策实施效果进行的一系列分析、评价、反馈、修正等活动。如果一项政策的出台不能有效地进行论证,对政策实施过程中的情况也不能及时掌握,会造成政策出台容易,效果却很难评价的情况[39]。同时,考核评价机制还应按照对残疾人阅读的重要程度,设置合理的评估指标与分值。

一个完整、科学的政策过程,不仅包括科学、合理地制定政策和有效地执行政策,还包括对政策过程及政策效果的分析评估,以确定政策的价值[40]。从制度制定与实施的全过程来看,一项制度的形成,包含制定—实践—评价—反馈—完善等各个阶段,因此,对制度的考核评价也是制度制定的重要内容[41]。图书馆残疾人无障碍阅读服务评价可以及时发现服务各项政策制定中存在的问题,也能评估各项政策的执行与否和执行情况,从而及时地进行纠正、更正、修订服务政策,以及督促各项政策的有效执行。

8. 监督监管制度

监督监管制度是图书馆残疾人无障碍阅读服务能否持续开展的重要保障。图书馆残疾人无障碍阅读服务体系能否健康、持续发展,保障服务顺利开展的各种制度能否有效落实,日常服务工作中出现的问题能否得以顺利解决等,都离不开监督监管制度。因此,我们应强化监督,健全监督监管制度。

(1) 建立监督监管机制

明确监督监管的职责、内容范围,确保与图书馆残疾人无障碍阅读服务相关的一切都能得到有效监管,包括服务的空间环境、设施设备、资金的投入与使用、特殊文献资源的建设、无障碍阅读辅助设备的配置、服务人员的专业性、服务的过程与质量、无障碍阅读服务的目标,以及无障碍阅读服务各项制度的落实等等。定期对服务进行监督,并且及时公布监督监管结果,以"实态调查报告"等形式及时对外发布各项服务开展情况和各项政策执行情况,以接受残疾读者以及其他社会成员的评判,同时也促进图书馆自我检查与改进。

(2) 落实监督监管责任

监督监管制度是对各督查事项的跟踪监督,需要明确监管重点和工作职责,落实监管责任,增强对各项规章制度的执行力,健全协调配合、各负其责的监管体系。建立权责明确的岗位责任制,应细化目标,明确责任,将各项服务工作落实到具体的人,明确图书馆残疾人无障碍阅读服务中各部门服务人员在具体工作中担当的责任,要落实的目标。监督监管部门还应围绕政策的执行情况,设计一套关键监督指标,既有明确的目标导向,又可以与服务的考核评估指标紧密衔接。同时,对于监管部门的监管能力也应进行考核,设计监管能力的衡量指标,从监管部门、监管政策、监管工具、监管方式方法等各方面考察监督监管机制的科学性、公正性、合理性。

(3) 实行追究问责制

监督监管制度建设的目标是以监督促进政策,以政策促进服务的完善与发展,因此有必要加强完善监督监管机制,加大监督力度,对图书馆残疾人无障碍阅读服务中存在的无为行为、过错行为、不复命行为等采取一定的问责追究措施[42]。服务中存在的无为行为主要表现在不履行或不正确地履行规定职责,或者因主观原因无法履行工作职责,从而导致工作进程受到影响或无法进行的行为。服务中存在的过错行为主要表现为在服务中由于自身的原因导致出现影响服务质量、效率,甚至影响残疾读者心理健康、财产安全以及图书馆名誉等情况的行为。服务中的不复命行为主要指对上级部门或领导安排的服务工作不及时回复指令、不落实任务、不反映情况致使服务工作无法开展的行为。

对于这种无为行为、过错行为、不复命不执行的行为,监督监管部门有权利有责任进行追究问责,根据其对图书馆残疾人无障碍阅读服务的影响程度大小制定相应的惩罚措施,让不执行、执行力弱或有过错者为其行为负责,从而保障工作指令的及时正确执行,加强各项政策的执行力,提高服务的效率。

9. 其他相关制度

图书馆残疾人无障碍阅读服务是图书馆服务的一个重要组成部分。图书馆残疾人无障碍阅读服务事业的健康运行,不仅需要专门的服务制度的规范和保障,还需要其他相关政策法律的配套和支持,例如与残疾人阅读相关的知识产权制度。

基于接触信息和获取信息能力的差异,与健全者相比,在相同的版权豁免条件下,残疾人(尤其是视障者)使用受版权保护的作品受到的限制更加明显。为了帮助残疾人实现信息获取的权益,国际社会以及很多国家加强了对残疾人利用版权的立法。2013年6月28日在摩洛哥马拉喀什通过的《马拉喀什便利盲人、视力障碍者或其他印刷品阅读障碍者获取出版作品条约》(以下简称《马拉喀什条约》)为便利视力障碍者获取作品提供了国际法依据。《马拉喀什条约》通过规定一系列针对著作权的例外与限制措施便利了无障碍格式作品的制作、发行、进出口等,为解决视力障碍者的"书荒"问题提供了制度支持[43],特别是在市场无法提供这种无障碍时规定适当的限制和例外,保证了残疾人获取盲文读物、盲人有声读物等文献的便利性。《马拉喀什条约》中所指的"作品"依然把电影作品或以类似摄影电影的方法表现的作品等视听作品排除在外,但《马拉喀什条约》第十一条规定,缔约方在某些不与作品的正常利用相抵触,也不致不合理地损害作者合法利益的特殊情况下,可以对依《世界知识产权组织版权条约》授予作者的权利规定限制或例外。第十条第三款规定,缔约方可以在其国内法中为受益人专设著作权限制或例外或采取其他方式履行条约义务[44],这就为缔约方在国内法中为视障者设置比条约更高的保护标准提供了依据,我国可在《著作权法》《信息网络传播权保护条例》《残疾人保障法》以及其他相关条例中适当扩大著作权限制的作品客体和权利范围。

对于视听作品,2012年10月发布的《中华人民共和国著作权法(修改草案第三稿)》(以下简称《草案》)解释为:由一系列有伴音或者无伴音的连续画面组成,并且能够借助技术设备被感知的作品,包括电影、电视剧以及类似制作电影的方法创作的作品[45]。《草案》虽较之前有所进步,但仍然以保护著作权人的利益为主,并且其规定的著作权例外主要限于文字作品。我国的《信息网络传播权保护条例》规定的著作权例外也同样主要限于文字作品,这就在一定程度上限制了残疾人利用视听作品的权利与机会。《马拉喀什条约》第四条第一款规定,著作权的限制与例外包括复制权、发行权和《世界知识产权组织版权条约》规定的向公众提供权。因此,建议将无障碍电影纳入我国相关法律法规条例的保护范畴,明确从事无障碍电影制作、传播、推广的相关授权实体如残联、图书馆、盲文出版社等,规定受益人的范围,确保无障碍电影的著作权使用,无障碍电影的改编、制作、传播等可以不经过著作权人许可、不向其支付报酬。同时考虑到视障人士在网络时代获取信息的需求,我国《信息网络传播权保护条例》等相关条例应该将著作权人的权利限制范围扩展到制作与传播有声读物(包括视听作品),允许向受益人提供的视听作品可以通过直接信息网络传播,可以不经著作权人许可,不向其支付报酬。

(三)图书馆残疾人无障碍阅读服务制度保障体系的相关方定位

图书馆残疾人无障碍阅读服务制度保障体系建设中涉及相关利益主体,他们通过各自的角色定位确定在图书馆服务制度这个公共产品中的权利和义务,并通过法律、法规、条例等正式规则和其他具有合法性的非正式规则予以规范和约束。图书馆残疾人无障碍阅读服务制度保障体系建设中的相关方一般包括政府、图书馆行业组织、图书馆、残疾读者、社会力量等。

1. 政府是图书馆残疾人无障碍阅读服务制度的责任主体

政府是人民意志意愿的代表,政府的根本目的是创造和保护公民或社会的公平幸福(公共利益)[46]。图书馆制度建立的目标和宗旨是满足社会全体公民的基本信息、文化、教育需求,保障全体公民的信息权利、文化权利、教育权利,最终推动全社会成员的共同进步和社会的和谐稳定。图书馆制度所体现出的社会公益性质和政府的根本利益是高度一致的,都是代表了社会全体成员的普遍要求和社会发展进步的共同价值取向。同时,随着社会政府职能由经济领域向公共服务领域的转变,政府利用其所拥有的法律所规范的最高最大权能,可以对社会资源进行再分配,从而有效遏制社会资源的极度悬殊现象和不平等现象,为社会中每一位成员争取到最基本的生活资源、文化资源以及教育资源。基于此,政府理所应当成为图书馆残疾人无障碍阅读服务制度的责任主体和决定力量,在对图书馆残疾人无障碍阅读服务体系建设进行宏观调控、政策倾斜、有效监管,对保障服务健康运行的各项内容,包括经费投入与使用、服务制度体系建设、服务评估体系构建等方面,能够进行详细具体的政策规划与监督,以促进资源共享、均等服务和社会公平。

作为制度的责任主体，政府需要从社会现实出发，以国家宪法和相关法律法规为依据，制定图书馆残疾人无障碍阅读服务制度保障体系。具体体现在以下几个方面：

(1) 图书馆残疾人无障碍阅读服务体系的宏观建设政策

图书馆残疾人无障碍阅读服务体系建设的目标是使残疾读者和健全读者一样共同享有社会资源，实现社会全体成员文化水平的提升。实现这个目标，并不是靠一两个图书馆就能完成，而是需要政府在政策制定中进行顶层设计，从国家层面进行宏观规划，在全社会形成制度性规范，按照此规范引领各地区各类型各层级图书馆共同完成目标任务。目前，我国还没有制定完整意义上的图书馆残疾人无障碍阅读服务制度，与图书馆残疾人服务有关的制度规范散布于文化建设、残疾人保障、无障碍条例等相关政策文件中，这些政策缺乏针对性，对图书馆残疾人无障碍阅读服务的指导性有所欠缺，在一定程度上影响了服务的质量和进程。因此，图书馆残疾人无障碍阅读服务宏观政策的制定尤为迫切和重要，政府需要在制度顶层设计中关注以下方面：制定图书馆残疾人无障碍阅读服务的总体目标，包括短期、中期、长期目标，并要求按照在一定的时间范围内履行与实现；明确图书馆残疾人无障碍阅读服务的总体建设思路与实施路径，为各级政府和相关部门在制定更为详细的服务政策时提供依据和参考；制定科学严密的组织结构和管理模式，强调共同目标基础上的参与、协商与合作；明确图书馆残疾人无障碍阅读服务体系建设的相关标准，包括技术标准、管理标准、人员培训标准等，并与国际同步，保持一定的先进性；制定图书馆残疾人无障碍阅读服务体系的监督评估模式与指标，做好服务反馈和回应性工作，保障服务工作的完善与发展。

(2) 图书馆残疾人无障碍阅读服务的相关配套政策

图书馆残疾人无障碍阅读服务体系建设并不是孤立发展的，而是在一定的环境条件下，在与其他相关政策的相互支持协调下发展的。因此，政府应建立与完善服务相关配套政策，保障图书馆残疾人无障碍阅读服务与社会其他服务共同开展、和谐进步。

第一，政府应优化国家财政结构。就社会代偿的经济层面而言，图书馆残疾人无障碍阅读服务体系的经费投入，需要优化国家财政结构，在政策制定中坚持公共性和公正性原则，合理分配公共服务与其他行业经费投入的比例。引导市场和社会共同参与,并强调社会资本的聚合性和广泛性。

第二,政府应加强精神文明建设政策。图书馆残疾人无障碍阅读服务是文化教育服务的一部分,其运作离不开文化系统、教育系统相关政策的支持与配合。国家政策中应将残疾人的精神文化建设与图书馆残疾人无障碍阅读服务紧密结合,形成一体化的残疾人精神文化发展建设机制,共同推动残疾人精神素养的提高。同时,政府应通过构建社会精神文明建设体系,对全体社会成员加强平等共享的"社会模式"教育,积极倡导人道主义思想、公平正义理论、人权保障理念和现代残疾人观[47],在全社会形成"平等·参与·共享"的社会价值理念。

第三,政府应实现社会资源优化配置和合理流动。图书馆残疾人无障碍阅读服务体系需要广泛的社会资源的供给,如文献资源、人力资源、设施设备、公共交通等。资源配置的优化包括效率、公平和稳定,是否有效配置和妥善使用社会资源是服务能否顺利进行的前提。因此,政府应完善相关政策,实现社会资源优化配置和合理流动。

第四,政府应引导和优化社会管理。图书馆残疾人无障碍阅读服务体系的建构离不开社会力量的参与与支持,残疾人本身就是社会的一分子,残疾人服务的开展也需要社会机构以及社会人士的参与、监督与评价。因此,政府需要制定社会管理机制,引导社会力量参与到公共文化服务中,促进图书馆服务的公正、公平。

2. 图书馆行业组织是图书馆残疾人无障碍阅读服务制度的实施主体

图书馆行业组织是以图书馆从业人员及相关单位为主体,在自愿基础上,以积极开展学术研究、团结各类型图书馆及其从业人员、维护图书馆行业利益、促进图书馆事业发展为目的而依法组织起来的非营利性社会团体。我国图书馆行业组织主要包括图书馆学会和图书馆协会两种类型,其任务和功能重合交叉。图书馆学会的主要任务在于开展学术交流、进行同行评议,更专注于图书馆学术研究;图书馆协会的主要任务则在于支持和维护图书馆员利益、推动行业自律、协调和促进图书馆事业和图书馆职业发展,侧重图书馆行业管理,偏重实践[48]。图书馆行业组织是图书馆利益的代表者,也是图书馆权利与义务的组织者,因此,在我国图书馆制度建设领域,图书馆行业组织通过政府授权,以图书馆制度具体实施者的形式行使其权利,以此增强图书馆行业组织内成员的共同利益,管制行业内成员的行为,并使行业内成员之间的关系有序化[49]。在图书馆残疾人无障碍阅读服务领域,图书馆行业组织也同样行使其制度建设、行业管理的职能。

(1) 图书馆残疾人无障碍服务的制度化建设

作为行业的组织者、管理者,图书馆行业组织主要通过制定行业服务规范为图书馆提供服务指引,其制定的相关制度包括图书馆服务的服务规范、技术标准、操作规程、评价标准等,具体包括:根据残疾读者所需的阅读设施制定图书馆残疾人无障碍阅读服务空间建设标准;根据残疾读者所需的阅读资源制定图书馆残疾人无障碍阅读资源建设与协作共享制度;根据无障碍阅读所需的专业性要求制定图书馆残疾人无障碍阅读服务职业资格认证制度以及志愿者建设与管理制度;根据服务过程中的技术性、规范性、科学性要求制定图书馆残疾人无障碍阅读服务业务规范,完善对图书馆工作人员的技能考核和职业能力鉴定,制定图书馆行业准入制度;制定图书馆残疾人无障碍阅读服务评估标准,组织评估定级;对行业机构进行协调分工合作,以促使图书馆残疾人无障碍阅读服务体系的健康运行;利用图书馆行业组织的学术科研优势,为政府相关法规、政策、标准的研究和制定提供参考咨询等服务[50]。另外,服务理念、行业伦理准则是图书馆残疾人无障碍阅读服务质量得到保证的前提条件,图书馆行业应在借鉴《图书馆服务宣言》《中国图书馆员职业道德准则》等规范的基础上,制定专门针对残疾人的图书馆无障碍阅读服务指南和道德准则,用以引导、规范、约束图书馆工作人员的服务行为。

(2) 行业管理的规范化建设

图书馆行业组织作为图书馆行业的组织者、管理者,对图书馆行业内的一切事务有着组织、管理、协调的权利与义务。具体包括:

第一,制定图书馆残疾人无障碍阅读服务发展规划,统筹规划服务的良性发展,从图书馆和残疾人两个方面对残疾人服务相关的一切进行调查、分析、研究,如分析图书馆的服务环境、专业技术、服务状况、当前政策适用情况等,了解各类型残疾人的生理特点、心理特点、阅读现状和阅读需求等,以此为图书馆残疾人无障碍阅读服务政策、理论以及实践提供有益的参考。

第二,搭建与完善图书馆残疾人无障碍阅读服务组织机制、运行机制、考评机制,规范服务的组织管理、服务过程、监督反馈、考核评价流程,具体内容涉及:服务经费的来源、预算、分配比例和使用情况,物理环境包括无障碍空间建设、无障碍标志等的建设情况,无障碍的设施设备、辅助器具、信息技术的应用情况,无障碍资源包括纸质资源、数字资源的发展规划、搜集、加工等,无障碍专业服务人员以及志愿者的培训、培养计划,无障碍服务项目的设计与发展,无障碍服务的宣传、交流以及协作事项等等。

第三,利用政策法规和制度红利,保障图书馆残疾人无障碍阅读服务的健康发展,并积极促成国家相关政策制度的制定与完善。图书馆行业组织是图书馆与上级部门之间沟通的桥梁,可以利用已有的相关政策法规,为图书馆残疾人无障碍阅读服务争取更多的资源,呼吁相关政策的完善,促进图书馆残疾人无障碍阅读服务的体系化建设。图书馆行业组织也是图书馆与外界组织机构进行交流的中介,可以积极向外界进行宣传,提高服务的知名度,争取更多的组织机构、企事业单位与图书馆合作,共同推进图书馆残疾人无障碍阅读服务的发展进程。

3. 图书馆是图书馆残疾人无障碍阅读服务制度的载体

国家任何机构的设置都是为了实现某一制度目标而进行安排的。图书馆作为一种机构也不例外,是为了实现图书馆服务这一制度目标而设立的专门职能机构。正如蒋永福所说,机构是制度安排的产物,有什么样的制度安排,就有什么样的机构模式;机构是履行或执行特定制度目标的分工机制,是为了实现制度目标而被设立的特定职能部门[51]。因此,图书馆这一机构是图书馆服务制度建设的载体,承载着图书馆服务制度的目标任务、组织管理模式、服务运行方式等,同时,担负着在国家法律法规范围内,根据自身服务条件和读者情况,对图书馆服务制度进行个性化的解读、分解、实施、监督、评估等。

(1) 执行图书馆残疾人无障碍阅读服务发展政策

图书馆机构是图书馆残疾人无障碍阅读服务制度的载体,是图书馆残疾人无障碍阅读服务的具体实施者,因此,图书馆有责任执行国家制定的宏观政策和行业制定的规范标准。首先,图书馆应对国家提出的总体发展目标、发展思路、发展方向进行解读,与自身情况结合,细化到日常服务工作中;其次,图书馆应遵循行业部门制定的技术规范、业务标准、伦理要求等,将这些规范标准内化为图书馆自身的一部分,应用到残疾人无障碍阅读服务中;再次,图书馆在执行国家以及行业部门的发展政策时,对于服务过程中遇到的新情况、新问题,有责任有义务向上级进行反馈,以使上级部门及时进行核查评估,对不适用于残疾人无障碍阅读的政策制度进行修改,从而推进图书馆残疾人无障碍阅读服务制度的进一步完善。

(2) 制定和完善图书馆残疾人无障碍阅读服务业务规范

图书馆作为一种文化教育机构,直接面向残疾读者,为残疾读者提供无障碍阅读所需的一切硬件条件和软件条件,因此,图书馆最了解残疾读者的阅读特点、心理预期、阅读需求,最能反映残疾读者的阅读诉求。图书馆又是图书馆残疾人无障碍阅读服务的直接实施者,对服务中所需要具备的环境、条件,包括财力、物力、人力等条件最为了解,对服务实施过程中的问题、难点、重点最为清楚,对服务过程中需要改进的方式方法最有发言权,对服务目标的能否实现、实现效果等有更客观公正的判断。因此,在国家宏观政策和行业政策的范围内,通过图书馆制定适合本地区、本馆特色的图书馆残疾人无障碍阅读服务规章制度和业务规范,有利于残疾人无障碍阅读的进行和国家总体目标的实现。这些规章制度和业务规范直接涉及图书馆的每一个岗位和服务细节,确保图书馆残疾人无障碍阅读服务的经费、人员、服务、评价等科学合理到位。图书馆还应在充分调研的基础上制定图书馆残疾人无障碍阅读服务内部规划,从微观上保证残疾人服务有序、持久地开展。同时,图书馆残疾人无障碍阅读服务需要一定的基础条件,包括相关的社会配套资源,还需要得到社会相关部门的协调配合,保障服务各项资源的公平公正获取。通过图书馆在服务过程中所需的社会资源需求反馈,能够为政府部门进行政策修订和完善提供有益的信息,从而促进国家层面政策的完善和社会的整体进步。

4. 残疾读者是图书馆残疾人无障碍阅读服务制度的权利主体

图书馆残疾人无障碍服务制度建设的最终目的,是为残疾读者提供满足其基本需求的、普遍均等的无障碍服务。从根本上说,图书馆残疾人无障碍阅读服务制度的建立,是源于残疾人的阅读需要,源于残疾人对文化知识的渴求。可见,残疾读者是图书馆残疾人无障碍服务体系制度所调节的相关利益方之一,也是制度建设的目标受益群体[52]。因此,图书馆残疾人无障碍阅读服务制度的制定应体现残疾读者的需求,充分考虑残疾读者的权利。联合国教科文组织在1972年发布的《公共图书馆宣言》首先明确了读者作为图书馆服务的主体地位,规定"每一个人都有平等享受公共图书馆服务的权利,而不受年龄、种族、性别、宗教信仰、国籍、语言或社会地位的限制"。中国图书馆学会《图书馆服务宣言》第一条便提出"图书馆以公益性服务为基本原则,以实现和保障公民基本阅读权利为天职,以读者需求为一切工作的出发点"。由此而论,确定残疾读者的权利主体的地位,维护残疾读者的合法权益,是图书馆残疾人无障碍阅读服务制度建立的前提。维护残疾读者作为服务制度建设的权利主体地位，体现在以下方面：

（1）残疾读者参与服务制度的制定

图书馆残疾人无障碍阅读服务制度是以残疾读者的阅读需求、文化需要为基础而建立的，没有残疾读者和残疾读者对信息、知识的渴求，图书馆残疾人无障碍阅读服务就失去了价值，其服务制度也就没有了建立的依据。因此，让残疾读者参与到制度建设中，表达他们对图书馆服务的诉求，是提高服务制度科学性、合理性、有效性的正确路径。同时，残疾读者的参与拉近了与图书馆及其相关部门的距离，相互之间建立了更为紧密的关系，有利于图书馆更好地了解残疾读者，为图书馆提高残疾人无障碍阅读服务水平提供了条件。

（2）残疾读者参与服务制度执行的监督与评估

服务制度的监督与评估的目的是了解制度执行的情况，包括是否执行、执行质量、执行效果以及达成预期目标的可能性，其根本目的是考察制度对图书馆残疾人无障碍阅读服务是否起到正向积极的促进作用，是否让残疾读者真正获得无障碍阅读服务的权利，是否从根本上提高残疾读者的文化水平，而这些目标的实现都必须通过残疾读者才能获知。由此可见，残疾读者是图书馆残疾人无障碍阅读服务制度评估体系中最为关键的一分子，他们对制度执行效果的满意程度、对所获得服务的满意程度，成为检验图书馆残疾人无障碍阅读服务是否有效、图书馆残疾人无障碍阅读服务制度是否科学合理的基本维度。

第五节　本章小结

制度是人们在从事各种活动中需要遵守的行为准则，制度的功能在于能够起到引导、约束和规范人们行为的作用，它决定着人们的行为方式和社会特征。制度是维持社会既有秩序和生活的保证，也是推进任何一项社会事务的保障。如果没有制度的保障，社会生活的正常秩序将不复存在，改进社会生活的新生事物也将失去推进的动力。

目前，我国的图书馆残疾人无障碍阅读服务还处在起步阶段，从服务的框架建设到服务的具体实施,都缺少一定的规范和标准,也缺少付诸实践的动力。这种情况严重阻碍了图书馆事业的发展,也违背了社会主义社会和谐稳定的目标。作为一项不成熟的新生事物,图书馆残疾人无障碍阅读服务制度保障体系建设迫切需要进行顶层设计,才能建立起系统性的功能协调、结构统一的服务制度体系,也才能推进图书馆残疾人服务事业发展的进程,促进和谐社会的发展。

在残疾人服务中,越来越多的图书馆开始意识到残疾人文化知识的贫瘠和对信息与知识的渴求,也逐渐认识到残疾人无障碍阅读服务是自己的责任担当,然而,缺少法律的引导和规范,这种责任意识便缺少了行动力和约束力。只有建立起服务的保障机制,并进行系统化设计,才能使图书馆残疾人无障碍阅读服务实现思想与行动的统一。

我国在制定图书馆残疾人无障碍阅读服务法律法规时,还应考虑到相关法律法规的配套性、兼容性,考虑与之相关的如教育法、残疾人保障法、著作权法、政府信息公开条例等有关内容的协调与互补,使之形成整体合力,共同推进图书馆残疾人无障碍阅读服务的发展。

图书馆残疾人无障碍阅读服务制度保障体系是一个庞大而又复杂的系统工程。在这个体系中,不仅要兼顾制度之间的兼容、互补,还要建立起一个由总到分、由上到下的层级制度体系,由文化部统筹全国图书馆残疾人无障碍服务工作,建立以国家图书馆为中心,各省、市、区/县级公共图书馆以及部分特殊教育高校图书馆面向地方的全国性残疾人无障碍服务网络。

参考文献:

[1] 辞海编辑委员会.辞海[M].上海:上海辞书出版社,1980:185.

[2] 蒋永福,王株梅.论图书馆制度:制度图书馆学若干概念辨析[J].中国图书馆学报,2005(6):10-13.

[3] 文卫.图书馆服务的伦理指向和制度保障[J].图书馆,2016(10):50-52,68.

[4] 范并思.公共图书馆精神的时代辩护[J].中国图书馆学报,2004(2):5-11.

[5] 蒋永福,田文英,孙瑞英.知识权利与图书馆制度:制度图书馆学研究[J].图书馆建设,2005(1):5-8,51.

[6] 黄宗忠.创新公共图书馆制度[J].图书馆建设,2008(12):51-55.

[7] 王株梅.图书馆制度:定位及内在机理[J].图书馆学刊,2006,28(2):3-4.

[8] 杨雅,李桂华.我国图书馆服务制度配置模式调查与分析[J].国家图书馆学刊,2011,21(3):9-13.

[9] 卢梭.社会契约论[M].何兆武,译.北京:商务印书馆,1980:69.

[10] 杨芳.社会主义核心价值观之自由的四重解读:基于马克思主义理论视域[J].宁夏党校学报,2020,22(2):53-58.

[11] 马克思,恩格斯.马克思恩格斯文集:第2卷[M].北京:人民出版社,2009:53.

[12] 阿马蒂亚·森.以自由看待发展[M].北京:中国人民大学出版社,2002:31-33.

[13] 公平正义与社会融合[EB/OL].[2021-07-31].https://wenku.baidu.com/view/19bddaba3c1ec5da51e270a1.html.

[14] 约翰·罗尔斯.正义论[M].何怀宏,何包钢,廖申白,译.北京:中国社会科学出版社,2009:3.

[15] 夏文斌.公平、效率与当代社会发展[M].北京:北京大学出版社,2006:30.

[16] 吴忠民.社会公正论[M].济南:山东人民出版社,2004.

[17] 公平正义与社会融合[EB/OL].[2021-07-31].https://wenku.baidu.com/view/19bddaba3c1ec5da51e270a1.html.

[18] 肖希明,刘静羽,余愿,等.面向公共文化服务的图书馆政策体系构建[J].图书馆,2012(6):1-5.

[19] 张雅红.图书馆规章制度的伦理分析[J].图书馆理论与实践,2007(4):11-13.

[20] 栾雪梅,王慧.图书馆公共文化服务制度存在的问题及发展策略[J].图书馆建设,2012(9):8-10.

[21] 千万富翁领下岗证避税嘲笑制度前瞻性[EB/OL].[2021-08-4].http://news.sina.com.cn/o/2005-12-13/00017688416s.shtml.

[22] 屈文,王梅.论图书馆的"制度安排"[J].图书馆建设,2008(12):88-91.

[23] Phipps S. The system design approach to organizational development[J]: the University of Arizona model. Library Trends,2004,53(1):68-111.

[24] 李桂华.论图书馆服务制度之价值创新[J].国家图书馆学刊,2010,19(3):63-67.

[25] 付立宏,袁琳.图书馆管理教程[M].武汉:武汉大学出版社,2005:107.

[26] 王新才,谢鑫.图书馆服务创新的目的、动力源与制度设计[J].大学图书馆学报,2018,36(5):17-22.

[27] 肖希明,刘静羽,余愿,等.面向公共文化服务的图书馆政策体系构建[J].图书馆,2012(6):1-5.

[28] 李桂华.论图书馆服务制度之价值创新[J].国家图书馆学刊,2010(3):63-67.

[29] 信息无障碍的内涵与外延[EB/OL].[2020-08-17].http://jiguang.ci123.com/blog/sdfsdjx/entry/18312.

[30] 齐向华,付宁.面向视障用户的网络无障碍问题研究[J].国家图书馆学刊,2009(3):68-71,94.

[31] 蒋永福.图书馆学通论[M].哈尔滨:黑龙江大学出版社,2009:137.

[32] 徐引篪.图书馆普遍服务的理念及其实现[J].图书情报工作,2005(12):75-78.

[33] 白殿一.标准的编写[M].北京:中国标准出版社,2009:2.

[34] 谢强,毛雅君,李健.图书馆残疾人服务标准规范体系研究[J].图书馆建设,2017(2):53-58.

[35] 申晓娟.面向公共图书馆服务体系建设的图书馆事业政策研究[D].武汉:武汉大学,2013:159.

[36] 刘进军,文庭孝.我国图书馆公共信息服务保障制度研究[J].图书馆,2012(6):33-35.

[37] 吴自勤.公共图书馆延伸服务体系制度设计[J].情报科学,2012,30(4):540-545.

[38] 郭星寿.中国图书馆政策思想的现实构架及发展思考[J].图书情报知识,1996(4):7-10.

[39] 秦金聚.我国图书馆政策的发展及理性思考[J].图书馆建设,2007(4):49-51.

[40] 傅威.试论图书馆政策的制定与评价[J].山东图书馆季刊,1995(1):5-9.

[41] 徐璟.图书馆服务政策体系的制定:基于案例分析的综合研究[J].图书情报知识,2006(2):41-44.

[42] 监督机制[EB/OL].[2020-08-10].http://baike.baike.baidu.com/view/2518462.htm.

[43] 曹阳.《马拉喀什条约》对公共图书馆服务视力障碍者的影响[J].中国图书馆学报,2014,40(1):103-109.

[44] 马拉喀什条约[EB/OL].[2020-08-10].https://baike.baidu.com/item/.

[45] 中华人民共和国著作权法修改草案第三稿[EB/OL].https://wenku.baidu.com/view/3ec7055ffab069dc5122014b.html.

[46] 施雪华.政府权能理论[M].杭州:浙江人民出版社,1998:1

[47] 余向东.残疾人社会保障法律制度研究[D].合肥:安徽大学,2011.

[48] 顾烨青.图书馆学会与图书馆协会之辨及其思考:写在中国图书馆学会成立三十周年之际[J].图书馆,2009(6):1-6.

[49] 于蓓莉,李桂华. 国外图书馆协会图书馆服务制度制定研究[J]. 图书馆,2011(2):75-77.

[50] 刁霄宇. 我国地方图书馆行业组织发展对策研究[J]. 图书馆工作与研究,2020(6):99-105.

[51] 蒋永福,王株梅. 论图书馆制度:制度图书馆学若干概念辨析[J]. 中国图书馆学报,2005,31(6):10-13.

[52] 申晓娟. 面向公共图书馆服务体系建设的图书馆事业政策研究[D]. 武汉:武汉大学,2013.

第七章

图书馆残疾人无障碍阅读服务社会支持体系建设

残疾人是社会大众的一员,其学习与活动离不开社会各界的支持与帮助。残疾人的困难又有别于社会中的健全人,也更甚于其他弱势群体的困难,除政治、经济、环境、资源等条件外,因视力、听力、智力障碍以及行动不便等生理原因增加了残疾人信息获取的困难,阻碍了残疾人文化水平的提升,从而影响残疾人自我价值的实现和社会的发展。可以说,图书馆残疾人无障碍阅读服务需要在一定社会支持环境中才能得以落实。

社会支持是图书馆残疾人无障碍阅读服务的外部影响因素,社会力量参与到服务中可以为服务带来物质和精神的帮助,能够助推服务的进一步发展。因此,探索图书馆残疾人无障碍阅读服务社会支持体系是图书馆残疾人无障碍阅读服务事业持续稳定发展的保证。

第一节 社会支持相关理论概念辨析

社会支持理论源于社会中人的身心健康发展需要,它以身心障碍的社会原因为研究对象,分析社会因素及其关系对社会成员身心健康的影响,继而探讨社会环境、社会网络与社会弱势群体的权利保障之间的关系问题。可以说,社会支持与社会中包括残疾人在内的弱势群体的生存发展密不可分,是为社会弱势群体提供各种社会资源的总和。在构建图书馆残疾人无障碍阅读服务体系过程中,我们需要以社会支持理论为理论支撑点,对其影响图书馆残疾人无障碍阅读服务的内在机理进行分析与探讨。

一、社会支持

社会支持(social support)作为一个专业术语于 20 世纪 70 年代被正式提出。精神病学文献中用社会支持来缓解心理与精神疾病问题,哈乌斯、兰蒂斯以及厄姆本森等研究指出,个体所处社会的社会环境极其关系对精神病的治疗与预防有一定的积极作用[1]。社会学和医学用定量评价的方法,研究社会支持与身心健康的关系以及社会因素如何影响人的身心健康。

相对而言，西方国家对社会支持的专门研究开始较早，也较为详细。精神病学、医学、经济学、法学、社会学等学科分别从不同的角度研究弱势群体权益保障与社会支持的关系问题，不同的学科对社会支持这一概念有着不同的解释并形成了不同的看法。Malecki等认为社会支持是以提高个体的社会适应性的一般性或特定的外来支持性行为，从而使个体免受社会不利环境的影响[2]。Raschke认为社会支持是人们从内心深处所感受到来自其他人的支持和关怀[3]。Thoits将社会支持解释为能为社会个体提供必要的情感支持、工具性支持等方面支持的系统，例如家庭成员、朋友、同事、亲属和邻居为某个人所提供的帮助，包括社会情感帮助、实际帮助和信息帮助[4]。库恩等将社会支持区分为归属性支持、满足自尊的支持、物质性支持和赞成性支持4种。House和Kahn认为，社会支持包括情感支持、工具性支持、信息支持和评价支持，是基于上述支持过程中的人与人之间的交换互动关系[5]。Uehara认为，社会支持涉及家庭内外的供养与维系，可以分为正式支持与非正式支持。并且这种支持不仅仅是单向的关怀与帮助，更多的是一种社会交换[6]。韦尔曼将社会支持分为感情支持、小宗服务、大宗服务、经济支持、陪伴支持等五种[7]。考伯则将社会支持区分为情感性支持、网络支持、满足自尊的支持、物质性支持、工具性支持和抚育性支持[8]。Barrera指出，社会支持包括金钱实物等的物质支持、分担劳动等的行为支持、具有尊重与关怀等的亲密互动、提供信息与建议等的指导支持、对他人的行为等进行的评价支持以及为获得娱乐和放松而参与的社会互动等[9]。

国内关于社会支持的研究始于对弱势群体的关注与权益保障。朱力在总结西方社会弱者观的基础上，提出依靠政府行为与民间社会行为共同帮助弱者[10]。郑杭生认为，社会支持就是各种社会形态运用一定物质或精神手段对社会弱势群体所提供的无偿救助和服务[11]。蔡禾等认为，从广义上讲，社会支持指的是人们在社会中所得到的、来自他人的各种帮助[12]。李强从社会心理学角度阐释了社会心理刺激与个体心理健康之间的关系，认为社会支持是个体通过社会联系所获得的能减轻心理应激反应、缓解精神紧张状态、提高社会适应能力的影响[13]。丘海雄等提出了社会支持其实质是一种社会交换的观点[14]。唐钧等通过调查得出非正式的社会支持已成为贫困家庭赖以生存的重要支柱的结论[15]。陈成文对社会弱者与社会支持之间的关系以及社会支持的结构、功能、支持系统等进行了较为详尽的分析，并将社会支持归纳为物质支持（客观支持)和精神支持(主观支持)两个方面[16]。周林刚等将社会支持归纳为两大类：一是客观存在的不以个体感受为转移的支持,包括物质支持、网络支持;二是主观体念的支持,包括情感、精神支持[17]。香港学者阮曾媛琪从功能、结构、主观评价和互动等四个功能取向阐释了社会支持的内在机理[18]。张文宏认为,社会支持是随弱势群体而产生的社会行为,是各种社会形态对社会脆弱群体所提供的无偿救助和服务[19]。

综上所述,社会支持是一种助人的社会行为,是社会个体或群体(主要是社会弱者)从社会其他成员或集体组织中获得的支持与帮助,表现为社会支持主体与社会支持客体之间相互作用的行为。根据不同主体的性质,社会支持可分为正式支持与非正式支持,正式的支持来自政府、社会组织等方面,非正式的支持来自家庭、邻里、朋友等方面。根据不同的功能类型,社会支持主要分为物质支持、精神支持、信息支持、工具支持等。根据不同的结构类型,社会支持分为单一支持、网络结构支持。根据不同的交流模式,社会支持又分为静态稳定的支持与动态互动的支持。总之,根据社会支持的不同视角,社会支持可概括为功能取向、结构取向、主观评价取向和互动交流取向。

二、社会支持网络

(一) 社会支持网络的理论研究

社会支持网络是指社会个体或群体能借以获得各种资源支持(如物质、情感、文化、教育等)的社会网络。良好稳定的社会支持网络有助于社会个体或群体的身心健康发展,缓解与社会的矛盾与冲突,促进社会的和谐稳定。

社会支持网络理论是从社会支持理论衍生发展过来的一种研究范式,它运用网络分析的形式,将社会支持看作整个支持网络范围内资源的复杂流动,而不只是两个人之间的关系[20]。社会支持网络研究突破了早期研究者将社会支持作为个体从他人或社会获得社会资源以解决个人问题、提高个体健康和幸福的单一模式,开始侧重于探讨社会支持整个网络体系的构成、支持网络中资源的流动以及形成整体合力的网络中资源对个体的支持。其关键点在于社会支持主体所形成的网状结构对社会支持本身产生的稳定而有益的作用。

随着社会支持研究的深入和社会网络分析理论的发展,20世纪80年代开始,社会支持研究者们开始关注社会支持网络的构建,对弱势群体社会支持网络的研究得到快速发展。巴萨德、弗里曼等提出了对社会支持网络研究的各种衡量尺度,如规模、结构、密度等[21]。Thoits认为社会网络并不等同于社会支持,后者仅指那些能够为个人提供必要的情感支持、工具性援助等方面支持的系统[22]。韦尔曼(Barry Wellman)以个体为中心,阐释了"个人社区"的概念内涵,以此构建个体完整的社会支持行动体系[23]。Froland将社会支持网络分成了五种不同的网络形式:志愿者联结网络、邻里网络、社区增权网络、个人社会关系网络、互助网络,并根据支持主体的性质将社会支持网络分为正式网络和非正式网络[24]。Cullen认为,社会支持是个体从社会网络那里获得的物质或精神帮助[25]。

我国社会学研究者也对社会支持网络进行了深入的研究,形成了一定的社会支持网络理论研究范式。丘海雄指出,社会支持是个人、组织等基于一定社会网络对弱势者提供物质、信息或精神等帮助或服务[26],这种支持是基于一定的社会网络环境进行的,并且本身形成了社会支持的网络体系。贺寨平认为,个人的社会支持网络是指个人通过社会网络(社会关系与社会联系等)获得各种资源支持(包括金钱、情感、信息、实物等),以解决日常生活中的困难或危机,维持日常生活的正常运行[27]。周沛对社会支持网络的核心进行了分析研究,指出社会支持网络的核心因素是网络、支持以及构建等三个方面,具体体现为:社会网络的互动关系和互动内容、网络的结构特质、社会支持网络的构建[28]。周林刚对残疾人社会支持主体进行了分析,认为亲属支持模型、友情支持模型和组织支持模型三个模型是残疾人社会支持的主体来源。其中:亲属支持模型包括配偶、子女、父母、兄弟姐妹和其他亲属;友情支持模型包括同事、同学、朋友、邻居;组织支持模型包括单位、社区、残联、民政部门、非政府组织(NGO)[29]。邱观建等认为,社会支持是指人们通过社会网络获取社会资源,即通过网络中个体的善和各类组织资源的整合,给予社会弱势群体生活所需的物质和精神上的各种帮助[30]。此观点突出了社会网络中各种资源之间的交流以及社会支持主客体之间的互动。章程等认为,社会关系构成残疾人自身人际层面与组织层面的社会支持,这些支持主要来自家庭及其相关人员、社区和社会组织等,而残疾人社会支持网络的构建离不开社会服务保障、家庭支持以及社会组织管理体系的帮扶[31]。

综上所述,社会支持网络是以社会支持和社会网络为理论基础,它强调的是社会支持网络结构体系中支持者之间的交流与合作、支持者与被支持者之间的平等互动。目前,对于社会支持网络的指向性,研究者从不同视角提出了不同的观点与看法。马宇从理论与实践的角度,认为社会支持所形成的整体结构体系,既包含社会支持的主体和客体,也包含社会支持的内容和方式[32]。陈成文从社会语义学角度,提出社会支持是一定社会网络运用一定的物质和精神手段对社会弱者进行无偿帮助的社会行为,社会支持的主体是一定的社会网络[33]。张友琴通过对网络结构理论、社会资源理论和社会资本理论的分析,提出社会支持网的工作模式,即社会资源的整合——支持与被支持双方的互动——被支持者建立自己的社会支持网,其最终目标是帮助弱势群体建立起自身的社会支持网,进而促进弱势群体的自我参与和自我发展[34]。张承蒙认为,社会支持是社会支持网络主体间的社会资源再配置,最终目标是改变弱势群体的生存状态[35],明确了社会支持网络的主体和客体。

(二) 社会支持网络的内容

从社会支持的网络结构观和工作模式来看,笔者认为,社会支持网络是社会支持主体在一定的网络环境下相互交流与合作,整合社会支持资源,共同作用支持客体,通过社会支持主体与社会支持客体之间的平等互动,使社会支持客体能够无偿获取所需的社会资源,并通过外在的帮助与自身的努力,转化为自己的社会生存资本,形成自身稳定的社会支持网络。社会支持网络实质上是一个社会支持关系体系,在这个社会关系的网络结构中,需要明确支持客体即弱势群体所处的网络位置,以及在这个网络位置中所能获取的需要性资源。社会支持的网络结构决定支持主体与支持客体的互动模式以及支持客体所能获取社会资源的质量与数量。

从社会支持网络的性质来看,社会支持网络可分为正式网络和非正式网络,正式的支持来自政府、集体、社会组织等,非正式的支持来自个人、家庭、朋友、邻里。从社会支持的机构类型来看,可分为以个人为中心的个人支持网络和以政府为主的嵌入式网络,前者是以个人为中心,以亲属、地缘关系为纽带,按照血缘、地缘的远近亲疏形成的关系网络,正如费孝通在解剖中国传统社会时所阐释的一个人为中心的"差序格局"信任网络理论[36]。后者是以政府为中心,以制度、市场为主轴的网络关系,它将权利、契约、民主、法制等元素嵌入其中,这种网络结构类似于费孝通在解剖西方国家社会结构时提到的团体格局理论[37]。

社会支持网络理论指出,网络密度是衡量网络成员彼此之间相互关系程度的变量[38]。透过网络密度,我们可以看出支持网络中社会支持主体之间的交流合作程度,各支持主体在支持性行为中的主次关系,支持主体与支持客体的角色定位以及联结关系,并且了解这种支持性行为的发生、发展以及效果。基于此,我们在研究图书馆残疾人无障碍阅读服务社会支持时,应明确社会支持的主客体、内容以及网络结构关系。

第二节 图书馆残疾人无障碍阅读服务社会支持体系的要素

一、图书馆残疾人无障碍阅读服务社会支持的主体

(一) 社会支持主体的界定

对社会支持主体,我国学者已有不少研究。张宏文认为,个人的社会支持网是由具有相当密切关系和一定信任程度的人所组成的[19],即社会支持主体是与社会支持客体有着密切关系的个人。郑杭生认为,社会支持的主体是各种社会形态,具体指国家、企业、社团和个人,并且依据社会支持主体的不同,将广义的社会支持分为国家支持、经济领域支持以及狭义的社会支持(社团、个人等)三个层次。王思斌、刘琼莲等认为,社会支持主体有民间与官方两个支持层次,民间支持主体由家庭、家族、邻里和亲友等组成,官方支持主体包括工作单位和政府部门[38-39]。李娟提出,社会弱势群体的社会支持主体应包括国家、群体和个人等三个层次[40]。周林刚将社会支持主体分为亲属、友情以及组织三个方面,其中,亲属支持主体包括配偶、子女、父母、兄弟姐妹和其他亲属,友情支持主体包括同事、同学、朋友、邻居,组织支持主体包括单位、社区、残联、民政部门、非政府组织[29]。崔凤祥在实证研究的基础上,指出社会支持主体以亲缘与非亲缘关系进行划分,前者包括配偶、子女、父母、兄弟姐妹和其他亲属,后者包

括邻居、朋友、同事、同学和其他非亲属等[41]。毛小平认为,残疾人社会支持力量主要包括国家政府组织、非政府民间组织、社区、家庭、社工等[42]。邱观建等将社会支持主体分为正式支持和非正式支持,认为残疾人社会支持的主要来源是家庭、政府和残联[30]。从支持主体上看,主要包括作为国家力量的各级各类政府相关机构,除政府以外的群体性组织和机构(如企事业单位、福利组织、社区、学校等)以及家庭和个人[43]。张铁指出,图书馆在开展社会服务过程中的一切社会连接构成了图书馆社会支持[44]。

由此可见,社会支持主体是图书馆在服务过程中与之相关的一切社会关系。社会支持主体包括个体支持、群体支持和政府(国家)支持,这三种不同类型的支持主体共同构成了社会支持存在与发展的基础。社会支持主体并不孤立存在,他们之间存在着一定的关系,并由此组成了个体、群体、国家这三者之间特定的社会关系网络或社会关系系统,为图书馆残疾人无障碍阅读服务提供支持服务。根据贝塔朗菲的系统论原理,社会系统各组成要素具有关联性和整体性,任一要素的变化将引起其他要素以及整个系统的变化[45],因此,作为社会支持系统组成要素的各支持主体,如个人之间、群体之间以及个人、群体、国家之间,都存在与图书馆残疾人无障碍阅读服务支持的关联与交流,以共同致力于图书馆残疾人无障碍阅读服务社会支持网络的真正落实。

(二) 图书馆残疾人无障碍阅读服务社会支持主体的类型

图书馆残疾人无障碍阅读服务是针对残疾人的信息获取和文化阅读而进行的服务,在服务过程中,只要与服务相关的个人与机构都有可能成为图书馆残疾人无障碍阅读服务社会支持的主体,如政府、社会组织、志愿者以及残疾人家庭、亲友、邻里、同事等。根据社会支持网络理论,不同性质的社会关系、不同类型的社会主体提供不同内容和功能的社会支持。

1. 政府是图书馆残疾人无障碍阅读服务社会支持的主要责任者

蒋永福认为,图书馆的问题,必须在国家和政府层面上首先加以确认并做出相应的制度安排,才能在现实中得以落实;图书馆的发展,在很大程度上取决于制度安排本身的合理性与合法性程度[46]。制度支持是图书馆服务的根本保证,而政府是制度的主导者,是服务得以顺利实施的政策先导和资源保障。因此,在图书馆残疾人无障碍阅读服务社会支持的主体结构中,政府扮演着资源提供者和政策制定者的角色。

(1) 资源配置

图书馆残疾人无障碍阅读服务的前提条件是无障碍阅读资源,如何配置无障碍阅读资源是服务的关键。图书馆残疾人无障碍阅读服务资源的配置旨在通过政策规范与合理利用实现无障碍阅读服务资源效用的最大化,是反映其服务质量和效率的重要尺度,也是衡量公共文化服务均等化的标准。资源分配的关键问题是效率与公平的关系问题,我国分配方式多元化和市场经济体制的发展,体现在资源分配领域便是要求兼顾效率的同时,保障社会公平。1954年,美国著名经济学家保罗·萨缪尔森在其《公共支出的纯理论》中指出,由于市场失灵的存在,有必要通过政府提供公共产品进行干预,以调节经济运行秩序。同时,由于纯公共文化产品在消费上具有不可分割性、非竞争性和非排他性等特性,无法直接通过市场来运行,只能通过政府主导下的公共部门来提供[47]。因而,政府在公共文化资源分配中发挥着主导、调节的作用,成为公共文化资源配置活动的中枢,对整个公共文化服务活动起到提高效率、保障公平、维护稳定的作用。社会公平的实现依赖公共文化资源配置的均等化,均等化涵盖了公共文化服务的方方面面,包括公共文化服务的载体、平台等硬件设施设备,还包括服务的环境、技术、活动、内容、人力资源等软件配套服务。

无障碍阅读服务资源是公共文化资源的特殊组成部分,它是以特定的群体为服务对象进行资源供给,而这个特定群体主要以生理和心理上存在一定障碍的残疾人士为主,因他们在市场经济体制中缺乏竞争力,导致他们在社会经济、文化和政治中都处于弱势地位。对于这样一类处于竞争弱势的特殊群体,我们不应让其完全置身于市场经济体制下的自由竞争模式之中,而应更多地通过政策保障满足他们对文化阅读资源的需求,从而实现社会文化资源的均衡配置和优化整合。政府为残疾人无障碍阅读提供的资源主要表现在无障碍文献资源、无障碍设施设备资源、资金投入、人才与技术资源等等,可以说,凡是促成图书馆残疾人无障碍阅读服务的物质、资金和人员等都可看作无障碍资源。为了更好地促进公共文化服务资源的均衡配置与优化,我国公共文化服务的相关政策文件中对公共文化资源配置进行了规定。例如,2015年1月国务院办公厅印发了《关于加快构建现代公共文化服务体系的意见》,强调在坚持政府主导的前提下,推动实现基本公共文化服务均等化,切实保障特殊群体基本文化权益,促进实现社会公平。到2020年,基本建成覆盖城乡、便捷高效、保基本、促公平的现代公共文化服务体系。而通过文化资源配置与优化可以实现增加服务内容、丰富服务形式、提升服务效能、引导社会参与以及增加服务动力等功能。2017年1月国务院印发的《国务院关于印发"十三五"推进基本公共服务均等化规划的通知》明确提出,应增强政府基本公共服务职责,统筹运用公共资源,推进科学布局、均衡配置和优化整合,并且向贫困地区、薄弱环节、重点人群倾斜,促进均等发展。这些政策的制定与实施为无障碍公共文化资源的科学配置提供了方向性依据,而资源配置的实施反过来促进了政府资源保障政策的进一步优化和完善。

（2）政策供给

政策是国家政权机关、政党组织等政府组织为了实现某种利益与意志,以权威形式对某一方面的事物做出标准化的规定,包括目标、原则、任务、工作方式、一般步骤和具体措施等[48]。政策具有预防、建设以及治疗的作用,对当前的社会事务起保障和建设以维持社会正常发展的目的,从而促进社会的稳定与进步。政策的作用具体体现为：强调在社会公平原则下的全员参与和社会融合,避免社会排斥;强调社会协调与平等化,避免社会分化和悬殊;强调通过社会保障维护社会的稳定团结,通过社会公共文化服务更好地满足所有公民的需求。而政府成为政策供给的主要责任者,首先源于政府的公共性特质,政府的公共性,也即政府的公共所有属性,包括公共权力和公共职位都是属于国家主体——社会公众的[49]。正如欧文·E·休斯所言,政府组织由公众创立,为公众服务,就需要对公众负责[50]。政府的公共性决定了必须以维护和实现全体公众的公共利益为目标,而发展公共文化服务体系、满足全体公众的文化权益,就是全体公众的公共利益。其次,图书馆作为公共文化服务机构,具有公共所有属性,这就需要管理公共文化机构的国家机关即政府来进行政策引导和管理,使其服务的内容、方式等符合社会公众的信息文化需求,合乎社会发展的需要。再次,从社会公众的信息文化需求角度,也需要一个强有力的国家机器通过制定一系列的法规文件来调节供需平衡,使社会文化的供需基本达到协调的状态,促进社会文化的进一步繁荣。正如劳伦斯·弗里德曼（Lawrence Friedman）曾指出的"在我们的社会……有无数的要求产生—需要—需要来自某种有组织的政府的官方的控制"[51]。

目前,我国正在从管理型政府向服务型政府转变。服务型政府的职能体现在公共文化服务上,就是要以满足社会成员的基本文化需求为目的,着眼于提高全体公民的文化素质和文化生活水平,营造维持社会生存与发展所必需的文化环境。图书馆残疾人无障碍阅读服务是公共文化服务体系中一个较为薄弱的环节,是社会文化均等化发展中的短板,如何从政策供给角度为图书馆残疾人无障碍阅读服务提供支持,使之朝着正确的方向发展,缩小文化差距,是政府亟须考虑的内容。政府对图书馆残疾人无障碍阅读服务的政策供给可以从以下几个方面考虑:

一是政府通过相关法律、法规与制度的制定、修改与完善,对图书馆残疾人无障碍阅读服务工作进行指导与管理。健全的政策法规是图书馆开展残疾人无障碍阅读服务工作的重要外部驱动力。图书馆残疾人无障碍阅读服务政策法规的制定是一个系统性的工程,不仅需要从宏观规划和具体建设标准两方面考虑,而且还需要其他相关政策法规的配套和支持,同时还应打破体制障碍,协调不同类型、不同层级图书馆之间的责任分工,实现图书馆残疾人无障碍阅读服务的互通共享。

二是建立图书馆残疾人无障碍阅读服务的经费保障机制,通过资金支持保障服务的持续性。目前的政策中没有明确的图书馆残疾人无障碍服务专项资金支持,而服务的顺利开展和持续推进离不开政府及相关部门的财政支持。在服务的经费支持上,首先必须要明确经费投入的主体,做到责任明确。例如,公共图书馆属于文化部门管辖,其经费投入主体是文化部门及其相关行政机构。高校图书馆是高校内的图书馆,同时又属于公共文化系统,教育部和文化部以及其相关行政机构应作为其经费投入主体。

三是政府对各级各类社会组织、个人等社会力量在图书馆残疾人无障碍阅读服务理念和服务支持方面的制度指引。当前我国社会各界对图书馆残疾人无障碍阅读服务的支持与援助还处在探索与尝试阶段,如何参与、参与的角色定位、参与的激励措施等都还没有明确和规范性的文件,导致外部力量参与图书馆残疾人无障碍阅读服务的驱动力不足。已有的政策性文件中对社会参与图书馆服务有所提及,例如,2016年12月通过的《中华人民共和国公共文化服务保障法》指出"国家鼓励和支持公民、法人和其他组织兴建、捐建或者与政府部门合作建设公共文化设施、参与公共文化设施的运营和管理""国家倡导和鼓励公民、法人和其他组织参与文化志愿服务,县级以上地方人民政府有关部门应当对文化志愿活动给予必要的指导和支持,并建立管理评价、教育培训和激励保障机制"。2017年11月通过的《中华人民共和国公共图书馆法》提出"国家鼓励公民、法人和其他组织依法向公共图书馆捐赠,并依法给予税收优惠""国家鼓励公民参与公共图书馆志愿服务""县级以上人民政府文化主管部门应当对公共图书馆志愿服务给予必要的指导和支持"等。但是,这些政策只是宏观性建议,并没有相关配套文件来明确政策对于社会力量参与文化服务的指导、支持,过于笼统,缺乏具体性。因此,政府应从社会管理创新的制度体系对社会各界参与图书馆残疾人无障碍阅读服务进行政策指导和规范,制定一套促进社会力量参与服务的政策法规及其配套措施。通过资金资助、项目合作、减免税收等方式鼓励和支持社会力量积极参与服务的整个环节,包括服务建设、经费投入、组织管理、读者服务、监督评估等。

2. 图书馆行业组织是图书馆残疾人无障碍阅读服务社会支持的主要主体

我国图书馆行业组织是以图书资料从业人员及相关单位为主体,在自愿基础上,以开展学术研究、进行行业自律、提高行业地位、促进行业发展和进步为目的的依法登记的非营利性社会团体。2016年7月我国印发的《关于加强文化领域行业组织建设的指导意见》指出,"协同推进文化建设与社会建设,激发全社会文化创造活力,需要在行业组织建设大框架下,把握文化建设特点和规律,引导文化领域行业组织更好地发挥自身功能和独特优势"。可见,图书馆行业组织是图书馆服务工作专业化、规范化、常态化的主要支持主体,图书馆残疾人无障碍阅读服务工作离不开图书馆行业组织的支持。

目前,我国图书馆行业组织主要包括图书馆学会和图书馆协会两种类型。图书馆学会成立于1979年,是由全国图书馆工作者依法登记成立的全国性、学术性群众团体,是目前唯一的全国性图书馆行业组织。图书馆学会的主要任务是开展学术交流、进行同行评议,偏向于图书馆的学术理论研究。图书馆协会是组织行业活动和管理的组织,《图书馆学情报学词典》对图书馆协会的界定是"一群定期开会讨论专业利益的图书馆员、图书馆馆长和其他与图书馆相关的人士所组成具有会员资格的组织"[52]。图书馆协会的主要任务是组织图书馆活动、维护图书馆利益、推动图书馆自律、促进图书馆事业发展,偏向于图书馆行业的组织与管理。但目前我国的图书馆协会未形成全国性的组织团体,只是地方性的图书馆协会组织,例如,北京市图书馆协会于2003年9月8日由原北京市图书馆学会改制而成,上海市图书馆行业协会是于2005年12月20日由上海市的51家图书馆机构发起成立的公益性行业性社会团体法人,是我国首个图书馆行业协会,它接受图书馆学会的业务指导。目前,地方性的图书馆行业协会已经开始发展并在行业组织管理、工作指导、内部协调、对外宣传等方面发挥着越来越大的作用,他们广泛吸纳全市公共图书馆、高校图书馆、科研机构图书馆、医院系统图书馆、新闻出版系统图书馆、中小学图书馆、街道社区乡镇图书馆、企业图书馆等各类图书馆加入,打破了地区内各系统图书馆条块分割管理模式,有利于统一该地区图书馆的服务工作,促进地区性图书馆事业的发展。

随着"信息平等、文化平权"理念的深入人心,如何从理论到实践践行公共文化服务均等化思想,成为图书馆行业组织在新时代"全面建成小康社会"以及"坚定文化自信,建设文化强国"政策指引下亟须思考的重要议题。为此,图书馆行业组织进行了探索,制定了一些相关政策文件,也举办了一系列无障碍阅读服务活动。制定的相关政策与规范具体有:中国图书馆学会于2008年10月发布的《图书馆服务宣言》中,积极倡导"平等服务"理念,要求图书馆"致力于消除弱势群体利用图书馆的困难";我国2011年12月颁布的《公共图书馆服务规范》指出"努力满足残疾人、老年人、进城务工者、农村和偏远地区公众等的特殊需求";2018年9月中国盲文图书馆牵头制定了首个面向残疾人服务的国家标准《图书馆视障人士服务规范》,为图书馆视障读者阅读服务提供了科学化标准化的方向性指导。在图书馆行业组织的指导和推动下,一部分公共图书馆、高校图书馆针对各类型残疾人的无障碍阅读服务活动进展顺利,并取得了一定的社会效益。总体而言,我国图书馆残疾人无障碍阅读服务缺乏统一领导、零散活动的状态,缺乏统一的管理和专业性的指导。要改变这种现状,需要从以下几个方面着手:

(1) 健全组织机构

目前,我国唯一的全国性的图书馆行业组织只有中国图书馆学会,自成立以来,学会在行业内的学术研究与交流、业务培训等方面发挥了重要的作用,不仅带动所属的各省、市级图书馆学会进行无障碍服务相关的学术研讨和交流会议,还举办了残疾读者服务相关的培训班。但由于中国图书馆学会属于学术团体性质,不是行业管理组织,无法全面承担"协会"的职能。而市级的图书馆协会如上文提到的北京市图书馆协会和上海市图书馆协会只能代表一个市的图书馆协会组织,在本市范围内行使图书馆行业的职能,无法进行全国范围内的图书馆业务管理、协调协作等组织工作。为此,需要健全图书馆行业组织机构。首先,应统一图书馆行业组织的职能,将学术研究与业务管理两方面职能归于一体,形成整体化统一化的管理机构网络。目前业界人士都建议将中国图书馆学会改制为中国图书馆协会,以此名正言顺地承担起行业管理的职责,实现从理论到业务的统一性管理。其次,根据残疾人的特殊性和特殊阅读需求,在图书馆行业协会设置图书馆残疾人无障碍阅读服务部,并建立各分支机构或地方分会。同时根据残疾读者的不同类型,图书馆残疾人无障碍阅读服务部及其分支/分会下设专业部门,如视障、听障、智障、肢障、精障等阅读服务部,各专业部门通过对各图书馆专业性的学术研究、服务指导以及业务培训,提高和发展本领域的阅读服务水平,促进理论与实践的结合,更好地服务于残疾读者。

(2)完善组织职能

图书馆行业组织主要有学术职能、管理职能、服务职能、沟通协调职能等。第一,图书馆残疾人无障碍阅读服务实践离不开图书馆残疾人无障碍阅读服务理论知识的支撑,图书馆行业组织需强化学术职能。组织行业内进行无障碍阅读服务学术交流、理论研究,吸引与残疾人无障碍阅读服务相关专业的专家学者参与到图书馆残疾人无障碍阅读服务中,进行学术成果交流,探讨无障碍服务的现状,总结历史经验,规划未来发展方向,发展新的理论,改革无障碍服务应用技术等等,从理论上引领图书馆残疾人无障碍阅读服务向纵深发展。第二,行业管理职能是图书馆残疾人无障碍阅读服务持续有效开展的保证。一方面,图书馆行业组织作为自治性的民间团体组织,具有对自身事务的管理权;另一方面,要争取政府对行业组织的放权,通过法律程序赋予图书馆行业组织独立性与自主性,让图书馆行业组织回归管理职能本位[53]。在此前提下,建立和完善图书馆残疾人无障碍服务管理机制,制定一系列与服务相关的规章制度,如图书馆残疾人无障碍阅读服务的规章、职业道德准则、建设标准、评估指标、职业资格认定标准、职业教育与培训制度等,推动图书馆行业内无障碍特色资源的有效配置和特色项目的持续开展,通过横向和纵向发展图书馆残疾人无障碍阅读服务网络,实现服务的一体化。第三,健全图书馆行业无障碍阅读服务机制,引导服务的价值取向和标准。通过对行业内图书馆残疾人无障碍服务的过程管理、价值评价、专业培训、人才管理,把握服务的正确方向,争取服务效能的最大化。第四,图书馆行业组织向上接受政府的委托,对下承接民意,即反映图书馆以及读者需求。因此,一方面要使政府的政策、法规在图书馆中得以贯彻落实;另一方面,作为行业利益的代表,应积极向政府反映图书馆和读者的意见和要求。确保政府与图书馆之间政策与实际工作的协调统一,同时协调好行业内在图书馆残疾人无障碍阅读服务中的关系,实现资源的共建共享、项目的协同合作,为图书馆残疾人无障碍阅读服务营造良好的环境。

3. 社会组织是图书馆残疾人无障碍阅读服务社会支持的重要力量

在除了政府以外的社会支持中，社会组织是其中相对重要的社会力量。社会组织，也称非政府组织，是指以促进经济发展和社会进步为目的的非营利性的自愿组成的公民组织，该组织面向任务、向政府反映公众需求，提出合理的意见或建议，起到沟通协调、监督管理的作用。它一般具有组织性、民间性、公益性、志愿性、非营利性等特点。社会组织作为社会公益体系的重要制度安排，能够弥补政府和市场的不足，有效协调社会利益关系，促进社会公平和正义，保证社会的和谐稳定发展。社会组织的特点主要有：一是亲民性。社会组织是群众性的自治组织，是从社会民众中产生，与民众在空间上、心理上联系较紧密的团体，因而能够及时获得公众的需求并迅速做出反应，可以有效弥补政府作为社会宏观管理组织的不足。二是自治性。社会组织有着自身的组织管理体系，其创新意识强，对事务的反应较为灵敏，可以弥补政府部门"按章程办事"的刻板思维模式，对事情做出较为积极、快速的回应和处理，提高处理问题的效率。三是凝聚力。社会组织作为具有广泛参与性的社会民间组织，一方面它的开放性特质有利于直接联系社会公众，拉近与公众的心理距离，及时了解他们的需求和呼声，能够做出较为准确的决策与支持；另一方面，社会组织作为民间组织，可以广泛地联系其他团体、组织以及个人，在志愿精神和道德正义的基础上有效凝聚并整合社会资源开展相关的支持活动。

与图书馆残疾人无障碍阅读服务相关的社会组织主要有两种类型：一种是残疾人社会组织，主要是中国残疾人联合会（以下简称"中国残联"）及其下属的残疾人专门协会组织（盲协、聋协、精协、肢协、智协）。中国残联成立于1988年3月，是在中国盲人聋人协会（1953年成立）和中国残疾人福利基金会（1984年成立）的基础上组建而成，是国家法律确认、国务院批准的由残疾人及其亲友和残疾人工作者组成的人民团体，是全国各类残疾人的统一组织。其主要职责有：维护残疾人在政治、经济、文化、社会等方面平等的公民权利，密切联系残疾人，听取残疾人意见，反映残疾人需求，全心全意为残疾人服务。沟通政府、社会与残疾人之间的联系，宣传残疾人事业，动员社会理解、尊重、关心、帮助残疾人，消除歧视、偏见和障碍，等等。残联虽为民间组织，但具有浓厚的官办背景，因而其对于政府的依赖性较强，经费管理和使用上也缺乏独立、稳定的经费来源，造成其独立性、自治性受到削弱[54]，对残疾人的社会支持力度有待提高。另一种是社会公益组织，主要以志愿者组织、慈善组织、出版机构、基金会等为代表。与图书馆残疾人无障碍阅读服务相关的志愿者组织是文化助残志愿者,文化助残志愿者指的是那些不为报酬,自愿奉献自己的时间、精力、知识和技能,为图书馆残疾人信息文化服务提供支持与帮助的志愿者。文化助残志愿者作为一种非资本化、体制之外的资源,成为图书馆残疾人无障碍阅读服务中必不可少的有益补充,正如英国学者戴维·博伊尔所说:"如果没有普通人积极参与社区活动,为社区贡献时间和精力,政府仅凭制定规范和标准难有任何作为。"[55]文化助残志愿者来自民间,又服务于民间,他们了解残疾人的特点和文化需求,他们通过整合各方面资源,广泛参与到图书馆残疾人无障碍阅读服务中,切实帮助残疾人解决信息获取和阅读需求,以提高残疾人的文化知识和水平、改善残疾人的生存状况。目前,我国各地已经广泛开展了文化助残志愿者服务活动,但助残志愿机制还不够完善,发展相对较为缓慢。助残志愿者队伍的组织管理、体制建设、专业性等方面还需要进一步提升。

总体来说,社会组织在图书馆残疾人无障碍阅读服务中的支持初见成效,但力度还不够,外部环境因素的不成熟、可持续发展机制以及科学合理的组织管理模式的缺乏是社会组织在支持服务中成效不够显著的主要原因。要改变现状,需要从政策保障和自身建设两方面进行完善:

(1) 国家对文化助残组织的支持与培育

社会组织培育的外部环境支持主要来自国家的相关政策、法规的指导,如何从体系建设、资源整合以及激励措施等方面给予一定的政策扶持,是政府培育社会组织并使其发展壮大的关键。要做好社会文化助残组织的培育,需要做到以下几点:

一是要建立统一、健全的文化助残管理体系。推动助残队伍建设的规范化,简化机构流程,提高服务效率。同时,打破各组织间的条块分割,形成多元主体联动互补,协调分工,构建起多层次、多方式的社会助残服务体系。目前,我国已经认识到社会组织在社会建设与发展中的重要性,开始逐步制定相关政策,引导和保障社会组织在参与社会服务中的作用。例如,2013年9月我国国务院印发了《关于政府向社会力量购买服务的指导意见》,对政府向社会组织购买服务做出系统安排和全面部署,创新公共服务供给模式,激励社会力量参与社会服务。2014年12月我国国务院发布了《关于促进慈善事业健康发展的指导意见》,鼓励和支持社会组织开展慈善活动。同年中国残联、民政部联合出台了《关于支持助残社会组织发展的指导意见》,就建立健全助残社会组织的孵化培育机制、财政性资金扶持机制、规范化管理以及政府购买社会服务等做出规定。2016年5月,我国通过了《关于支持和发展志愿服务组织的意见》,提出要积极扶持发展志愿服务组织,健全服务体系,明确将助残作为志愿服务组织的工作重点。这些政策性文件是国家对社会组织参与社会管理与服务的激励与保障,但对于文化助残服务还未有详细的规定,可在此基础上进一步细化,建立相关配套措施与方案。

二是要建立文化助残组织专业指导与培训机制,通过系统、专业的知识培训和实践培训,提高文化助残组织的专业服务水平和服务效率。2017年8月,国务院发布了《志愿服务条例》,规定志愿服务组织安排志愿者参与的志愿服务活动需要专门知识和技能,应当对志愿者开展相关培训,以此保障志愿服务的专业化。由于文化助残服务对象与一般志愿服务对象有着显著的区别,文化助残需要更多的技术性、情感性、智力性成分,这就对文化助残志愿者和其他文化助残组织的专业性提出了更高的要求,除了要具有一定专业技术,还要具备文化阅读、心理学、医学专业知识,甚至还需要有一定的特殊专业技能,比如手语技能、盲文技能等。

三是要建立文化助残服务激励机制。通过设立奖励机制,以物质奖励和精神奖励的形式激发文化助残组织的服务激情,促进文化助残服务的长效开展。这方面我们可以借鉴美国,自20世纪开始,美国不断完善与慈善相关的税法,例如,1913年的《岁入法》将从事慈善、科学或教育的组织、团体列入免税对象。1917年,美国国会又通过法律,对捐款给上述组织、团体的人士,减收个人所得税15%。1919年和1924年,美国法律规定对进行慈善和公益捐赠的人士减收地产税与赠与税。1935年,美国法律进一步规定对进行慈善捐赠的公司也同样给予减税待遇。我国2006年9月印发的《国家"十一五"时期文化发展规划纲要》提出:制定相应税收政策,吸引和鼓励社会力量兴办公益性文化事业。国务院办公厅于2006年6月印发的《关于进一步支持文化事业发展的若干经济政策》规定:"社会力量通过国家批准成立的非营利性的公益组织或国家机关对宣传文化事业的公益性捐赠,经税务机关审核后,纳税人缴纳企业所得税时,在年度应纳税所得额10%以内的部分,可在计算应纳税所得额时予以扣除;纳税人缴纳个人所得税时,捐赠额未超过纳税人申报的应纳税所得额30%的部分,可从其应纳税所得额中扣除。"[56]在此基础上,可以进一步对图书馆残疾人无障碍阅读服务进行减免税和其他项目支持激励,以此提高社会力量的参与积极性。

四是要加强对文化助残服务的宣传力度,在全社会倡导文化助残的服务理念和服务意识,营造一定的助残氛围,以此吸引更多的社会公众加入社会文化助残组织中,发展壮大文化助残组织的队伍。2011年10月党的十七届六中全会通过的《中共中央关于深化文化体制改革推动社会主义文化大发展大繁荣若干重大问题的决定》明确提出:"壮大文化志愿者队伍,鼓励专业文化工作者和社会各界人士参与基层文化建设和群众文化活动,形成专兼结合的基层文化工作队伍。"这是国家从政策层面对文化志愿者队伍建设的扶持和培育。

(2)社会文化助残组织自身管理体制的建立与完善

除了政府对社会组织参与文化助残服务的政策保障与激励措施外,文化助残组织自身也需要进行组织内服务体制的建设与完善,以促进文化助残服务工作更加科学化、制度化、规范化和常态化。应建立以招募、管理、培训、激励、监督、评估和反馈等为一体的管理体制建设,改进文化助残服务的功能和水平。服务理念和专业素养是社会文化助残组织进行图书馆残疾人无障碍阅读服务支持的最基本条件,应坚持在人本主义理念的科学指引下,健全组织内部的建设和管理体制,加强自身的专业素养教育,遵循人员招募标准,加强人才培训制度,完善监督反馈机制,打造一支专业有素养的文化助残队伍,真正助力图书馆残疾人无障碍阅读服务,加快提升残疾人文化水平。

社会文化助残组织是多元社会力量的载体,它通过一定的方式和模式参与图书馆残疾人无障碍阅读服务的政策制定,来确保政策的公正性和民主性,提高政策制定的科学性、合理性;社会文化助残组织是社会资源的集合体、社会资本的载体,它通过对社会资源的动员和整合,为图书馆残疾人无障碍阅读服务带来物质、资金、技术、信息和知识等社会有形资源和信任、规范、联结、网络等社会无形资源,提高服务水平。社会文化助残组织是以公益、志愿为核心价值和伦理特质,它以倡导和推广志愿和无私精神,培育公益服务力量为己任,在全社会建立起自愿、志愿的服务伦理和价值取向,使越来越多的社会公众加入无障碍服务的队伍,进一步加快和谐社会的发展步伐。

4. 社区是图书馆残疾人无障碍阅读服务社会支持的基本载体

社区是具有某种互动关系和共同文化维系力的某一领域人群的共同体及其活动领域。尽管社会学家对社区的定义各不相同,但有一点确定的是,社区是在一定地域范围内的人们所组成的共同体。随着政府职能的转变和单位功能的减弱,大量的"单位人"转变为"社会人",社会成员重新回归社区,社区治理的完善、居民社区认同感的加强和社区公共事务的广泛参与,使得社区成为包括残疾人在内的社会公民的重要生活场所。何金苗认为:"社区参与是残疾人享受社会保障的重要途径,也是社会责任的实现途径,社区对残疾人的帮助应以系统化的组织体系和多样化物质支持为基本保障。"[57]图书馆开展读者服务的对象一般都是社区居民,其活动大部分都与社区联系开展。残疾人作为社会人群中的一分子,社区成为残疾人社会生活的主要空间,也成为图书馆开展残疾人无障碍阅读服务的重要的支持载体和支持来源。主要表现在:

首先,社区是国家开展精神文明建设的主要阵地,是提倡科学文化、社会公德和家庭美德,培养公民核心价值观的重要场所,因此,社区有责任有义务参与到支持图书馆为残疾人提供阅读服务、培养文化素养的服务中。

其次,社区面向社区成员开展各种社区活动,具有比较完善的居民联系网络,可以将社区内的残疾人集中起来,快速地为图书馆残疾人服务提供服务对象。同时,社区对社区内残疾人的性格特点、家庭情况、文化水平以及心理需求较为熟悉,能够为图书馆开展残疾人服务提供有益帮助。

再次,社区是协助政府发展健康教育、提高文化素质、发展志愿服务队伍的维护社区成员合法权益的重要场所。可以调动和整合各类社会资源,在一定的范围内重新协调和分配资源,可以为图书馆残疾人服务提供物质、人力等方面的资源支持,提高图书馆残疾人无障碍阅读服务的效率。

5. 家庭是图书馆残疾人无障碍阅读服务社会支持的重要主体

费孝通概括了乡土中国(即传统中国社会)的"差序格局"特征,是按照血缘而构成的亲疏远近的关系结构,是私人关系的增加,社会范围是一根根私人联系所构成的网络[58]。他表达了中国社会以家庭为中心的网络结构,这种社会结构格局延续至今。传统的伦理本位社会赋予了"家庭"在一个人的社会关系网络中非常重要的角色,家庭是个人生存的根本,家庭有保护家庭成员的责任,家庭成员也有维护家庭的义务。对于残疾人来说,家庭成为他生存、发展以及与社会联系的重要来源。2017年1月国务院常务会议修订通过的《残疾人教育条例》明确指出,"残疾人家庭应当帮助残疾人接受教育""协助、参与有关教育机构的教育教学活动,为残疾儿童、少年接受教育提供支持",这为残疾人家庭支持残疾人接受文化和教育提供了政策保障。在图书馆残疾人无障碍阅读服务中,家庭提供的支持是最重要,也是最有力的,不仅能为残疾人提供经济、物质上的支持,还能为残疾人提供精神、情感方面的支持,使得残疾人能够顺利地走出家庭,走向社会,接受图书馆信息文化服务,为获取生存资本积累信息、文化以及能力资源。

图书馆残疾人无障碍阅读服务离不开残疾人家庭的支持,对于残疾人家庭,政府以及社会各界应给予一定的照顾与帮助。首先,政府应为残疾人家庭制定各种保障性政策。政府在制定社会福利、保障、教育以及就业政策时,要增加残疾人家庭的倾向性支持,使残疾人的基本生活和文化教育权不受经济条件影响。其次,要加大宣传力度,在全社会树立普遍的公正伦理观和关怀伦理观,给予残疾人家庭更多的关心与照顾。残疾人家庭离不开社会关系网络,除政府以外,社会网络中的所有人员都会对其带来或多或少的影响。因此,社会公众应给予残疾人家庭更多的关爱和帮助,使残疾人及其家庭能够抛开自卑心理,主动获取信息文化知识。

二、图书馆残疾人无障碍阅读服务社会支持的客体

图书馆残疾人无障碍阅读服务社会支持的客体是图书馆残疾人无障碍阅读服务,即服务这一行为本身。在这个支持网络中,服务作为社会支持的客体,接受来自社会各界的支持,这种支持具有社会性、无偿性和选择性。社会支持的"图书馆残疾人无障碍阅读服务"这一对象,必须是"图书馆针对残疾人的服务",而且是"无障碍服务",只有在这些特征基础上的支持,才是图书馆残疾人无障碍阅读服务的社会支持。图书馆残疾人无障碍阅读服务社会支持的客体与主体之间是相互影响、相互作用的,主体为客体提供客体所需要的各种支持,以使客体达成目标,而客体在接受主体支持的过程中,对主体支持的情况与效果进行反馈,通过这样的相互沟通与促进,最终实现图书馆残疾人无障碍阅读服务社会支持的良性持续性发展。

三、图书馆残疾人无障碍阅读服务社会支持的介体

图书馆残疾人无障碍阅读服务社会支持的介体是连接图书馆与社会力量之间的服务内容与服务手段,是存在于图书馆与社会力量之间的桥梁。图书馆残疾人无障碍阅读服务社会支持的内容与手段是由图书馆服务的现状和残疾人对图书馆服务的需求决定的,同时社会支持的内容决定社会支持的手段及方

式。关于图书馆残疾人无障碍阅读服务社会支持的内容将在第四节单独叙述。

第三节 图书馆残疾人无障碍阅读服务社会支持体系的特征与原则

一、图书馆残疾人无障碍阅读服务社会支持体系的特征

1. 多样性

多样性是图书馆残疾人无障碍阅读服务社会支持的显性特征,主要体现在支持主体的多样性和支持形式的多样性。从社会支持主体来说,只要有可能,几乎所有类型的社会力量都可以参与到图书馆残疾人无障碍阅读服务的建设中去,从个人到社会组织再到国家,都可能成为社会支持的主体。其中,社会组织又具有多种形态,包括图书馆行业组织、企业、非营利性基金会、民办团体等。不同的社会支持主体性质不同,其支持的目的、方式也不同,例如:政府主要从资金、政策方面进行支持,以保障图书馆残疾人无障碍阅读服务的资金链安全和政治导向正确;个人主要包括残疾人家庭、亲友、邻里、同事等重要他人和志愿者,重要他人和残疾人关系亲密,他们主要通过精神、物质等方式支持残疾人参与图书馆服务,可以说,重要他人对残疾人无障碍阅读认知的形成起到了关键作用;社会组织是对政府支持的积极补充,他们主要是企业、公益组织以及志愿者团体,他们可以弥补国家对图书馆残疾人无障碍服务事业资金、物资、设施设备、技术等方面的不足,为服务的顺利开展增添重要力量。

2. 自发性

社会支持本身是一种自愿性质的活动,不接受任何强制性的约束。除了国家支持以外,社会力量根据自己的能力、条件、时间等自主决定要不要参与、如何参与、什么时候参与以及参与到什么程度。社会力量参与到图书馆服务工作中是受到国家政策鼓励的,但并不表明必须要参加,他们是否参加以及参加的程度如何都由自己决定,政府和图书馆都无权干预他们的参与。社会力量是否参与图书馆残疾人无障碍阅读服务是建立在对图书馆服务的认知和价值认同

之上,也建立在对残疾人阅读的关注、对社会公益的热情之上,因此,虽然社会支持本身是自发的、主动的行为,但要想让更多的社会力量参与到图书馆残疾人无障碍阅读服务中来,图书馆就必须做好社会宣传工作,让更多的人了解图书馆残疾人无障碍服务,促使他们参与意识的形成,获得社会认同感,从而使更多的社会力量投入到这一服务中来。

3. 规范性

社会支持虽是一种自发性行为,但社会支持并不是无政府无组织状态下的行为,它是在相关的制度规范的保障和约束下进行的。国家鼓励社会力量参与图书馆服务,但同时对参与也做了相应的规定,比如社会力量参与的准入机制、奖励机制、成员构成、公开机制、评价机制等等。因此,图书馆残疾人无障碍阅读服务社会支持,需要依据国家残疾人保障政策和残疾人文化服务政策进行,严格按照社会力量参与图书馆服务的规定来执行。同时,图书馆在接受社会力量参与残疾人无障碍阅读服务时也应遵守相关的规定,以确保社会支持过程的有序化和规范化,发挥社会支持的最大优势,真正实现借助社会力量促进图书馆残疾人服务事业发展的目的。

二、图书馆残疾人无障碍阅读服务社会支持体系的原则

1. 政府主导原则

2016年12月发布的《中华人民共和国公共文化服务保障法》对"公共文化服务"进行了阐释,指出公共文化服务是由政府主导、社会力量参与,以满足公民基本文化需求为主要目的而提供的公共文化设施、文化产品、文化活动以及其他相关服务。2017年11月通过的《中华人民共和国公共图书馆法》提出县级以上人民政府应当积极调动社会力量参与公共图书馆建设,并按照国家有关规定给予政策扶持。文化部于2017年9月印发的《"十三五"时期全国公共图书馆事业发展规划》中也明确要求公共图书馆遵循"政府主导,社会参与"基本原则,鼓励和引导社会力量参与公共图书馆的建设、管理和服务。这些政策性法律文件都积极鼓励社会力量参与图书馆服务,但定位明确,社会力量参与都必须以政府主导为原则,社会力量因其类型多样、基数较大且可控性不强等原因,决定了其参与图书馆残疾人无障碍阅读服务建设只能是有益补充的角色。国家的政策法规为社会力量参与图书馆服务提供了政策保障,只有在政府政策主

导下,图书馆残疾人无障碍阅读服务社会支持才会有序健康地发展。

2. 自愿原则

社会力量参与图书馆服务建设遵循自愿原则。公共文化服务是指以满足公民基本文化需求为主要目的而提供的公共文化设施、文化产品、文化活动以及其他相关服务的政府行为。政府是公共文化服务的主要责任者,负责提供服务所需的资金和必要的政策支持。图书馆残疾人无障碍阅读服务是公共文化服务的重要组成部分,其宗旨是图书馆在国家政策指引下给残疾人提供无障碍阅读所需的平台。而社会力量是以公益、志愿为核心价值,其倡导的是志愿和无私精神,在图书馆服务残疾人这一过程中,社会力量承担着为政府缓解经济负担、为图书馆提供更多资源的作用。在相关政策文件中,关于社会力量的表述都是"鼓励参与",并不要求必须参与,社会力量是否参与图书馆残疾人服务、如何参与服务都是自愿的,政府没有权力干涉社会力量参与的自由。因此,社会力量是自愿投入到图书馆残疾人无障碍阅读服务中,协同图书馆完成服务的任务。

3. 公平原则

图书馆残疾人无障碍阅读服务坚持公平原则,即图书馆与社会力量在服务中的合作是平等的,相互尊重的。从图书馆角度来说,图书馆的级别不一样,规模、资源、技术也不一样,省市级公共图书馆和高校图书馆资金投入、资源配置较高,其残疾人无障碍阅读服务开展比较规范;而县级及以下公共图书馆由于财政支持力度、资源整合能力弱,其残疾人服务工作存在难于开展或进展不理想的情况。此外,东部发达地区图书馆和中西部地区图书馆因地区经济的差异性导致在残疾人无障碍阅读服务上的意识、环境、资源、活动等方面也存在明显的悬殊。针对这些差异,社会力量需要坚持公平原则,坚持"哪里需要去哪里"的志愿服务精神,避免出现挑三拣四的现象。从社会力量角度而言,社会力量有个人、团体以及规模较大的社会组织和企业等,他们的经济条件、能力不同,相应地提供社会支持的力度就不同。针对这种情况,图书馆不以支持力度小、捐赠少而放弃社会支持,应公平公正地对待参与图书馆残疾人无障碍阅读服务的社会力量,发挥不同社会力量的优势,协同推进服务的进程。

第四节 图书馆残疾人无障碍阅读服务社会支持体系的内容

由于自身生理原因,残疾人信息获取、文化阅读的个人社会支持网络往往存在缺失,这就需要依靠外在环境的力量来保障其自身的文化发展需要。社会通过为残疾人提供政策、物质、信息、情感等支持帮助他们实现缺失的资源代偿,同时,残疾人自身在社会支持网络的支持下,树立正确的人生观与价值观,通过转变观念,积极参与社会活动,进而获得自身代偿。

自提出社会支持理论以来,社会学界对社会支持的内涵及其支持内容从不同的角度进行了不同的阐释,国外研究者首先对社会支持内容进行了深入探讨与研究。考伯将社会支持的内容概括为情感性支持、网络支持、满足自尊的支持、物质性支持、工具性支持和抚育性支持[59];索茨(Thoits)认为社会支持是重要他人对某个人的社会情感帮助、实际帮助和信息帮助;Cohen 等 1983 年提出的人际支持评估量表(ISEL),将社会支持主要分为四个维度,自尊支持、信息的支持、工具性的支持、社会性的陪伴[60];韦尔曼运用因子分析方法,将社会支持分为感情支持、小宗服务、大宗服务、经济支持、陪伴支持等五种;卡特纳和罗素将社会支持区分为情感性支持、社会整合或网络支持、满足自尊的支持、物质性支持、信息支持;库恩等认为社会支持包括归属性支持、满足自尊的支持、物质性支持和赞成性支持[27];豪斯认为社会支持是人与人之间的情景关怀、工具性支持、信息、赞扬等[61]。国内社会学家对社会支持内容有如下理解:陈成文等认为社会支持包括客观支持(物质支持、网络支持)和主观支持(个体的情感体验和满意度)两种[33];李铳等将社会支持概括为物质帮助、行为支持、亲密的互动、指导、反馈、正面的社会互动等 6 种形式[62]。张爱华根据残疾人社会融合支持主体的性质将社会支持区分为制度性支持和非制度性支持两种[63];张铁以社会学家格兰诺维特(Mark Granovetter)嵌入性理论为基础,在整合图书馆基金会、图书馆志愿者、图书馆社会捐赠和民办图书馆实践等研究成果基础上,提出了公共图书馆社会支持的概念,并且将社会组织、社会机制和制度安排作为公共图书馆社会支持的核心内容[48];刘琼莲引用 House 的观点,认为社会支持既包括物质的,也包括精神的、情感的以及信息的[64]。丘海雄、张友琴等根据社会支持主体的性质,将社会支持的内容界定为正式支持和非正式支持[65]。总体而言,社会支持包括三个维度:社会嵌入性、感知社会支持和有效的社会支持。社会支持指的是人们从社会中获得的物质和精神的、有形的和无形的支持,前者主要包括物质、金钱、信息、工具等客观性支持,后者主要包括理解、情感、指导、尊重、鼓舞等主观性支持。社会支持的各个要素并不是孤立的,而是融于具体的社会网络、政治架构、文化环境和制度基础中。社会支持也不是单向的关怀或帮助,它是双向的流动,以支持主体和支持客体之间的互动为前提。本研究侧重于在有效的社会支持即制度支持、物质支持、信息支持、情感支持等方面展开讨论。

一、制度支持

健全的政策法规是图书馆开展残疾人无障碍阅读服务工作的重要外部驱动力。政策法规的制定是一个系统性的工程,不仅需要从宏观规划和具体建设标准两方面考虑,而且还需要其他相关政策法规的配套和支持,同时还应打破体制障碍,协调各个图书馆之间的责任分工,实现图书馆残疾人无障碍阅读服务的互通共享。

(一)加强顶层设计和整体规划

党的十九届五中全会提出,到 2035 年,我国建成文化强国。《中共中央关于制定国民经济和社会发展第十四个五年规划和二〇三五年远景目标的建议》还专门部署了未来文化建设的重点任务,提出了提升公共文化服务水平的战略任务。我国文化强国这一目标的实现,离不开文化制度建设,特别是离不开对文化制度的顶层设计。习近平总书记指出:"相比过去,新时代改革开放具有许多新的内涵和特点,其中很重要的一点就是制度建设分量更重。"[65]公共文化服务制度是文化制度中的一个重要内容,是实现文化强国的坚实基础,作为公共文化服务制度关键部分的图书馆残疾人无障碍阅读服务制度只有进行整体规划和顶层设计,才能健全公共文化服务制度,实现文化强国理想目标。制度设计是制度建设的前置性工作,对整个制度建设起着引领作用。因此,图书馆残疾人无障碍阅读服务制度设计需要围绕制度建设的总体目标,建立组织结构,确立工作职责,理顺相关关系,提高组织系统效率。具体体现在明确图书馆在残疾人服务中的社会责任、角色定位,规定图书馆服务残疾群体的目标、职责、权利、义务,从宏观上把控服务的目标和方向。制度设计需要遵循合理性原则与可行性原则,并兼顾价值性与效能性,因而在图书馆残疾人无障碍阅读服务制度的顶层设计中需要注重制度是否符合以残疾人服务为中心的工作导向,是否坚持将社会效益放在首位,是否完善和丰富了公共文化服务制度体系。总之,对图书馆残疾人无障碍阅读服务制度进行顶层设计和整体规划,就是以行政推动服务政策法规体系的建立。只有这样,才能保证政策的执行力,确保服务工作的持续性开展,也才能实现公共文化服务制度的系统性。

(二)完善和落实相关政策法规

政策法规的实施与执行光靠一部宏观性的文件无法真正得到落实,它需要相应的实施办法、细则和方案等具体操作措施的出台,将较为宏观的政策条款进行细化,将策略性措施的各个环节落到实处。因此,图书馆残疾人无障碍阅读服务的运行必须要有具体可实施的服务方案、服务标准、服务目标以及为实现服务目标而制定的一系列服务内容。图书馆残疾人无障碍阅读服务实施办法或细则的制定首先要以服务的顶层设计为中心,围绕服务的总体目标,在服务的总体方向前提下制定并完善服务方案、服务标准,对服务的内容、方式、经费、人员、监督、评估都要有明确的规定和表述,确保各项措施的可操作性和科学性,并将各项措施进行量化,以检验评估服务的效能。在这方面,我们可以借鉴日本,继1953年颁布《学校图书馆法》之后,日本先后制定了《学校图书馆法实施令》等十几部配套性的细则来确保《学校图书馆法》的顺利实施。同时,相关管理部门还应建立专门委员会对服务进行组织与协调,不仅对服务的各组成部分进行协调统一,还要对相关的服务人员进行协调沟通,完善组织关系,以达到良好的执行效果,保证服务的持续性。

(三)整合并优化政策体系功能

目前,我国已经初步建立起结构完整的残疾人无障碍服务政策体系,有效推动了图书馆残疾人无障碍服务政策体系建设的系统化、专业化和标准化。

要提高图书馆残疾人无障碍阅读服务的效率,必须对服务的政策体系功能进行整合并优化。无论是公共图书馆还是高校图书馆都是公共文化服务系统的重要组成部分,图书馆残疾人无障碍阅读服务是均等化公共文化服务中必不可少的一个环节,它需要各类型、各层级的图书馆共同推动,才能保障"信息平等,文化平权"社会体制的实现。因此,必须将各类型、各层级的图书馆政策功能进行整合优化,必须从系统的角度将分散的政策单元集合成整体,优化残疾人阅读服务的政策体系功能[66],才能保证服务的有序和良性发展。

(四) 建立经费保障机制

作为公益性文化机构,图书馆担负着为残疾人服务的社会责任和义务,但考虑到经费限制和服务成效,公共图书馆一般会将有限的政府财政经费用于社会主流群体,较少考虑到人数较少的残疾群体的阅读需求。而高校图书馆作为高等教育的重要组成部分,受高等教育组织结构的限制,其经费主要根据学校的规模、学科、专业、师生人数等预算分配。因此,建立图书馆残疾人无障碍阅读服务的经费保障机制,进行科学合理的成本补偿是必然之举。图书馆残疾人无障碍服务必须要有政府及相关部门的财政支持,以实现服务的成本补偿,提高服务的驱动力。

一是政府应通过立法保证对图书馆残疾人无障碍阅读服务经费的投入,并且对经费使用情况进行监督,做到专款专用。要做到经费投入得合理有保障,还必须明确经费投入的主体,并将图书馆残疾人无障碍阅读服务项目纳入其经费预算之中,同时根据财政收入以及上一年服务的情况进行调整:一方面经费投入随着财政收入实现同步增长;另一方面应制定经费管理的效益监督评估机制,将经费投入与服务的社会效益挂钩,实行服务跟踪管理,根据上一年度服务情况、服务质量、服务效果,来决定下一年度经费预算与投入。

二是支持残疾人联合组织,如中国残疾人联合会及其管辖的各省市级残联,对图书馆残疾人无障碍阅读服务实施项目资助,以合作共建的形式对服务项目进行经费支持。南京市无障碍图书馆便是南京特殊教育师范学院与南京市残联合作共建的典型,南京市残联每年以项目经费形式支持南京特殊教育师范学院图书馆开展各项残疾读者服务活动,取得了很好的社会效益。另外,社会力量也是图书馆开展残疾人无障碍阅读服务的重要力量支持。我国政策应鼓励社会力量投资,并为他们创造相应的便利条件,设置一定的奖励措施。

1. 物质支持

对于图书馆残疾人无障碍阅读服务来说,物质支持也称为工具性支持,主要包括无障碍设施设备支持、资源支持、人才支持等。2016年8月,国务院发布《国务院关于印发"十三五"加快残疾人小康进程规划纲要的通知》,要求"丰富残疾人文化生活",开展残疾人文化、阅读相关的活动,为残疾人提供纸质和电子资源。2016年9月,中国残疾人联合会、民政部等13部门联合印发《无障碍环境建设"十三五"实施方案》,提出以解决残疾人、老年人无障碍日常出行、获取信息为重点,全面提升城乡无障碍环境建设水平,完善无障碍环境建设相关政策标准,促进基本公共服务均等化。2016年12月,第十二届全国人民代表大会常务委员会通过的《中华人民共和国公共文化服务保障法》第十七条提出,公共文化设施的设计和建设,应当符合实用、安全、科学、美观、环保、节约的要求和国家规定的标准,并配置无障碍设施设备。2017年7月,文化部印发《"十三五"时期全国公共图书馆事业发展规划》,要求加强残疾人在内的特殊群体适用资源建设和设施配备建设。表明我国政府加强无障碍服务设施建设、完善无障碍物质环境、提升无障碍服务水平的坚强决心。具体来说,图书馆残疾人无障碍阅读服务物质支持主要包括三个方面:

第一,尽可能地保障无障碍设施设备在公共文化服务中的全覆盖。尤其要采取措施,消除图书馆物理环境中影响残疾人参与的障碍。为此,应制定无障碍物理环境的标准和准则,确保残疾人阅读环境的无障碍。无论是在图书馆建立之初还是图书馆改造中都要遵循无障碍的标准,即在图书馆建立之初就必须将无障碍的要求考虑在内,在图书馆改造中也应按照无障碍标准进行改造。在制订图书馆环境无障碍的标准或规范时,应广泛征求残疾人以及残疾人组织的意见,从残疾人的身心需求出发,最大限度地确保图书馆残疾人阅读环境的无障碍。

第二,确保残疾人在图书馆信息获取、文化阅读方面的无障碍。要确保图书馆针对残疾人的阅读资源、服务宣传、信息交流等均无障碍,比如视障读者阅读所需的盲文、大字本、电子资源,听障读者阅读所需的白板、显示屏、视听资源、手语提示标志,自闭症读者阅读所需的绘本等都要具备齐全,并且使用其他适当技术,使那些有某方面障碍的读者无障碍地阅读。

第三,确保图书馆残疾人无障碍服务人员的专业化,即道德修养和专业素养能进一步促进残疾人阅读的无障碍。政府以及文化部门应制定图书馆残疾人无障碍服务人员的准入标准、专业培训以及评估制度,要求在图书馆行业内设立无障碍文化服务培训机构,进行持续性和拓展性培训教育,为图书馆残疾人服务输送大批专业人才。同时，还应制定无障碍服务技术标准，鼓励支持服务残疾人的电子产品、移动应用软件等开发应用，以实现图书馆残疾人阅读服务技术的无障碍化。

2. 信息支持

图书馆残疾人无障碍阅读服务信息支持是指图书馆在残疾人阅读服务中信息渠道畅通、信息获取权利有保障。这里的信息支持包括两个维度：一是指图书馆能够无障碍地了解图书馆残疾人阅读服务方面的政策法规、权利、义务，并能够帮助图书馆顺利开展无障碍阅读服务。二是指残疾人及其家庭和支持者能够无障碍地了解图书馆残疾人阅读服务的政策、权利以及可得到的服务和方案的信息。为此，图书馆残疾人无障碍阅读信息支持服务包括两个方面：

第一，确保图书馆残疾人无障碍阅读服务政策法规信息的通畅。作为政府、相关部门，应根据残疾人身心特点、阅读需求以及图书馆发展实际制定政策，使其能够推进残疾人阅读进展。同时还应保证与残疾人阅读服务相关的权利义务等政策信息正确、有效地传达，以使图书馆能够及时获悉政策目标，并按照目标做出具体规划，使服务相关政策得到有效执行，从而实现国家政策与图书馆服务理念与实践的协调统一，提高服务工作效率。

第二，保障残疾人无障碍阅读相关信息的有效获取。信息获取包括信息寻求、信息浏览和信息讨论三方面。信息寻求行为是以无障碍资源信息为对象，残疾人为了满足对无障碍资源的感知需求而进行的一种有意识的和有目的的行为。在这个信息寻求过程中，社会各界应积极主动配合，进行相关信息的宣传、普及和传递，让残疾人能够及时获取到所需的信息。信息浏览行为是残疾人在日常生活、工作中所遇到的信息接触行为，这些信息是无意识的偶然间接触到的，它需要传播中介的传递才能接触到，社会各界对残疾人无障碍阅读服务信息的主动传递和传播是残疾人能否获得此类信息的关键。另外，图书馆残疾人无障碍阅读服务信息支持不是单向的，它是一个双向互动交流的行为，是按照"输出—接收—反馈—输出"这样一种动态循环补给进行信息的互动。

3. 情感支持

除了上述支持服务，情感支持是容易被忽略的一个环节。西方学者早在对社会支持的探讨研究中对"支持"这个定义从不同角度进行了界定，索茨（Thoits）、考伯（Cobb）韦尔曼（Wellman）以及罗素等都提出了"情感支持与帮助"是社会支持中不可或缺的方面。由此而论，情感关系在残疾人生活、学习、工作中有着相当重要的作用,它是残疾群体与健全群体彼此接纳、相互理解沟通,进而进行社会融合的桥梁与纽带。对于图书馆残疾人无障碍阅读服务而言,情感支持的主要提供主体是图书馆馆员、志愿者以及服务中涉及的所有组织者、参与者,包括残联、社区等非政府组织以及残疾人的重要他人。图书馆馆员尤其是专业馆员的职业素养、专业服务水平是残疾人愿意进入图书馆参与阅读活动的主要动力。布劳(P. M. Blau)在其社会交往研究中认为,"如果双方建立起跨群体的社会交往网络,彼此密切接触而不是'形式、表面'的互动,将促使彼此接纳对方,进而发生社会融合"[67]。馆员以及志愿者需要与残疾读者进行深层次的接触、互动,深入了解他们的知识结构、心理特点、心理倾向、获取信息的习惯与行为,真正为他们所想,及他们所需,才能得到他们的信任,增进与他们的情感交流与互动。

据调查,残疾人之间的联系非常紧密、相互支撑力度大,他们之间高亲密感的强连接模式影响了他们与健全人的融合,导致了残疾群体的高"内卷化"。"去内卷化"的实现需要图书馆为残疾读者与健全读者的互动创造各种条件,通过策划和实施多种公益服务、阅读活动、社会活动等,增进残疾读者与健全读者以及其他社会成员的交流互动,引起他们情感上的共鸣,提升残疾读者的归属感,提高他们的人际交往能力,从而引导他们主动融入社会主流文化。残疾读者的身心健康支持也是情感支持的一个方面,对于他们树立正确的人生观、价值观至关重要,因此,图书馆在阅读服务中要有意识地关注残疾读者的心理,不仅为他们提供基础性的阅读服务,还要挖掘残疾读者潜在的心理需求,通过针对性的阅读服务疗愈他们的心理,慰藉他们的心灵。

第五节 本章小结

目前,我国社会主要矛盾已经转化为人民日益增长的美好生活需要和不平衡不充分的发展之间的矛盾,社会主要矛盾的变化,要求我们逐步缩小社会成员之间的差距,实现公共服务均等化,最终实现和谐发展与共同发展。在任何一个社会,不平等及其加剧的趋势成为限制发展的主要因素。目前我国残疾人的数目庞大,且他们的文化水平相对低下,这必然对社会的整体发展造成影响,也势必增加社会中的不稳定因素,从而降低社会的整体合力并进而阻碍我国社会发展的步伐。由此可见,残疾人的问题已经成为我国政治、经济和社会生活中日益凸显的重要社会问题。如何解决好这一问题,促进残疾人文化权利的保障和自身的发展,已经成为我国构建和谐社会、促进社会发展不容回避的问题。

作为单个的"人"不能独立于其他的人或事物单独存在。自从有了社会,人们之间的相互支持就已存在。尤其对于残疾人而言,他们在社会中的生存难度较大,更需要社会群体的支持。社会支持正是基于人类本身具有的一种本能需求而产生,用以说明环境、互动和社会网络对社会每一位成员的心理应激反应,从而缓解精神紧张状态,提高社会适应能力。图书馆针对残疾人提供的无障碍阅读服务是实现公共文化均等化的一个重要手段,是社会整体发展和可持续发展的必然之举。但图书馆为残疾人提供的服务并不是孤立存在并发生作用的,它牵涉到服务相关方的利益,只有获得服务相关方的支持,图书馆残疾人服务工作才能得到可靠的保障,残疾人的文化权利也才能真正实现。

社会支持不仅仅是一种单向的关怀与帮助,在多数情况下还是一种社会交换。例如,社会支持主体在对图书馆残疾人无障碍阅读服务进行帮助的过程中,其自身也从中获得了对残疾人及其文化权利、图书馆无障碍阅读服务的认知,也提升了自身的社会参与度。从这种意义上来说,社会支持的主体与客体之间存在着某种程度的互换。

任何一种社会形态的社会都存在一定的社会风险。这种社会风险极易出现在社会发展的"短板"问题上。而残疾人由于文化层次低下导致的社会地位弱势状态是社会发展中的"短板",也是社会不稳定与不和谐因素所在。要消除此种隐藏风险,需要社会各界的支持与帮助。因此,社会支持不仅仅是图书馆残疾人无障碍阅读服务这一公共文化服务项目的主观需要,还是社会整体发展过程中政府以及社会各界对图书馆残疾人无障碍阅读服务本身的期望,也即社会和谐发展的客观需要。

参考文献：

[1] House J S, Landis K R, Umberson D. Social relationships and health[J]. Science, 1988, 241(4865): 540-545.

[2] 王雁飞. 社会支持与身心健康关系研究述评[J]. 心理科学, 2004, 27(5): 1175-1177.

[3] 蒋涛. 社会支持网理论综述[J]. 经济师, 2012(1): 63-64.

[4] 蔡禾, 周林刚, 等. 关注弱势: 城市残疾人群体研究[M]. 北京: 社会科学文献出版社, 2008: 93.

[5] House J S, Kahn R L, Mcleod J D, et al. Measures and concepts of social support[J]. Social Support & Health Academic Press Inc, 1985: 83-108.

[6] Uehara E. Dual exchange theory, social networks, and informal social support[J]. American Journal of Sociology, 1990, 96(3): 521-557.

[7] Wellman B, Wortley S. Brothers' keepers: Situating kinship relations in broader networks of social support[J]. Sociological Perspectives, 1989, 32(3): 273-306.

[8] 贺寨平. 国外社会支持网研究综述[J]. 国外社会科学, 2001(1): 76-82.

[9] Barrera M, Ainlay S L. The structure of social support: A Conceptual and empirical analysis[J]. Journal of Community Psychology, 1983, 11(2): 133-143.

[10] 朱力. 脆弱群体与社会支持[J]. 江苏社会科学, 1995(6): 130-134.

[11] 郑杭生. 转型中的中国社会和中国社会的转型[M]. 北京: 首都师范大学出版社, 1996: 319.

[12] 蔡禾, 叶保强, 邝子文, 等. 城市居民和郊区农村居民寻求社会支援的社会关系意向比较[J]. 社会学研究, 1997, 12(6): 10-17.

[13] 李强. 社会支持与个体心理健康[J]. 天津社会科学, 1998(1): 66-69.

[14] 丘海雄, 陈健民, 任焰. 社会支持结构的转变: 从一元到多元[J]. 社会学研究, 1998(4): 33-39.

[15] 唐钧, 朱耀垠, 任振兴. 城市贫困家庭的社会保障和社会支持网络: 上海市个案研究[J]. 社会学研究, 1999, 14(5): 107-120.

[16] 陈成文. 社会弱者论[M]. 北京: 时事出版社, 2000.

[17] 周林刚, 冯建华. 社会支持理论: 一个文献的回顾[J]. 广西师范学院学报(哲学社会科学版), 2005(3): 11-14.

[18] 阮曾媛琪. 中国就业妇女社会支持网络研究: "扎根理论"研究方法的应用[M]. 北京: 北京大学出版社, 2002.

[19] 张文宏,阮丹青. 城乡居民的社会支持网[J]. 社会学研究,1999,14(3):14-19.

[20] 贺寨平. 国外社会支持网研究综述[J]. 国外社会科学,2001(1):76-82.

[21] Whittaker J K, Garbarino J. Social support networks[M]. [S. l.]: Aldine Transaction,1983:4-5.

[22] Thoits P A. Conceptual, methodological, and theoretical problems in studying social support as a buffer against life stress[J]. Journal of Health and Social Behavior,1982,23(2):145.

[23] 肖鸿. 试析当代社会网研究的若干进展[J]. 社会学研究,1999,14(3):3-13.

[24] Froland C, Pancoast D L, Chapman N Z. Linking formal and informal support systems in B. H. Gottlieb(ed)[J]. Social Networks and Support,1981(4):19.

[25] Cullen F T. Social support as an organizing concept for criminology: Presidential address to the academy of criminal justice sciences[J]. Justice Quarterly,1994,11(4):527-559.

[26] 丘海雄,陈健民,任焰. 社会支持结构的转变:从一元到多元[J]. 社会学研究,1998,13(4):33-39.

[27] 贺寨平. 国外社会支持网研究综述[J]. 国外社会科学,2001(1):76-81.

[28] 周沛. 社区工作中的社会支持网络构建及其意义[J]. 社会科学研究,2003(6):92-96.

[29] 周林刚. 社会支持与权能感:以残疾人福利实践为视角[J]. 西北民族研究,2008(4):20-28.

[30] 邱观建,安治民. 我国残疾人社会支持网络的运作逻辑与建构[J]. 武汉理工大学学报(社会科学版),2014,27(4):615-620.

[31] 章程,董才生. 论残疾人社会支持网络之构建[J]. 学术交流,2015(4):160-164.

[32] 马宇. 我国残疾人高等融合教育支持体系研究[D]. 南京:南京师范大学,2014.

[33] 陈成文,潘泽泉. 论社会支持的社会学意义[J]. 湖南师范大学社会科学学报,2000,29(6):25-31.

[34] 张友琴. 社会支持与社会支持网:弱势群体社会支持的工作模式初探[J]. 厦门大学学报(哲学社会科学版),2002(3):94-100.

[35] 张承蒙,周林刚,牛原. 内涵式增权与外生性赋能:社会资本视角下的残疾人社会支持网络构建[J]. 残疾人研究,2020(1):72-80.

[36] 差序格局[EB/OL]. [2020-09-04]. https://baike.so.com/doc/6916129-7137997.html.

[37] 上官酒瑞. 从差序格局走向团体格局:农民组织化与乡村和谐社会建设的政治学

视野[J]. 政治与法律,2009(1):59-64.

[38] 刘琼莲. 残疾人均等享有公共服务问题研究[M]. 天津:天津人民出版社,2015:187.

[39] 王思斌. 中国社会的求—助关系:制度与文化的视角[J]. 社会学研究,2001,16(4):1-10.

[40] 李娟. 非政府组织(NGO)对社会弱势群体的社会支持研究:以南京市为个案分析[D]. 南京:南京理工大学,2006.

[41] 崔凤祥. 残疾人社会支持网的实证研究:以济南市S区为例[D]. 济南:山东大学,2010.

[42] 毛小平. 内地与香港:残疾人社会支持比较[J]. 中南大学学报(社会科学版),2010,16(2):41-47.

[43] 孙玉梅. 残疾人社会融合支持体系研究[M]. 南京:南京师范大学出版社,2016.

[44] 张铁. 公共图书馆社会支持研究[J]. 图书馆建设,2014(10):1-3.

[45] 郑杭生,郭星华. 转型中的中国社会和中国社会的转型:关于当代中国社会变迁和社会主义现代化进程的几点思考[J]. 浙江学刊(双月刊),1992(4):51-57,49.

[46] 蒋永福. 现代公共图书馆制度研究[M]. 北京:知识产权出版社,2010:306,314.

[47] 房凯. 公共文化服务与文化资源配置的关系刍议[J]. 人文天下,2015(11):72-76.

[48] 制度与政策的内涵区别[EB/OL]. [2020-10-30]. https://wenku.baidu.com/view/cb85c43f2cc58bd63086bde2.html.

[49] 王振海. 政府公共性的历史演进[J]. 中共福建省委党校学报,2002(10):14-19.

[50] 欧文·E. 休斯. 公共管理导论[M]. 彭和平,等译. 北京:中国人民大学出版社,2001:268,114.

[51] 刘家强,唐代盛,蒋华. 中国新贫困人口及其社会保障体系构建的思考[J]. 人口研究,2005(5):10-18.

[52] Joan M R. Dictionary for library and information science[M]. West-port, Conn: Libraries Unlimited, 2004:405.

[53] 张振华. 关于区域图书馆行业协会建设的理性思考[J]. 图书馆,2014(2):5-7.

[54] 王名,丁晶晶. 中国残疾人社会管理的创新路径[J]. 学会,2012(9):12-17.

[55] 丁元竹. 发挥志愿机制在公共文化 资源配置中的作用[N]. 中国文化报,2013-01-16(7).

[56] 关于进一步支持文化事业发展的若干经济政策[EB/OL]. [2020-11-23]. http://skill.ce.cn/html/019003006/00000000100010w8y7.html.

[57] 何金苗. 合村并居社区残疾人社区参与探析[J]. 南方农业, 2016, 10(33): 54-56.

[58] 费孝通. 乡土中国[M]. 北京: 生活·读书·新知三联书店, 1985: 29.

[59] Cobb C. Crisis Communications: The Promise and Reality[C]//IEEE Military Communications Conference, 1987.

[60] Liu L Y, Liu D Z, Ren L. Propose the concept of migrant workers' perception of social support and compile its situation questionnaire[J]. Chinese Journal of Clinical Psychology, 2011, 19 (5): 615 - 618.

[61] 古学斌, 阮曾媛琪. 本土中国社会工作的研究、实践与反思[M]. 北京: 社会科学文献出版社, 2003.

[62] 李铣, 宣讯, 唐代盛. 弱势群体社会支持的理论整合与建构[J]. 中共四川省委党校学报, 2004(4): 89 - 92.

[63] 张爱华. 残疾人社会排斥与社会融合的再考察: 以南京市肢残人为例[J]. 理论界, 2012(6): 165 - 167.

[64] 刘琼莲. 社会支持网视域中的残疾人均等享有公共服务研究[J]. 成都理工大学学报(社会科学版), 2013, 21(3): 7 - 14.

[65] 习近平. 习近平谈治国理政: 第三卷[M]. 北京: 外文出版社, 2020.

[66] 肖希明, 刘静羽, 余愿, 等. 面向公共文化服务的图书馆政策体系构建[J]. 图书馆, 2012(6): 1 - 5.

[67] 彼得·布劳. 不平等和异质性[M]. 王春光, 谢圣赞, 译. 北京: 中国社会科学出版社, 1991: 394 - 395.

第八章

结　语

图书馆是人类知识的宝库，是努力促成全民阅读的最佳场所。图书馆丰富的文献资源、完备的设施设备、专业的人才队伍更是全民阅读最有力的保障。残疾人作为全民阅读中的弱势群体，由于生理及环境因素，经常处于文化阅读的弱势地位。在人权平等理念的影响下，世界各国图书馆于19世纪中后期便开始了为残疾人开展保障残疾人阅读权利的活动，并制定了一系列相关的图书馆服务指南、标准。受到西方先进思想的启发，我国图书馆界学者于20世纪初提出了建立盲人图书馆、盲人读书部、盲人图书馆服务网络的设想，但真正落实图书馆残疾人无障碍阅读服务始于20世纪50年代，与世界发达国家相比，我国图书馆无障碍阅读服务起步较晚，服务的力度和广度相对落后。

近几年来，国家高度重视残疾人的物质生活和精神文化生活的保障问题，并出台了一系列保障性的法律法规。在文化权利保障领域，国家加强了对图书馆残疾人服务的制度性保障规定，并通过资金、物质、人才、技术等方面为图书馆服务于残疾人提供强有力的支持。20世纪80年代，我国图书馆界开始了关于残疾人无障碍阅读服务的理论研究，从国外先进经验的介绍与引进，到90年代的图书馆残疾人服务思想的本土化，再到21世纪的图书馆残疾人无障碍阅读服务理念的深化，我国关于图书馆残疾人无障碍阅读服务的理论研究在摸索中不断前进，取得了一定的成果，但还需要继续深入。

目前关于图书馆残疾人无障碍阅读服务的探讨，主要归结为两方面：一是基于服务现状的研究；二是基于服务对策的研究。那么，在从现状推导出对策的过程中，我们应该提炼出产生这些现状的相关影响因子，只有这样才能更有针对性地制定服务策略，从而完善图书馆残疾人无障碍阅读服务。本文运用扎根理论的研究方法，以实际访谈资料为依据提炼服务的影响因素，以此揭示服务的作用路径，构建图书馆残疾人无障碍阅读服务的运行体系。

调查分析发现，图书馆残疾人无障碍阅读服务的实施与推进是多种因素作用的结果。在这诸多影响因素中，图书馆服务与管理是服务的内部因素，是起决定性作用的因素；制度保障和社会支持是服务的外部因素，是促进和推动图书馆残疾人无障碍阅读服务顺利进行的保证。服务的制度保障和社会支持必须在图书馆服务开展的基础上才能起作用，没有图书馆服务这个行为，制度保障和社会支持就失去了意义；但同时，图书馆的力量是有限的，据调查，大多数图书馆在残疾人服务的经费、资源方面存在欠缺，因此，面向残疾人的图书馆无障碍阅读服务单靠图书馆存在一定的局限性，要想取得良好的服务成效，就离不开国家政策的引导、约束与保障，离不开社会各界的支持与帮助。只有在相关制度的保障下，在社会各界的资金、物质、人才、技术的支持下，图书馆服务才能沿着正确的轨道进行并持续发展。总之，图书馆残疾人无障碍阅读服务必须构建以图书馆的服务与管理为中心，以制度保障和社会支持为支撑的协同合作的运行模式。

为残疾人提供无障碍阅读服务的水平不仅是衡量图书馆服务工作水平的标准，也是衡量社会文明程度的标志，更是实现社会公平正义、建设和谐社会的迫切需求。党的十八大提出建立以权利公平、机会公平、规则公平为主要内容的社会公平保障体系，努力营造公平的社会环境，保证人民平等参与、平等发展的权利。党的十九大提出了"弱有所扶"的重要思想，更精准、全面地补齐了民生"短板"，对保障和改善弱势群体民生，促进社会公平正义做出了重要部署。社会主义和谐社会的建立必须以残疾人提高文化知识、实现自身价值为基础。残疾人占有较少的社会资源、经济资源和政治资源，其社会地位和生存能力等都处于弱势。随着知识经济时代的深入发展，获取并掌握信息知识、提升文化水平成为残疾人改变其社会弱势状态、跻身主流社会的重要途径。从社会信息文化资源的分配来看，无论是市场分配还是公共分配，残疾人都处于相对弱势地位。首先，由于经济条件的限制，残疾人很难或无法通过价值规律在市场上对信息文化进行等价交换来完成供给和消费；其次，由社会公共文化机构将信息文化资源和服务免费提供给读者的公共分配形式，虽然能在一定程度上实现社会公正原则下的公益性资源分配，但由于占绝大多数的社会主流人群的信息、文化资源与服务能带来更大的社会效益，导致图书馆为残疾人提供的资源和服务有所不足。因此，推进图书馆残疾人无障碍阅读服务能够弥补目前存在的问题，更好地实现社会公平公正，促进社会和谐与进步。

附 录

附录A 图书馆残疾人无障碍阅读服务调查问卷

1. 在无障碍物理环境方面,图书馆提供了: （   ）
   - A. 无障碍独立空间　　　　　　B. 无障碍坡道与盲道
   - C. 无障碍电梯　　　　　　　　D. 无障碍卫生间
   - E. 盲文标识　　　　　　　　　F. 低位借阅台
   - G. 轮椅、盲杖等辅助器具　　　H. 其他

2. 无障碍阅览空间开放程度: （   ）
   - A. 定时开放　　　B. 预约开放

3. 图书馆为残疾人提供了哪些无障碍硬件设备? （   ）
   - A. 盲用电脑　　　B. 盲文点显器　　　C. 读屏软件　　　D. 其他

4. 图书馆为残疾人提供了哪些无障碍软件技术? （   ）
   - A. 点字转换软件　　　　　　B. 文本语音转换软件
   - C. 扩视软件　　　　　　　　D. 其他

5. 图书馆为残疾人提供了哪些无障碍阅读辅助设备? （   ）
   - A. 助视器　　　B. 智能听书机　　　C. 盲文打印机　　　D. 盲文学习机
   - E. 盲人阅读器　　　F. 其他

6. 图书馆为残疾人提供的无障碍纸质文献资源有哪些? （   ）
   - A. 盲文图书　　　B. 盲文期刊　　　C. 大字本　　　D. 其他

7. 图书馆为残疾人提供的无障碍视听资源有哪些? （   ）
   - A. 磁带　　　B. 光盘　　　C. 智能听书机　　　D. 听书平台

8. 图书馆为残疾人开展了哪些无障碍阅读服务活动? （   ）
   - A. 盲文资源借阅　　　　　　B. 有声资源借阅
   - C. 听书/视频平台　　　　　　D. 无障碍电影播放
   - E. 送书上门　　　　　　　　F. 免费邮寄

G. 志愿者朗读　　　　　　H. 专题讲座
I. 技术培训　　　　　　　J. 其他
9. 图书馆在服务残疾人方面有哪些不足？存在哪些问题？
_____
_____

10. 在残疾人无障碍阅读服务方面，图书馆希望得到哪些支持？
_____
_____

附录B　残疾人阅读需求现状与需求调查问卷

1. 个人基本情况：
您的性别_____　　　　您的年龄_____
您的残疾类型_____　　您的文化程度_____
目前就业情况_____
2. 您阅读的目的：　　　　　　　　　　　　　　（　　）
   A. 提高文化素养　　　　B. 获取有用知识
   C. 就业与工作需要　　　D. 休闲娱乐
   E. 其他
3. 您一般通过什么进行阅读？　　　　　　　　　（　　）
   A. 纸质文献　　B. 电脑　　C. 广播　　D. 手机
   E. 电视　　　　F. 其他
4. 您一般阅读哪方面的内容？　　　　　　　　　（　　）
   A. 健康医疗　　B. 政策法律　　C. 社会现象　　D. 文学艺术
   E. 时事政治　　F. 娱乐体育　　G. 其他
5. 平均每周利用纸质文献阅读时间：　　　　　　（　　）
   A. 1小时以内　　B. 1～3小时　　C. 3小时以上
6. 平均每天利用新媒体阅读时间：　　　　　　　（　　）
   A. 1小时以内　　B. 1～3小时　　C. 3小时以上
7. 平均每天利用电视广播阅读时间：　　　　　　（　　）
   A. 1小时以内　　B. 1～3小时　　C. 3小时以上

8. 您认为阅读的障碍主要有： （ ）

A. 找不到感兴趣的读物　　　　　B. 缺少阅读的资源或环境

C. 缺乏阅读的条件　　　　　　　D. 缺乏阅读的能力

E. 没有时间　　　　　　　　　　F. 没有兴趣

G. 其他

9. 您是否经常去图书馆阅读？ （ ）

A. 经常去图书馆　　　　　　　　B. 偶尔去图书馆

C. 没有去过图书馆

10. 您一般去图书馆的目的是： （ ）

A. 借阅书刊　　　　　　　　　　B. 使用网络和无障碍阅读设备

C. 咨询阅读相关信息　　　　　　D. 参加图书馆举办的活动

E. 其他

11. 残疾人对图书馆服务的满意度： （ ）

A. 满意　　　B. 比较满意　　　C. 基本满意　　　D. 不满意

12. 残疾人对图书馆服务的期望度： （ ）

A. 文献资源的及时更新　　　　　B. 上门送书或免费邮寄服务

C. 知识讲座　　　　　　　　　　D. 技术培训

E. 定期开展阅读活动　　　　　　F. 就近设立阅览室或流动书车

G. 其他

13. 您认为图书馆在无障碍阅读服务方面有哪些需要改进或完善的地方？

_____

_____